꼬리에 꼬리를 무는 그날 이야기 2

SBS 〈꼬리에 꼬리를 무는 그날 이야기〉 제작팀

꼬리에 꼬리를 무는 그날 이야기 2

장 트리오가 들려주는 가장 내밀한 근현대사 실황

동아시아

들어가며

〈꼬리에 꼬리를 무는 그날 이야기〉(이하 〈꼬꼬무〉)의 두 번째 책이 출간됐다. 〈꼬꼬무〉는 2020년부터 SBS에서 방영되고 있는 프로그램이다. 대한민국을 뒤흔들었던 '그날'의 사건을 '장 트리오'라고 불리는 세 명의 이야기꾼이 이야기 친구에게 일대일로 이야기해주는 형식을 취하고 있다.

이번 책에는 시즌 2에서 방송되었던 스무 편의 에피소드 중 아홉 편을 담았다. 두 번째 책을 출간하면서 개인적으로 가장 기분 좋으면서도 마음을 무겁게 했던 글을 소개한다.

〈꼬꼬무〉는 사건의 이면을 보는 것이 중요하다는 사실을 전하는 프로그램이다. 그럼으로써 중요한 진실이 손쉽게 훼손되고 왜곡된 진실이 세상을 유린하는 작금의 세상을 보다 세심하게 살펴보길 권하는 것 같다.

-민용준(대중문화 칼럼니스트)

사건의 이면을 들여다보는 일은 쉽지 않다. 〈꼬꼬무〉 제작팀이

택한 방법은 효율과는 거리가 멀다. '다다익선多多益善'. 가능한 한 많은 자료를 찾아내 시간을 들여 검토한다. 그리고 '그날' 그곳에 있었던 사람들에게 묻고 또 묻는다.

〈꼬꼬무〉에서는 거대한 역사적 사건도 한 개인의 평범한 하루로 시작된다. 교과서 속 아득한 '그날'이 당사자에게는 '눈에 선한' 어제의 이야기다. 그날의 날씨, 거리풍경, 나누었던 대화, 여전히 생생한 충격과 참담함…, 교과서나 역사책에서 볼 수 없는 '디테일'이 있다. 그 '디테일'이 시청자들에게 재미와 감동을 주었고 시즌 1, 시즌 2에 이어 정규편성을 하게 된 힘이 되기도 했다. 두 권의 책에는 시간 관계상 방송에 담지 못한 내용들이 실려 있다.

취재를 위해 연락드리면 "얼마 전에 돌아가셨어요"라는 답을 종종 듣는다. 살아 계셔도 노환으로 인터뷰가 어려운 경우가 많다. 가까스로 인터뷰를 진행할 때면 어쩌면 이번이 마지막 육성을 담는 것일 수도 있겠다는 느낌이 든다. 안타까운 마음과 함께, 소중한 기억을 기록하는 아카이빙을 하고 있다는 소명의식을 감히 가져본다. 진실이 왜곡되지 않도록 살얼음판을 걷는 심정으로 사실을 검증하고 또 검증하려고 노력했다. 시청자로 또 독자로 〈꼬꼬무〉를 보고 읽어주시는 여러분께 깊은 감사를 드린다.

2022년 3월 서울 목동 SBS 편집실에서
〈꼬리에 꼬리를 무는 그날 이야기〉 제작팀

첫 번째 이야기 ✦ 장윤정

암살자와 추적자들

백범 김구 선생 암살 사건

역사의 심판에는 시효가 없다.

-권중희

양말장수의 비밀

무려 47년 동안 집요하게 한 사람만을 쫓아다닌 이들이 있어. 열 사람 이상이 서로 배턴을 주고받으며 이어온 끈질긴 추적! 오늘의 이야기는 추적자와 도망자 그리고 그 사이에 감춰진 비열한 음모와 암살에 대한 이야기야.

때는 1965년 12월, 강원도 양구에 스물아홉 살의 젊은 행상이 찾아왔어. 보따리장수 곽태영. 이 집 저 집 돌아다니며 물건을 파는데, 쭉 늘어놓은 게 대부분 양말이야. 그런데 이 양말 장수는 여느 장사꾼들과 많이 달랐대. 손님이 물건을 오래 고르면 짜증이 날 법도 한데 이 총각은 그런 게 전혀 없어. 사람들 얘기 듣는 걸 어찌나 좋아하는지 한번 자리 깔고 앉으면 일어날 생각을 안 해. 특히 자주 가던 곳은 군납공장. 근처 군부대에 두부나 콩나물 같은 부식을 납품하는 곳인데, 양말 장수는 웬일인지 그 공장 사장님에 대해 궁금한 게 무척이나 많아 보였어.

여기 사장님이 안 씨 맞죠? 사장님은 언제쯤 공장에 나오세요?

공교롭게도 양말장수가 얻은 하숙집도 그 공장 근처였지. 창문을 열면 바로 그 공장이 내다보여. 유난히 춥던 그날 아침도 양말장수는 일어나자마자 눈을 비비며 창문부터 열었어. 그리고 밖을 내다보는데, 양말장수의 눈이 휘둥그레져. 전에 없이 이른 아침부터 공장 마당에 지프차 한 대가 서 있는 게 보였던 거야. 상기된 얼굴로 양말장수가 주섬주섬 옷을 챙겨 입으며 생각했어.

이자를 찾아 나선 지 어느덧 10년…. 드디어 오늘인가?

벌겋게 상기된 얼굴로 양말장수는 볼펜과 수첩 그리고 '그것'을 챙기고는 한달음에 공장으로 달려갔어. 헐레벌떡 그가 공장 마당에 들어섰을 때 저쪽에서 한 남자가 김이 모락모락 나는 세숫대야를 들고 마당으로 나오는 게 보여. 그 순간, 양말장수가 다짜고짜 달려들어 그의 멱살을 잡아챘지. 난데없이 봉변을 당한 남자는 이 공장의 사장, 안 사장이야. 이른 아침부터 이게 웬 날벼락이야. 멱살을 잡힌 안 사장이 버럭 소리를 쳤어.

어디 새파랗게 젊은 놈이!

그러면서 주먹을 들어 올리려는데 순간, 목 밑이 서늘해. 차갑고 날카로운 느낌. 뭘까? 아까 양말장수가 주머니에 넣어 온 게 있다고 했지. 볼펜과 수첩 그리고 '그것', 바로 칼이야. 그 순박해 보이던 양말장수 총각이 안 사장 목에 칼을 들이댄 거지. 그리고 나직하게 속삭였어.

당장 배후를 불어! 누가 시켰어?

안 사장은 재빨리 몸을 피했어. 안 사장 싸움 실력도 보통은 아니었거든. 이 사람이 원래 직업군인, 장교 출신이야. 양말장수가 안 사장을 향해 칼을 휘둘렀지만 살짝 빗나가. 그러자 이번엔 안 사장이 총각을 향해 반격의 주먹을 날려. 엎치락뒤치락 두 사람이 뒤엉켜 뒹구는 사이 비명 소리를 들은 공장 직원들이 우르르 몰려나와 사장님을 구하려는데, "아니 이게 누구야?" 상대의 얼굴을 보고 다들 할 말을 잃었어.

아니, 대체 자네가 왜…

그 사람 좋은 양말장수 총각이 사장님을 덮친 괴한이었다니…
그렇게 다들 어안이 벙벙한 가운데, 안 사장의 밑에 깔려 있던 양말
장수가 손을 뻗어 간신히 짱돌 하나를 집어 들고는, 안 사장을 향해
내리쳤어. '퍽' 하는 소리와 함께 안 사장이 쓰러지자 벌떡 일어난
양말장수가 사람들을 향해 돌아서서 이렇게 외쳤대.

당신들 사장이 누군지 정말 모른단 말입니까?

이해하기 힘든 말을 남긴 양말장수는 그 자리에서 자수했고, 안
사장은 병원으로 후송됐어. 골든타임을 놓치지 않은 덕일까. 응급
수술을 받은 안 사장은 오래지 않아 다시 일어설 수 있었대. 그런데
이상한 일은 지금부터야. 그 뒤로 안 사장이 감쪽같이 사라졌거든.
잘 나가던 군납공장도 쥐도 새도 모르게 처분해버리고 말이야. 마
을엔 그의 소식을 아는 이들이 전혀 없었어. 마치 야반도주라도 한
듯 사라진 거지. 대체 왜? 안 사장에게 무슨 비밀이라도 있었을까?

바둑 한판, 같이 둘까요?

그 후로 몇 년 동안 안 사장의 행방은 완전히 오리무중이었어. 그런데 그를 찾는 추적자가 또 있었지. 쉰한 살의 권중희 씨. 그런데 막상 찾고 보니 안 사장은 만만한 상대가 아니었어. 그래서 권 씨는 안 사장을 찾고도 무려 5년이나 시간을 끌었어. 무술도 익히고 체력 단련도 하면서 그야말로 칼을 갈아온 거지. 그럼에도 안 사장에게 접근하는 건 보통 어려운 일이 아니었지. 늘 친척 한 명을 보디가드처럼 데리고 다니는가 하면, 집엔 사나운 개도 두 마리나 키우고 있었거든. 권 씨는 직장까지 그만두고 안 사장 집 근처에 작은 방을 하나 얻었어. 그리고 뭘 했냐고? 아무것도 안 해. 슬슬 마을을 돌아다니며 동네 사람들과 인사도 하고, 얘기도 하는 거지. 그러면서 안 사장과 얼굴도 익히고 틈틈이 담 너머로 그 집을 염탐해.

음…, 커피를 좋아하는군. 또 혼자 바둑을 두네.
그래, 저거다. 바둑!

오랫동안 자연스럽게 공을 들인 끝에 권 씨는 안 사장과 바둑친구가 됐어. 그런데 바둑을 둘 때, 권 씨는 늘 무릎을 꿇었대. 안 사장이 아무리 편히 앉으래도 말을 듣지 않아. 바둑이 10분, 20분 만에 끝나는 게임도 아닌데 왜 그랬을까? 사실 권 씨의 품 안엔 늘 긴 물건이 하나 들어있었거든. 바로 박달나무 몽둥이. 그걸 꺼낼 날이 언제일까…, 상황만 엿보고 있는데, 어느 날 안 사장이 "오늘은 바둑을 못 두겠다"라는 거야. 갑자기 서울에 갈 일이 생겼대. 그것도 혼자! 권 씨 입장에선 하늘이 내려준 절호의 기회가 아닐 수 없지! 마침 자신도 볼일이 있는 척 하며 권 씨는 안 사장과 함께 서울행 버스에 올랐어. 버스를 타고 가는 동안 머릿속으로는 '언제 그 얘길 꺼낼까' 하는 생각에만 골몰해 있었어.

어느덧 버스가 서울에 도착하고, 버스에서 내린 뒤 안 사장이 먼저 인사를 건넸지. "난 이쪽으로 가요. 나중에 동네에서 봅시다" 하고 돌아서는데, 권 씨가 재빨리 그의 손목을 낚아채.

저랑 커피나 한잔하시죠

갑자기 웬 커피야. 안 사장이 언짢은 표정을 지으며 "나중에 합시다" 하고 손을 빼려는데, 손이 안 빠져. 잡고 있는 손아귀에 힘을 잔뜩 주며 권 씨가 말을 이었어.

그럼 얘기 좀 하시죠. 오래전 그 사건에 대해 우리, 얘기 좀 나누
자고요.

순간 얼굴이 파리하게 떨리는 안 사장, 손을 빼 달아나려고 버
둥대는 그를 향해, 권중희 씨는 품에서 꺼낸 그것을 휘둘렀어. 바로
박달나무 몽둥이! 역시나 권 씨는 현장에서 바로 체포됐고 안 사장
은 병원으로 옮겨졌지. 그리고 이번에도 안 씨는 오래가지 않아 건
강을 회복하고 일어설 수 있었어. 하지만 추적은 거기서 끝나지 않
아. 안 사장이 죽는 날까지 무려 47년이나 추적자들의 방문이 끊이
지 않았던 거야. 이 남자 안 사장, 대체 무슨 죄를 지었기에 이렇게
쫓기는 걸까?

네 발의 총성

자, 이제 시계를 한참 거꾸로 돌려보자. 이 모든 일들의 전후 사
정을 알려면 안 사장이 서른두 살이던 해로 돌아가봐야 해. 1949년
6월 26일, 그날은 일요일이었어. 군용 지프차 안에 젊은 군인이 한
사람 타고 있어. 가슴엔 은색 다이아몬드가 반짝여. 소위 계급장이

야. 1년 전 육사를 졸업한 육군 포병부대 소위, 바로 우리가 아는 안 사장이야. 이때는 군인 신분이었으니, 그냥 안 소위라고 부를게. 안 소위 눈동자엔 핏발이 서 있어. 밤새 한숨도 못 잤거든. 전날 사령관이 한 말이 하루 종일 귓전에 맴돌아.

이것도 저것도 안 되면 '마지막 주사위'밖에 없지. 마지막 주사위, 안 소위가 한번 던져봐. 대한민국의 영웅이 될 거야.

째깍째깍. 어느덧 시계 바늘은 정오를 향해 달려가고 있어. 이제 나라의 운명과 안 소위 자신의 인생을 바꿀 시간도 얼마 남지 않았

'그날'의 사건이 일어난 장소.

어. 긴장과 초조함 속에 잠시 후, 안 소위가 도착한 곳은 바로 여기!

혹시 어디인지 알겠어? 이 집은 늘 손님들로 북적여. 그날도 비서들은 응접실에서 방문객들을 안내하고 있었어. 안 소위가 안으로 들어서며 깍듯이 경례했지.

안녕하십니까. 포병사령부 안 소위입니다. 선생님 안에 계십니까?
아…, 지난번에 대포 탄피로 꽃병을 만들어 선생님께 선물한 안 소위님? 좀 기다리셔야겠네요. 앞에 먼저 오신 분들이 있어서.

안 소위는 일부러 순서를 양보하며 시간을 보냈어. 손님들이 빠지고 한산해지길 기다린 거야. 그렇게 1시간쯤 흘렀을까? 드디어 그의 차례가 왔지. 비서가 일러준 대로 한 계단 한 계단, 발걸음을 옮겨 2층으로 향했어. 계단을 올라가는 안 소위의 손엔 땀이 흥건해. '실수 없이 잘해낼 수 있을까? 이러다 나만 죽는 건 아닐까?' 안 소위를 2층으로 올려 보낸 비서는 서둘러 지하 식당으로 내려와. 점심 식사 준비를 챙기느라 마음이 바빴거든. 그렇게 막 주방으로 들어서고 얼마 지나지 않아 '탕' 하는 소리가 들려왔어. 놀란 표정으로 모두가 주변을 둘러보는 찰나, 또다시 연속으로 '탕탕탕'! 그래, 총소리였어. 모두 네 발의 총성이 울린 거야. 쫓아가보니 안 소위가 비틀비틀 계단을 내려오고 있어, 그리고 이렇게 외쳤지.

내가! 선생님을… 죽였소…!

여기 이 '선생님'이 누구인지 알겠어? 그래, 우리나라의 독립운동을 이끈 지도자. 대한민국 임시정부의 주석, 백범 김구 선생이야. 안두희는 붓글씨를 쓰던 그를 향해 네 발의 총을 쐈어. 그중 한 발은 김구 선생의 얼굴을, 또 한 발은 목을 관통해 유리창을 뚫었고 나머지 두 발은 각각 가슴과 아랫배를 관통했다고 해.

김구 선생님이 어떤 분인지, 단편적으로 보여주는 물건 중 하나

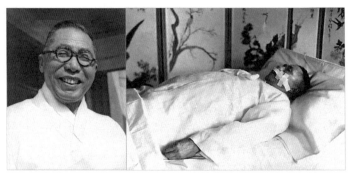

백범 김구 선생의 생전 모습(왼쪽)과 피습당한 이후 중태에 빠진 모습(오른쪽).

가 돌아가실 때까지 김구 선생님이 품에 지니고 있던 회중시계야!

이 시계는 원래 주인이 따로 있어. 상하이 홍커우공원 의거*의
주인공 윤봉길 의사 알지? 사실은 그가 이 시계의 진짜 주인이거든.
이 거사가 있던 바로 그날 아침, 윤 의사가 함께 마지막 식사를 하며
김구 선생님에게 이 시계를 건넸어.

> 제 시계는 6원 주고 산 것인데 선생님 시계는 2원 짜리 아닙니
> 까. 제게는 이제 1시간밖에 소용이 없는 물건입니다.
> 윤 군, 우리 지하에서 만나세.

그렇게 두 분이 서로 시계를 맞바꾸었지. 윤봉길 의사의 정신적
지주요, 독립운동의 심장과도 같은 분이 바로 백범 김구 선생이었
던 거야. 그러니 일제 입장에선 김구 선생이 얼마나 눈엣가시였겠어.
김구 선생을 잡으려고 현상금도 어마어마하게 걸었어. 최고일 때는
60만 대양大洋까지 올렸는데 요즘 시세로 따지면 200억 원이 넘는
다고 해. 200억 원의 현상금을 걸고도 일제는 끝내 김구 선생님을

---

* 1932년 4월 29일, 상하이 홍커우공원에서 열린 일제의 전승기념 및 천장절 기념식에 한인
애국단 단원 윤봉길 의사가 폭탄을 투척한 사건. 이 이후 당시 중국 중앙군 사령관 장제스가 한민
족의 항일 무장투쟁을 지원하기 시작했다.

백범 김구 선생을 습격한 범인의 모습.

잡지 못했어. 그런데 숱한 죽을 고비를 넘기고 기적처럼 살아서 돌아온 내 나라에서 내 민족의 손에 목숨을 잃었으니, 이렇게 기막히고 황망한 경우가 또 있을까. 당연히 온 나라가 비통한 슬픔에 잠겼어. 열흘 동안 찾아온 조문객이 100만 명이 넘었대[*]. 당시 남한 인구가 2,000만 명이었고 서울 인구가 144만 명이었으니, 서울 인구의 70%가 조문을 온 셈이지.

김구 선생을 암살하고 47년간 집요하게 추적을 당했던 오늘의 주인공, 안 소위의 이름이 뭔지 알고 있어? 바로 '안두희'야. 그는 왜

[*] 《서울신문》 1949년 7월 4일 자.

김구 선생에게 총을 쐈을까? 동기가 무엇일지 조사를 해 봐야지. 그런데 그 후로 말도 안 되는 일들이 벌어져. 하나부터 열까지 모두 미스터리야. 사건 직후 총을 들고 내려오는 안두희를 비서들이 붙잡았어. 김구 선생이 죽은 걸 막 확인한 터라, 다들 이성을 잃고 안두희를 향해 주먹을 날리는데 갑자기 문이 벌컥 열리더니, 한 무리의 군인들이 들이닥쳤어.

누가 군인을 때려!

정체불명의 군인들 한 7명이 달려 들어왔어요. 총소리가 나고 1~2분 정도 지난 뒤에요, 그 군인들이 온 것이. (총소리 나고 2분 만에 헌병들이 왔단 말이에요?) 네, 그렇죠.

-선우진(당시 김구 선생 비서)

신고할 경황도 없었는데, 대체 어떻게 알고 온 걸까? 마치 밖에서 기다리고 있었다는 듯 들이닥친 군인들은 안두희를 데리고 사라졌어.

모략, 그리고 은폐

소식은 곧장 서울지검까지 전달됐어. 검사장이 부하검사를 데리고 현장에 출동했는데 문 앞에서 헌병이 검사장을 막아. 검사장이 점잖게 "나 서울지검장이요" 하고 말했대. 그러면 보통은 "아, 그러십니까? 이쪽으로 오시죠" 하는 게 일반적이잖아. 그런데 웬걸? 그를 막은 헌병 대위는 눈 하나 깜짝하지 않았어.

못 들어가십니다.
뭐야, 내가 서울지검 검사장이라고!

다시 말해도 소용이 없어. 범인이 군인이니까 군 수사기관이 수사하겠다, 이런 거지. 그리고 다음 날 아침, 국방부에선 이런 수사결과를 발표해. 단 하루 만에.

첫째, 안 소위는 한독당 당원으로 김구 선생의 가장 신뢰하는 측근자이다.
둘째, 안 소위는 때때로 김구 선생과 상봉하여 직접지도를 받던 자이다.

26

한마디로 정리하면 '김구를 따르던 측근이 우발적으로 죽였으며 배후는 없다'라는 얘기지. 자, 재판이 시작됐어. 안두희가 군인이라 군사재판이 열렸는데 여기서 안두희가 이런 말을 해.

현재 나는 김구 선생을 반역자라고 생각하고 있으며, 나의 살해 행동은 애국적인 행동이라고 생각한다.

태도가 당당해도 너무 당당하지? 그의 변호인은 아예 한술 더 떠.

본 변호인은 범인의 목적 동기는 정당했다고 인증한다. 국가가 중요한가? 법이 중요한가? 피고의 행위는 대한민국에서 표창할 일이다.

그뿐만이 아냐. 법원 주변엔 '애국자 안두희를 풀어주라'라는 삐라가 쫙 붙어 있어. 심지어 안두희를 '안 의사'라고 부르는 사람들도 있어. 안두희가 무슨 말만 하면 '옳소!' 하고 우레와 같은 박수와 함성이 터져 나와. 법정 드라마에서 보면 이럴 때 판사가 '조용히 하세요' 하면서 주의를 주던데, 이 재판장은 말릴 생각을 안 해. 그야 말로 수수방관. 이 재판장 잘 기억해둬. 이따 다시 등장할 거야. 아무튼 재판 분위기는 점점 더 묘하게 흘러갔어. "김구와 한독당은 무슨 의도로 비밀 당원 조직망을 운영했느냐", "혹시 국가 전복을 꿈꾼 거 아니냐."

피고는 분명 살인자 안두희인데 재판정은 완전히 김구 규탄 모임이야. 규정상 군인은 정당에 가입할 수 없거든. 그런데 안두희는 김구 선생이 이끌던 한독당의 당원증을 갖고 있었어. 그러니 "안두희가 어떻게 이 당원증을 갖고 있었느냐, 안두희 같은 비밀당원들을 조직적으로 키워온 거 아니냐" 하는 식으로 얘기가 흘러간 거지. 한독당에서는 비밀 당원제는 없었다고 주장했어. 안두희가 하도 졸라서 당원증을 만들어줬는데 그렇게 쓰일 줄은 몰랐다는 거지.

안두희가 왜 그렇게 당원증을 원했겠어? 김구 선생에게 접근하기 위해서가 아니었을까? 그렇다면 치밀하게 계획된 범죄잖아. 여기에 어떤 처벌이 내려져야 합당할 것 같아? 당시 군 재판부는 안두희의 단독 범행이며 배후는 없다고 결론짓고 그에게 무기징역을 선고했어. 그나마 이렇게 끝났다면 우리의 역사도, 많은 이들의 인생도 달라졌을 텐데 이 대목에서 또다시 어마어마한 반전이 시작돼. 여기, 안두희가 본인의 수감생활에 대해 직접 밝힌 내용이 있어.

초저녁에 일직사관인 R 소위가 영창 앞을 지나다가 들어왔다. 나의 구걸대로 우선 담배를 주면서 "무더워라. 나하고 둘이서 냉수욕이나 한번 할까?" 하고 묻는다. 참말 고마운 서비스다.

(…)

어제 외출했던 B 하사와 R 하사가 돌아왔다. 캐러멜과 담배 한 갑을 몰래 준다. 고맙다. R 하사와 B 하사는 (중략) 터놓고 지내는 사이가 되어버리고 말았다. 별로 죄인으로 취급하는 기분을 갖지 않으며 때로는 '장교님' 하고 경칭까지 붙여 주는 데는 도리어 거북스럽다.

(…)

대장이 돌아간 뒤에 R 하사가 싱글벙글 웃으며 과일 한 소반을 들고 들어와서 내 앞에 내려놓는다. (중략) 입창 이래 죄수로서 과분하다고 느껴본 적이 한두 차례가 아니었지만 오늘 같은 우대는 참말로 황송스러운 일이다.

-안두희, 『시역의 고민』

장교 목욕탕에서 따로 샤워하는 건 기본이고, 형무소장과 단둘이서 식사하거나 술·담배도 마음껏 즐길 수 있었어. 안두희 스스로 '죄인이 이런 대접 받아도 되나…'라고 말했을 정도니, 그야말로 초호화 수감생활이라 해도 과언이 아니지. 게다가 판결 석 달 만인 1949년 11월 급기야 안두희는 스리슬쩍 감형을 받아. 징역이 15년으로 줄었지만 당시 국민들은 이런 사실을 까맣게 몰랐대.

그리고 다음 해 1950년 6월 25일 6·25 한국전쟁이 일어났지. 북의 기습적인 남침으로 우리 군이 저 낙동강 유역까지 밀려 내려간 그때 부산에서 열린 임시 국회에선, '백범 선생 암살범이 거리를 활보하고 있다'라는 믿기지 않는 주장이 제기돼. '설마 구속된 지 2년도 채 안 된 안두희가 벌써 자유의 몸이 되었다고?' 그런데 사실이었어. 심지어 안두희는 군인으로 복귀까지 한 상태였어. 백번 양보해서, 전쟁 중이니까 죄수라도 나가서 싸워야 한다고 쳐. 그럼 적어도 계급장은 떼고 백의종군해야지. 그런데 안두희는 위풍당당하게 소위 계급장을 달고 군대로 돌아간 거야. 심지어 복귀한 지 1년도 안 돼서 중위, 대위로 초고속 승진을 하고 1951년 2월 15일에는 국방장관의 지시로 아예 잔형을 면제받았어*. 실제 복역 기간은 딱

---

* 1951년 2월 5일 육군중앙고등군법회의 명령 제56호

30

꼬리에 꼬리를 무는 그날 이야기 2

1년! 이 정도면 정말 뒤에 누가 있나 하는 생각이 들만도 하지. 그런 의혹이 불거지자 그해 말 전쟁이 한창이던 때, 안두희는 스리슬쩍 육군 소령으로 예편해. 사업가 '안 사장'이 된 거야.

제거된 자들

그렇게 두 다리 쭉 뻗고 호의호식하며 잘 살 뻔 했는데, 10년 만에 세상이 뒤집어졌어. 1960년 4월 19일, 4·19 혁명이 일어나면서 온갖 무리수로 정권 연장을 꾀하던 이승만 정권이 무너진 거야. 그러자 이승만 정권 아래서 자행된 각종 의혹사건의 진상규명요구가 봇물처럼 터지기 시작했어. 김구 선생이 암살된 지 11년 만에 백범 암살 진상규명 위원회도 조직됐지. 그런데 막상 조사를 시작하고 보니까 안두희를 찾을 수가 없네? 왜겠어. 4·19 터지자마자 분위기 감지하고 재빨리 잠적해버린 거지. 여기까진 그럴 수 있어. 정말 이상한 건 사라진 자가 안두희만이 아니라는 거! 백범 암살과 관련이 있다고 의심을 받는 이들 대부분이 이미 이 세상 사람이 아니었어. 그것도 하나같이, 다들 너무도 기이하게 목숨을 잃었어. 첫 테이프를 끊은 것은 안두희의 직속 상관, 포병사령관 장은산 대령

31

백범 김구 선생 암살 사건

이야. 암살 전날 안두희를 만나서 "마지막 주사위밖에 없지"라고 말했던 바로 그 사람! 그는 언제부턴가 술만 마시면 이런 레퍼토리를 읊었대.

내가 엄청난 비밀 하나 알려줄까? 백범 암살한 안두희 있지? 그놈 진짜 보스가 사실… 나야.

장 대령은 김구 선생님 장례가 치러지는 동안 갑자기 미국으로 유학을 떠나. 그리고 이듬해, 한국전쟁이 터지고 대령으로 진급해서 귀국했는데 전쟁 중에 '근무지 이탈'로 갑자기 구속됐어. 그리고 그 뒤로 그를 본 사람이 아무도 없었지. 나중에서야 군은 '장 대령이 수감 중 자살'했다고 가족들에게 통보했지만 군대 내엔 소문이 파다했대. 장 대령은 자살한 게 아니라 총살됐다고 말이야.

또 한 사람은 누구냐. 안두희가 재판받을 때 재판정 앞에서 "애국자 안두희를 석방하라"라고 소리치던 사람, 당시 서북청년단 부단장 김성주야. 서북청년단이라고 들어봤어? 간단히 말하면 해방 이후, 북에서 내려온 사람들의 모임이야. 좌익이라면 이를 가는 무시무시한 우익 테러단체였지. 그도 그럴 것이 공산주의가 들어서자마자 북한에선 제일 먼저 한 일이 바로 토지개혁이었는데, 이 토지개혁이란 게 결국 땅 많이 가진 지주들의 땅을 빼앗아서 인민들에게 재분배하는 일이었거든. 협조하지 않으면 끌려가서 인민재판을 받아야 하니 부자들로선 죽을 맛이었겠지. 이대론 못 살겠다 하고 도망치듯 남쪽으로 내려온 사람들이 대부분 이 서북청년단에 들어갔어. 평안북도 용천의 내로라하는 부잣집 아들이었던 안두희도 딱 그런 케이스였고! 그런 서북청년단의 부단장이었던 김성주는 어느 순간 이승만 정권의 눈 밖에 나기 시작했어. 그러고는 이런 말을 입버릇처럼 내뱉었다고 해.

내가 입만 뻥긋하면 다 죽어.

'백범 암살의 흑막을 내가 다 알고 있다'라고 큰소리를 쳤다는 거야. 결국 다른 일에 연루돼서 국가변란과 대통령 살해 음모라는 엄청난 혐의로 기소됐는데, 거의 무죄가 확실시되고 있던 중, 김성주 신변에 변화가 생겨. 재판 도중 김성주가 갑자기 사라진 거야. 나중에 밝혀진 사실은 상상 그 이상이었지. 헌병 사령관이 재판받고 있는 김성주를 몰래 빼내 부하를 시켜서 총살했다는 거야. 이 헌병 사령관이 누구냐, 아까 기억해두라고 한 인물이 1명 있었지? 안두희 재판의 재판장 말이야. 이 사람의 이름은 원용덕, 그가 바로 김성주를 총살했다는 헌병 사령관이야.

그리고 사라진 또 1명의 핵심 인물은 천재 모사가, 의혹의 모략꾼이라 불리던 정치 브로커, 김지웅! 백범 암살사건의 설계자라는 의심을 받던 인물이지. 이 사람은 딱히 직책이 없는데도 헌병대와 경찰서를 뻔질나게 드나들었어. 정보를 제공하고, 활동비를 받아 움직이는데 특히 사건의 판을 기가 막히게 잘 짜기로 유명한 인물이었대. 해방 직후, 남북이 분단되기 전까지 우리나라는 몹시 혼란스러운 시기를 거쳤어. 좌우의 극단적 대립 속에 1947년 7월 한 달 전국에서 일어난 테러만 128건. 정치인들을 대상으로 한 암살도 횡행해서 이른바 '암살의 시대'라 불릴 정도였어. 그중 상당수가 김지웅의 설계란 의심을 받고 있지. 안두희도 김지웅에게서 활동비를 받은 건 확인된 사실이야. 김구 선생을 암살하고 안두희가 헌병사령부에서 조사받을 때도 찾아와서 돈 봉투를 찔러준 자가 바로 김지웅이었어. 그럼 이자가 백범 암살에 대해 뭔가 알지 않을까? 당연히 진상규명위원회에서 김지웅을 찾아 나섰는데, 한국에 없어. 알고 보니 4·19가 터지자마자 김지웅은 일본으로 밀항해서 일본 정부에 정치 망명을 요청했던 거야. 그런데 그 망명 사유가 참 기가 막혀.

'내가 김구 암살사건의 주모자이며, 김구 암살사건의 진상조
사단에 의해 고발되어 도피해 왔다. (…) 본인이 돌아간다면
테러를 당할 우려가 있으므로 일본에 머물게끔 허락해달라.'

-《조선일보》1966년 1월 30일 자

이건 거의 자백이잖아. 이 신청을 받느냐 마느냐 일본 정부도 고
민이 많았겠지. 근데 이 사람이 일제강점기 때 일본군 통역을 했거
든. 한마디로 뼛속까지 친일파지. 그래서 일본에 든든한 비호 세력
이 있었던 거야. 결국 김지웅은 소환 조사 한 번 안 받고 일본에서
잘 먹고 잘살다 사망했어. 백범 암살과 관련된 주요 인물들은 다 이
렇게 사라졌지. 핵심 인물 중 남은 자는 이제 안두희뿐. 그런데 경찰
과 검찰이 꼼짝도 안 해. 진상규명위원회 간사가 직접 길에서 안두
희를 붙잡아 검찰에 넘겼는데, 오히려 얼마 안 가 풀어줬대. 왜냐,
일사부재리의 원칙이라고 들어봤지? 어떤 사건에 대하여 판결이 확
정되면 그 사건을 다시 소송으로 심리·재판하지 않는다는 뜻이야.
합당하든 아니든 백범 암살과 관련한 안두희의 법적 처벌은 끝났다
는 거지. 무기징역 선고, 감형, 잔형 면제…, 이게 다 합법적인 절차
로 이루어진 거라 법적으로 뭘 더 할 수가 없다는 거야.

법이 못 한다면 우리가 한다

그래서 누가 나섰을까? 그래, 양말장수 곽태영! 독립운동가 집안에서 자란 곽태영 씨는 어려서부터 백범일지를 늘 끼고 살았대. 그렇게 한 장 한 장 김구 선생님의 생을 알아갈수록 어린 곽태영의 마음엔 슬픔과 의문 그리고 분노가 쌓여가고 있었어. 그런 민족의 지도자를 잃고도 죽음의 진실마저 제대로 못 밝히는 현실이 부끄럽고 화가 났대. 열아홉 살, 고등학교 3학년이 되던 해, 곽태영은 그 빛바랜 책을 끼고 백범 김구 선생님 묘소를 찾아가. 그리고 엎드려서 "10년 안에 꼭 선생님을 죽인 범인을 찾아 응징하겠다"라고 약속했다는 거야.

그리고 거짓말처럼 10년 뒤, 강원도 양구에서 안두희를 찾아낸 거지. 그런데 그도 처음엔 정말 믿기지가 않았대. 안두희가 잘산다는 소리는 들었지만 그 정도일 줄은 몰랐다는 거지. 공장 규모만 봐도 상상초월, 입이 떡 벌어져. 작은 연못이 아니라 배를 띄울 수 있는 커다란 호수가 통째로 들어 있는 집 본 적 있어? 어찌나 넓은지 그 위로 다리도 놓여 있고, 호수 끝엔 정자도 지어놨어. 물 안엔 잉어가 득실득실해서 걸핏하면 높은 분들 모셔다 여기서 배 띄우고 낚시도 하면서 호화롭게 살아. 군납품 공장이라는 게 망할 일이 없잖아. 경기가 좋든 나쁘든, 영향도 받지 않고. 그 덕에 안두희는 강원도 전체에서 세금 많이 내기로 세 손가락 안에 드는 부자가 됐어.

민족의 지도자를 죽인 살인범이 떵떵거리며 사는 모습을 본 독립운동가 집안의 곽태영 씨, 한마디로 피가 거꾸로 솟는 것 같았겠지. 결국 칼을 휘두르고 만 거야. 그래도 사적 응징은 법으로 금지된 일이잖아? 명문대학을 졸업한 앞날 창창하던 청년이 하루아침에 살인미수범이 된 거야. 그런데 곽태영 씨 아버지가 어떻게 했는지 알아? 우리 아들이 자랑스럽다고 동네잔치를 벌여. 그리고 곽태영 씨 집에는 전국에서 1만 통이 넘는 응원편지도 배달돼. 당시 국민들의 심정이 그 정도였던 거야. 그래서일까? 1심에선 징역 3년이 선고됐지만 항소심 재판부는 곽태영 씨에게 집행유예 5년을 선고해.

그러는 사이 안두희는 다시 꽁꽁 숨었지. 1~2년마다 이사 다니는 건 기본. 이름도 가명만 써. 집도 절대 자기 명의로 거래하지 않고 재산도 다 남의 이름으로 빼돌려놨어. 몇 번이나 한국을 뜨려고도 했지만 그것만은 번번이 실패했지. 국민들의 빗발치는 항의로 법무부 장관이 출국금지 명령을 내렸거든. 결국 안두희는 가족들을 모두 외국으로 보내고 혼자 도망 다니는 신세가 됐어. 추적자들은 끝까지 포기하지 않았어. 오직 답을 듣기 위해서. '대체 누가 시켰냐, 당신 뒤에 누가 있냐'라는 질문에 대한 진실한 답을 듣기 위해서 안

두희를 쫓고 또 쫓았지. 여기 추적자 권중희 씨가 쓴 결의문에 그 의
지가 담겨 있어.

> 독립운동의 화산이며 구국의 상징으로 대한민국 임시정부
> 주석이시던 백범 김구 선생이 가신 지도 어언 38년이나 흘
> 렀다. 그동안 모든 것이 많이 변했지만 그런 불세출의 위대
> 한 민족 지도자를 암살한 역적은 아직도 우리와 같이 대기
> 를 호흡하고 있는데도 처형은 고사하고 그 배후조차 규명하
> 려 들지 않는 것은 무엇 때문인가.
>
> ─추적자 권중희 씨의 결의문

꼬리에 꼬리를 무는 추적

안두희를 추적하고자 하는 열의를 불태운 것은 비단 곽태영 씨
만이 아니었어. 이 사람이 실패하면 저 사람이 다시 시작하고, 이
사람이 놓치면 다시 저 사람이 찾아 나서는 추적의 릴레이가 이어
졌어.

> 추적 기간은 한 1년, 1년 반. 이 정도 되죠. 추적을 하는 과정
> 에서 안두희라는 사람이(랑) 대화를 하기가 쉽지 않거든요.
> 만나야 무슨 대화를 할 거 아닙니까? 집에 들어앉아서 나오
> 지도 않고.
>
> —추적자 김인수 씨

시간이 흘러서 1992년. 1년 넘게 뒤져서 겨우 찾았는데 얼마나
경계가 심한지 안두희가 집에서 아예 나오지를 않더래. 몇 달을 근
처에서 맴돈 끝에 첩보를 입수해. 안두희의 동거녀가 아침 6시면 배
드민턴을 치러 간다는 거야. 1992년 9월 23일 새벽 5시 45분. 네 남
자가 아파트에 숨어 들었어. 1조는 안두희 아파트 현관문 바로 뒤에
서, 2조는 한 계단 밑에서 대기하고 있었지. 다른 집의 문이 먼저 열
리면 모든 작전이 수포로 돌아가는 상황. 숨죽여 그 집의 현관문이
열리기만을 기다리던 그때, 그 집의 현관문이 열렸어. 그리고 네 사
람이 안으로 뛰쳐 들어가며 외쳤지.

안두희, 꼼짝 마!

추적자들은 안두희를 묶어서 차에 실었어. 사실 따지고 보면 이

건 엄연한 납치거든. 범죄란 말이야. 추적자들도 자기들이 범죄를 저지르고 있다는 생각을 못 하고 있었던 것은 아니야. 안두희를 납치하는 와중에도 '이렇게까지 해야 하나', '대체 왜 우리가 이런 범죄를 저질러야 하나' 서글픈 생각이 밀려들더래.

아침에 이제 경인고속도로를 나오는데 심정이 한심한 게…, 어쨌든 납치는 납치 아닙니까, 응? 납치 형식을 빌려가지고 그걸 끌고 가는 게, 사실상 국가가, 정부가 해야 될 일이거든. 진상조사는…. '왜 민간(인)이 이 짓을 해야 돼', 그랬다고. 한순간에 처연한 생각도 들더라 이거죠.

-추적자 김인수 씨

하지만 그 무거운 부담감을 알면서도 이들을 움직이게 만든 건, 진실을 밝히기 위해서는 다른 방법이 없다는 생각과 사명감이었어. 이들은 안두희를 미리 준비해둔 경기도 가평의 빈 창고로 데려갔어. 오늘은 꼭 입을 열게 할 작정이야.

이제 그만 그 무거운 짐을 내려놓으시죠. 대체… 누가 시켰습니까. 당신 뒤에 숨어 있는 그자들은 누굽니까?

한참 만에 드디어 안두희가 입을 열기 시작해. 그런데 그 말을 들을 모두가 소스라치게 놀라. 왜냐고? 안두희가 경무대에 갔다고 했거든. 경무대가 어디냐면, 지금으로 말하면 청와대야. 안두희는 거기서 이승만 대통령을 직접 만났다고 얘기했어. 얼마나 충격적인 증언이야. 어쩌면 백범 암살 사건에 이승만 대통령도 관련이 있을지도 모른다는 거잖아. 추적자들은 급히 기자들에게 연락했어. 그리고 잠시 후 몰려온 기자들 앞에서도 안두희는 백범 암살 전 자신이 경무대에서 이승만 대통령을 만났다고 얘기했어.

그뿐만이 아니야. 안두희는 미군 정보기관 책임자를 수시로 만났다는 말도 덧붙였어. 때는 1948년 초 즈음이야. 한국말을 유창하게 하는 사복 차림의 미군이 그를 찾아왔다는 거야. 그 후로도 여러 차례 그는 미군 정보기관 책임자를 만났다고 증언했어. 가장 놀라운 건 그가 직접 미군에게 들었다는 김구 선생님에 대한 얘기야.

그들은 백범을 블랙타이거라고 했소. 암적 존재라고 하면서 제거되어야 한다는 말도 자주 했지. 지금 와 생각해보면 나에게 적개심을 불러일으키며 무언가 테스트하는 것 같았소.

블랙타이거, 이게 무슨 뜻이겠어? 뭔가 호락호락한 느낌은 아니지. 안두희는 미군 정보부대의 장교가 김구 선생을 '국론 통일의 암적 존재'라고 말해왔다고 주장했어. 미국이 김구 선생을 그리 좋아하지 않았던 걸까? 사실 해방 직후 해외에서 고생하던 임시정부 요원들이 우리나라로 돌아올 때도 미군정은 김구 선생에게 "임시정부 자격이 아닌 오직 개인 자격으로 오라"라고 강력하게 요구했어. 김구 선생으로부터 '오로지 개인 자격으로 귀국하는 것'이며 '정부로서 활동하지 않겠다'라는 각서도 받아냈지. 대체 미국이 왜? 그럴 이유가 있었을까? 해방 직후 우리나라는 둘로 나뉘었잖아. 삼팔선 이남은 미군이, 이북은 사회주의 연방국가인 소련군이 통치했는데 이걸 신탁통치라고 해. 김구 선생은 이 신탁통치를 맹렬히 반대했지. 철저한 민족주의자였던 김구 선생님은 우리 민족이 외세의 힘에서 벗어나 완전한 독립을 이루는 게 제일 중요하다고 생각했어.

그런 김구 선생님이 가장 우려했던 게 바로 남과 북이 따로 정부를 세우는 '단독정부 수립'이었거든. 이대로 가면 우리나라가 남과 북으로 영구히 분단될 거라 생각했던 거야. 그래서 김구 선생은 삼팔선을 베고 쓰러질지언정 단독정부를 세우는 데는 협력하지 않겠다고 선언했어. 그래서 단독정부를 찬성하는 이승만 대통령과 대립하게 되었지.

그러면 최후로 할 말씀은 무엇인고 하니, 여러분. 앞으로 우리가 완전한 독립을 목표하고, 우리 전 민족이 나가는 길에 어떠한 나라나 어떠한 민족이 나가 우리의 앞길을 방해한다면, 우리는 그 자리에서 우리의 조상 나라를 위해서 조금도 아끼지 말고 우리의 몸에 있는 피 근량대로 전부를 다 쏟아 바쳐야 됩니다!

-백범 김구, 1946년 8월 15일 광복 1주년 기념식 연설

남한에 단독정부를 세우기로 한 미군 입장에서는 김구 선생이 부담스럽긴 했을 거야. 물론 그렇다고 해서, 미군이 이 암살에 개입이 됐을 거라 말할 수는 없어. 그건 조사를 해봐야 아는 건데, 안두희가 기자회견을 한 지 단 하루 만에 모든 진술을 다 뒤집어버려. 미국 얘기며, 이승만 대통령을 만났다는 얘기며, 다 거짓말이었다는 거야. 추적자들이 감금하고 폭행해서 시키는 대로 말한 거라고 주장한 거지.

참담하죠. 그러니까, 저희가 진술을 들을 때는 그런 강압에 의한 허위가 있느냐 없느냐가 굉장히 중요했기 때문에 처음에 가서 도착해서 가장 먼저 본 건 이분의 외상이 있는지 타

박상이라든지…. 그런데 다행히도 얼굴은 조금 평온해 보였던 거 같습니다. 그 당시에 권중희 씨가 전혀 손을 대지 않았다라는 걸 저희한테 확인을 했고요. 인터뷰를 시작하면서 나가 계시라고 해서 권중희 씨는 바깥으로 나간 상태에서 인터뷰를 했었습니다. 네, 그 당시에는 굉장히 여유 있게 농담도 하셨던 거 같고요. 분명히 우리한테 이야기를 본인의 육성으로 했고, 그다음에 그 육성의 내용이 구체성을 가지고 있었기 때문에 '아, 이건 사실이다' 믿고 이제 기사를 썼는데 (갑자기 말을 바꾸니) 참 안타까웠죠.

- 윤영찬 씨(당시 취재 기자)

안두희는 그야말로 양치기 소년이 됐어. 그해에만 암살 배후와 관련한 고백을 4월에 3번, 6월에 1번, 9월에 2번… 총 6번이나 했는데 그때마다 얼마 안 가서 다시 부인했어. 그러니 추적자들은 얼마나 애가 타. 하지만 안두희의 입을 열기 위한 노력을 멈추지 않았어. 어떤 추적자는 쇠고기도 사 바치고 약도 사다 주면서 안두희를 구슬렸대. 암살범에게 쇠고기 사다 바치는 그 심경이 오죽했을까.

그러던 중 많은 이들의 노력으로 국회에서 백범 김구 선생 시해 진상규명위원회가 열리는데, 이때 암살범이자 증인으로 안두희가 국회에 출석하기로 했다는 소식이 전해졌어. 심지어 그날 아침 안두희는 예정보다 일찍 집을 나섰대. 그리고 찾아간 곳이 다름 아닌 김구 선생님 묘소였어. 그 앞에 도착한 안두희는 무릎을 꿇고 한동안 굵은 눈물을 뚝뚝 흘리며 통곡했다고 해.

드디어 모든 걸 고백하기로 결심한 걸까? 많은 이들이 기대와 초조함 속에서 안두희가 국회에 출석하기만을 기다렸지. 그날 오후 드디어 안두희가 국회에 모습을 드러냈어. 누구도 예상치 못한 모습으로 첫 등장부터 눈길을 사로잡았지. 아침엔 멀쩡하게 묘소를 참배했던 안두희가 난데없이 들것에 실려 입장했거든. 갑자기 실어증이 왔다면서 증인선서도 하지 않은 안두희는 조사가 끝나도록 입 한 번 열지 않았어. 결국 국회 백범 김구 선생 시해 진상규명위원회는

백범 김구 선생의 묘소를 찾아 통곡하는 안두희.

백범 김구 선생 암살 사건

"백범 선생 암살은 정권적 차원의 범죄"라는 결론을 내리며 연루자들을 어느 정도 밝혀내는 성과를 거두었지만, 누가 시켰는지 그리고 그 윗선이 어디까지인지는 끝내 밝혀내지 못한 채 막을 내리고 말았어.

마지막 추적, 사라진 진실

그리고 다시 2년이 흐른 1996년 10월 23일, 경기도 부천의 70-4번 버스 기사 박기서 씨는 그날따라 초조한 마음을 가눌 수가 없었어. 얼마 전부터 '안두희가 오늘내일한다. 살날이 얼마 남지 않았다'라는 소문이 들리고 있었거든.

이대로 가면 안 되지. 이렇게 편하게 보낼 순 없어.

버스 운전을 마치고 돌아온 새벽. 박 씨는 조용히 먹을 갈기 시작해. 그리고 한 자, 한 자 화선지 위에 붓글씨를 써 내려갔지.

見利思義 見危授命

견리사의 견위수명! "이로움을 보거든 그것이 옳은가를 생각하고, 위태로움을 보거든 거기에 목숨을 바쳐라"라는 의미의 글귀야. 논어의 한 구절이자 안중근 의사가 사형선고를 받고 뤼순 감옥에서 남긴 글귀이기도 해. 박 씨는 이 글을 옮겨 적고, 글을 쓴 화선지로 몽둥이 하나를 감쌌어. 그 몽둥이에는 '정의봉'이라는 글자가 새겨져 있었지. 정의봉을 쥔 박 씨는 생각하고 또 생각했대. '이 선택이 맞는 걸까?' 하고 말이야. 그가 무슨 결심을 한 걸까?

한참 만에 자리에서 일어난 박 씨는 어머니께 절을 올리고 집을 나서. 그리고 결국 그날, 백범 선생 암살범 안두희는 박 씨가 휘두른 정의봉이란 이름의 몽둥이에 맞아 79세 나이로 굴곡진 생을 마감했어. 47년 도망자의 삶은 이렇게 막을 내렸고 그날의 진실도 그렇게 사라져 버린 거지.

그리고 5년 뒤인 2001년 미국국립문서 보관소에서 뜻밖의 소식이 전해져. 당시 미군 정보부대인 CIC^Counter Intelligence Corps 장교로 근무했던 미군 소령 조지 실리가 백범 암살 3일 뒤에 쓴 비공식 보고서가 발견된 거야. 여기 담긴 내용들은 너무도 놀라웠어

(백의사) 조직 내부에는 혁명단이라고 불리는 특공대가 존재한다. 특공대는 모두 5개 소조로 구성돼 있고 각 소조는 4

명으로 구성되어 있다. 각 소조의 구성원들은 민주 한국과 한국 민족주의의 갱생을 방해하는 자를 암살하라고 명령이 떨어지면 애국자로 죽겠다는 피의 맹세를 한 사람들이다.

(···)

안두희는 청년으로 이 비밀조직의 구성원이자 이 혁명단 제 1소조의 구성원이다.

(···)

나는 안두희가 정보원일 때부터 알았으며 후에 한국 주재 CIC의 요원이 되었다.

- 실리보고서

안두희는 암살을 일삼던, 비밀조직 우익반공 테러단체의 조직원이었다는 거야. 그리고 안두희는 CIA의 전신인 미국 CIC에서 정보원으로 활동했고, 그러다 나중엔 요원이 되었다는 놀라운 내용이 담겨 있어. 하지만 보고서의 내용은 이게 전부야, 그 이상은 밝혀진 사실이 없어. 혹시 김구 선생 암살의 배후에 미국이 있었던 걸까? 이제 와서는 알 방도가 없어. 모든 진실은 암살범 안두희의 죽음과 함께 어둠속에 묻히고 말았으니까.

오늘날의 경교장.

앞에서도 봤었던, 김구 선생이 마지막으로 숨을 거둔 곳 어딘지 혹시 알아? 이곳의 이름은 경교장이야. 우리나라 임시정부의 마지막 청사나 다름없는 곳이지. 원래는 일제강점기 광산왕으로 불리던 친일 기업인의 별장이었는데 해방이 되니까 겁이 났는지 광산왕이 김구 선생과 임시정부 요원들에게 이 별장을 무상으로 빌려줬대. 해외에서 활동하다 돌아온 김구 선생은 국내에 머물 곳이 없었거든. 광산왕이 늦게라도 자신의 친일행적을 반성한 걸까?

안타깝게도 그건 아닌 거 같아. 김구 선생님이 돌아가시자마자 그날로 안면몰수하고 당장 방을 빼라며 독책했거든. 그래서 김구 선생의 유족이며 임시정부 요원들은 김구 선생 서거 두 달 만에 모두 그 집에서 나와야 했어. 게다가 난데없이 그동안 사용한 임대료까지 달라고 했다니, 참 쓸쓸한 일이야. 그 뒤로 김구 선생과 임시정부 요원들의 마지막 숨결이 남은 이곳 경교장은 여기저기 팔리면서 망가지고 훼손돼왔어. 병원 원무과로 쓰이다가 급기야 철거될 뻔한 위기도 겪은 끝에 2001년에 겨우 서울시가 유형문화재로 지정해 건물 내부만 복원했어. 하지만 여전히 병원 한쪽에 세든 듯 옹색하게 끼어 있어서 찾기가 쉽지 않아.

> 네 소원이 무엇이냐고 물으시면 나는 서슴지 않고 "내 소원은 대한 독립이오" 하고 대답할 것이다. "그다음 소원은 무엇이냐" 하면 나는 또 "우리나라의 자주독립이오" 할 것이요, 또 그다음 소원이 무엇이냐 하는 세 번째 물음에도 나는 더욱 소리를 높여서 "나의 소원은 우리나라 대한의 완전한 자주독립이오"라고 할 것이다.
>
> -『백범일지』

나라를 위해, 일생을 바치셨던 분의 죽음도 제대로 밝히지 못하고 그 숨결이 어린 유적지도 제대로 돌보지 못한 채 우린 70년이 넘는 긴 세월을 보냈어. 나라를 되찾기 위해 모든 걸 걸었던, 수많은 우리의 선조들. 그분들이 보시기에 오늘 우리는, 지금 대한민국은 어떤 모습일까?

백범 김구 선생 암살 사건

그날, 나의 기억은 여기서 시작된다.

PD님. 내일 경교장에서 미팅이 잡혔어요.

네? 경교장이요?

부끄러움조차 느끼지 못할 만큼 생소했던 장소. 그랬다. 나는 몰랐다! 경교장에 도착했을 때, 처음 든 생각은 '귀한 문화재가 어째서 여기 있을까'였다. 대한민국 임시정부의 마지막 청사이자, 백범 김구 선생이 서거한 곳. 추적자 중 한 분이었던 김인수 선생이 그곳을 지키고 있었다. 그분께 이야기를 듣고 있는 동안, 모든 게 탄성의 연속이었다. 나는 정말 몰랐다. 취재를 하면 할수록 죄스러운 마음이 커졌다. 나는 잊고 있었지만, 그들은 기억하며 지키고 있었다. 나와 같은 이들은 또 얼마나 많을까…, 생각했다.

한반도의 완전한 자주독립이 마지막 소원이었던 백범 선생님. 그 바람은 끝내 이뤄지지 않았다. 오늘을 살고 있는 우리들의 숙제이나, 우리는 잊고 산다. 기억하지 않는 자는 그 일을 반복한다는 말이 새삼 두렵게 느껴졌다.

'그날'의 일은 '그곳'에 여전히 살아 숨 쉬고 있고, 나는 길을 가다 우연히 그곳의 그날을 발견한 한 사람에 지나지 않는다. 방송을 통해 나처럼 우연히 발견한 이들이 많기를 소망한다.

역사는 발견하고 행동하는 이들을 통해 현재와 맞닿는 것이 아닐까. 그 과정에 조금이나마 도움이 되었기를 바라며, 그날 이야기를 할 수 있어 뜨겁고 영광스러운 시간이었다.

백범 김구 선생 암살 사건

우리는 '내일의 죠'

요도호 납치 사건

자기의 운명을 짊어질 수 있는 용기를 가진 자만이 영웅이다.

-헤르만 헤세

사상 초유의 더블 하이재킹

혹시 여행 좋아해? 비행기 탈 때마다 복잡하고 까다로운 절차들이 참 많잖아. 가끔은 뭐 이렇게까지 하나 싶지만 다 이유가 있어. 이런 이야기 들어봤니?

비행규정은 피로 쓰였다(Aviation regulations are written in blood)!

우리가 알고 있는 비행규정은 비극적인 사고와 죽음을 겪으면서 만들어졌다는 의미야. 이제부터 소개할 이야기는 이런 비행규정들이 채 갖춰지기 전에 일어난 사건이야. 동북아시아는 물론, 전 세계의 이목을 집중시킨 블록버스터급 사건! 어때? 궁금하지? 그럼 지금부터 그날의 이야기를 시작할게.

때는 1970년 3월 31일, 김포공항에 주둔해 있는 미군 부대에서 이야기는 시작돼. 그런데 부대 분위기가 평소와 달랐어. 사이렌 소리가 요란하게 울리고 미군들과 지프 차들이 정신없이 왔다 갔다 해. 비상이 걸린 거야.

이 부대에서 가장 중요한 장소는 '랍콘'이라고 불리는 곳이야. RADAR APPROACH CONTROL. 즉, 레이다를 이용해서 비행기들의 이동을 감시하고 지시를 내리는 곳을 말해. 영화 같은 데에서 본 적 있지? 헤드폰을 낀 관제사가 레이다 화면을 보면서 비행기 조종사에게 '고도를 1만 피트로 높여라!' 하고, 무전으로 지시 내리는 곳 말이야. 그게 바로 랍콘이야. 그런데 그날 랍콘 안에는 무거운 긴장감이 흐르고 있었어. 입구 양옆에는 무장한 헌병들이 경계를 서고 있고, 미군들은 레이다 앞자리를 비워놓은 채 초조하게 누군가를 기다리고 있었지.

오전 11시 반쯤 됐을까. 랍콘 앞에 지프 차 한 대가 끼이이익 하고 멈춰서더니 군복을 입은 한 남자가 내렸어. 잠시 후 랍콘 문이 열리면서 그 남자가 들어섰지. 그 순간 안에 있던 미군들이 일제히 그를 쳐다봐. 모두 이 남자가 오기만을 기다리고 있었던 거야. 뜻밖에도 그 남자는 한국인이었어. 나이도 젊어 보여. 이름은 채희석. 당시 나이는 스물여덟 살. 그는 대한민국 공군 제7항로보안단 소속으로,

당시 미군 부대에 파견을 나와 있었던 항공관제사[*]야.

미션 임파서블

그런데 정작 랍콘에 들어선 그는 어리둥절했어. 아직 아무 이야기도 듣지 못했거든. 뭐야, 이게 무슨 상황이지? 엉거주춤 서 있는 그에게 미군 대대장이 눈짓을 했어. 레이다 앞 비워놓은 자리에 앉으라는 거야. 그 자리는 관제를 책임지는 조장이 앉는 자리였어. 랍콘 관제조장은 늘 미군들이 맡았거든. 그 자리에 앉으라는 것은 채씨에게 대한민국 영공의 작전권을 맡긴다는 의미야. 상상도 못 한 일이 벌어진 거지. 그는 얼떨떨한 마음으로 레이다 앞자리에 앉았대. 그리고 한 통의 전화가 걸려 왔어.

자네 누군가?

관제사 채희석입니다.

나 중정 부장일세.

[*] 비행 중인 항공기가 안전하게 운행할 수 있도록 기동지역 내의 항공기 및 장애물 등의 정보를 제공하고 지시하는 직업. 항공교통관제사라고도 한다.

중정 알지? 중앙정보부(KCIA)! 날아가는 새도 떨어뜨릴 정도로 막강한 권력을 휘둘렀던 정보기관. 우는 아이도 울음을 뚝 그친다는, 그 악명 높은 중앙정보부 부장이라는 거야. 채 씨는 깜짝 놀랐지. 중정 부장이 왜 나를 찾는 걸까? 그런데 이어지는 말은 더 놀라웠어.

잘 듣게. 이제 곧 일본에서 비행기 하나가 한국 영공에 들어올 거야. 그 비행기, 무조건 김포공항에 착륙시키게. 이건 각하의 지시야. 알겠어?

각하? 중정 부장이 각하라고 부를 사람은 딱 한 사람밖에 없잖아. 미스터 프레지던트. 박정희!

'당신이 근무조장으로서 이 비행기를 내려야 해. 김포공항에 내려야 해.' 중앙정보부장이라면 날아가는 새도 그냥 떨어뜨릴 때야. 정보부장이라면 떨려가지고 감히 이야기가 안 나오지. 그 이야기를 듣고 나서는 무조건 하늘이 노랄 수밖에…. 비행기는 내려야 되겠고, 정보는 하나도 없고….

-채희석 씨(전 공군 제7항로보안단 항공관제사)

이유 불문하고 무조건 김포공항에 착륙시키래. 조종간을 쥐고 있는 기장도 아니고 관제사가 맘대로 할 수 있는 일이 아니잖아. 미션 임파서블. 불가능한 임무였어.

채 씨가 레이다 앞에 앉고 얼마 지나지 않은 오후 2시 20분경, 일본 쪽에서 비행기 한 대가 날아오더니 부산 남쪽 바다 위 한국방 공식별구역(KADIZ)* 안으로 들어섰어. 그날 비행계획에도 없었어. 허가를 받지 않은 영공 침입인 거야. 한국 공군은 즉시 비행기 두 대를 출격시켰지. 잠시 후, 동해 위를 날면서 똑바로 북상하고 있는 비행기 한 대를 육안으로도 확인할 수 있었어. 그런데 실제로 보니 전투기가 아니라 민간항공기였어. JAL^{Japan AirLine}, 즉 일본항공 마크 가 선명하게 보이는데 조종석 아랫부분의 동체에는 또 다른 문자가 적혀 있었어. Yodo, 알파벳으로 '요도'라고 적혀 있었던 거야.

당시 일본항공은 여객기마다 따로 애칭을 붙였다고 해. '요도'는 오사카 시내를 가로지르는 요도강^{淀川}에서 따온 이름이야. 이 비행기 는 요도호. 승무원과 승객, 총 138명을 태운 채 한국 영공에 들어선

<hr />

* 한반도 지역으로 접근하는 비행물체에 대한 사전 탐지, 식별 및 적절한 조치를 위해 설정된 구역으로 영공과는 다른 개념이다. 24시간 감시하면서 사전 비행계획 없이 진입하는 항공기에 대해 설명을 요구한다.

거야. 그런데 요도호는 대체 왜 일본을 벗어나 위험한 비행을 하게 된 걸까? 궁금하지 않아?

우리는 '내일의 죠'

이 엄청난 사건이 시작된 것은 당시로부터 보름 전의 일이었어. 1970년 3월 15일 일본 도쿄에서 불심검문을 하던 경찰이 수상한 인물을 체포했어. 그 남자의 정체를 알게 된 경찰은 깜짝 놀라게 돼. 이 남자의 정체는 당시 스물일곱 살이었던 도쿄대 학생 시오미 다카야였어. 당시 일본 경찰 전체가 쫓고 있던 적군파赤軍派의 우두머리였지. 적군파는 일본에서 1969년에 발족해 1970년대에 활동한 좌파 테러단체야. 정식으로는 '공산주의자동맹 적군파'라고 하지. '무장봉기를 통해 전 세계를 공산화하겠다'라는 목표를 가지고 무장 투쟁을 벌인 급진적이고 폭력적인 단체였어! 일본 국내와 이스라엘, 쿠웨이트 등 세계 각지에서 살인과 테러 사건 등 심각한 범죄를 자행한 무시무시한 조직이야.

그런데 경찰은 체포된 시오미 다카야의 소지품 중에서 어떤 메모를 발견하게 돼. 의미를 알아볼 수 없는 암호들 사이로 어떤 글

적군파가 이스라엘 텔아비브의 로드 공항(지금의 벤구리온 국제공항)에서 일으킨
총격 사건 현장.

자가 눈에 띄었어. 바로 'H.J'라는 이니셜이야. 경찰은 별거 아니겠
거니 생각하고 그냥 넘겨버리고 말았어. 그 이니셜의 의미는 머지
않아 밝혀져. 그리고 일본뿐 아니라 대한민국까지 발칵 뒤집어놓고
말았지.

시오미 다카야가 체포된 지 2주가 지난 3월 31일 도쿄 하네다
공항. 7시 10분 출발 예정이었던 후쿠오카행 국내선 비행기에 승객
들이 오르고 있었어. 일본항공 여객기 보잉 727기, 바로 요도호였
어! 도쿄에서 청과 주식회사를 경영하고 있는 김원동 씨도 승객들
중 한 사람이었어. 그는 요도호에 오른 131명의 승객들 중 유일한
한국인이었지. 아침 일찍 공항에 오느라 피곤했던 김 씨는 자리에

앉자마자 바로 잠이 들었대. 잠결에 비행기가 이륙하는 움직임이 느껴졌어. '아, 이제 이륙하는구나' 하고 생각하며 다시 잠이 들었어. 그런데 주변이 너무 시끄러운 거야. '아, 뭐야', 짜증이 나서 눈을 떴어. 그런데 젊은 남자 몇 명이 일어나서 막 소리를 지르고 있었어. 그런데 자세히 보니 손에 칼을 들고 있는 거야!

모두 움직이지 마! 양손 머리 위로 올려!

심지어 어떤 놈은 권총을 꺼내 들고 손님들을 위협하고 있었어. 하나, 둘, 셋…, 모두 아홉 명! 나이도 많지 않아. 기껏해야 20대 정도였을까? 이 괴한들의 고함 소리에 승객들의 비명 소리까지…. 비행기 안은 순식간에 아수라장이 되고 말았어. 그제야 깨달았대. '아, 이 비행기를 납치하려는구나.' 납치범들은 승객들을 창가 자리로 몰고는 빨랫줄을 꺼내 손을 묶었어. 다른 몇 명은 칼과 총을 든 채 조종석 쪽으로 막 뛰어가. 조종석 문을 열고 기장과 부기장의 목에 칼을 들이대고는 이렇게 말했대.

우리는 적군파다. 이 비행기는 우리가 탈취한다.

맞아. 이들의 정체는 바로 적군파였어. 2주 전 적군파 의장 시오미 다카야가 체포됐을 때 수첩에 적혀 있던 H.J. 이제 무슨 뜻인지 알겠지? 바로 하이재킹^{HiJacking*}을 의미했던 거야.

비행기를 납치한 적군파의 리더는 스물일곱 살의 다미야^{田宮}라는 남자야. 나머지 멤버들은 20대 초중반. 가장 어린 멤버는 열여섯 살의 고등학생이었어. 비행기 납치라는 엄청난 범죄를 저지르기엔 다들 너무 어렸지. 요도호를 납치하기 전날, 이들이 남긴 성명서를 보면 특이한 점이 있어.

> 우리들은 내일 하네다를 출발한다.
> 지금까지의 어떤 투쟁에서도 이렇게 자신감과 용기와 확신이 마음에서 우러나오지 않았다.
>
> (…)
>
> 마지막으로 확인하자.
> 우리들은 '내일의 죠'다!
>
> -요도호 납치 사건 당시 적군파 성명서

---

* 비행기, 선박 등 탈것을 탈취하거나 무선 전파 및 통신장비를 도청하는 행위를 의미한다. 20세기 초 미국에서 금주법이 시행된 후 마피아들이 술을 운반하는 차량을 습격할 때 '안녕하신가, 친구?$^{Hi, Jack?}$'라고 말을 건 것에서 유래했다.

'내일의 죠'가 뭔지 알아? 1968년부터 일본에서 연재를 시작하며 폭발적인 인기를 불러모은 만화 제목이야. 우리나라에는 『도전자 허리케인』 또는 『허리케인 죠』라는 제목으로 소개된 권투 만화야. 이 만화에는 빼놓을 수 없는 명장면과 명대사가 등장해. 아직까지도 워낙 많이 패러디되고 있어서 들으면 딱 알 거야.

새하얗게 불태웠어.

주인공은 고아원 출신의 부랑아 야부키 죠! 그가 어떤 역경에도 포기하지 않고 권투를 만나 치열하게 살아나가는 모습은 당시 젊은이들에게 큰 반향을 불러일으켰어. 열혈 청춘의 아이콘을 뛰어넘어 한 세대를 대표하는 일본만화의 전설이 된 거야. 납치범들은 바로 그 주인공을 들먹여 "우리들은 '내일의 죠'다!"라고 하면서 비행기를 납치했어. 만화주인공과 자신을 동일시하면서 이 엄청난 테러를 저질렀던 거야.

이대로 평양으로 가자!

조종석으로 달려간 리더 다미야는 기장에게 권총과 일본도를 들이대고는 외쳤어.

우리는 기타조센으로 간다!

기타조센이 어딜까? 바로 북조선, 북한이야. 평양으로 비행기 기수를 돌리라는 거였어. 당시 적군파는 수상관저를 습격하기 위해서 군사 훈련을 하던 중에 적발되어 시오미 다카야를 비롯한 주요 인물들이 죄 체포된 상황이었지. 그야말로 조직이 와해될 위기였어. 그래서 이들은 해외에서 다시 조직을 재건하기 위한 목표를 세우게 된 거야. 그 타깃이 바로 공산주의 국가인 북한이었던 거지! 그런데 일본과 북한은 교류가 없는 상황이어서 북한으로 갈 정규 루트가 없었거든. 그래서 요도호를 납치하게 된 거야. 적군파는 승객들 앞에 서서 이렇게 외쳤어.

우리는 공산주의자 동맹 적군파다. 우리는 북조선으로 가서 군사훈련을 할 것이다. 그리고 올가을 다시 일본에 상륙해서 전 단

계 무장봉기를 관철시키고야 말 것이다.

이 일이 속보를 통해 알려지자 일본 전체가 난리가 났어. 이런 일은 한 번도 겪어본 적이 없었거든. 이 사건이 바로 일본 최초의 하이재킹 사건인 요도호 납치 사건이야. 그런데 여기서 의문이 생기지 않아? 적군파 납치범들은 어떻게 총과 칼을 가지고 비행기에 오를 수 있었을까? 이유는 간단해. 1970년 당시에는 지금 같은 보안 검사가 없었거든. 그래서 기다란 낚시가방 속에 칼을 넣고 권총을 품에 숨긴 채 비행기에 탈 수 있었던 거야. 이들이 숨기고 있던 것은 그것뿐만이 아니었어.

당장 기수를 북으로 돌려! 안 그러면 자폭하겠다!

기장을 협박하던 납치범들은 허리춤에서 20cm 정도 길이의 파이프를 꺼내 들며 외쳤어. 바로 사제폭탄이었어! 웬만한 사람이라면 겁에 질려서 바로 기수를 북으로 돌렸을 거야. 하지만 기장은 보통 사람이 아니었어. 당시 요도호의 기장이었던 이시다 신지는 총비행시간만 해도 1만 시간이 넘는 베테랑이었어. 그가 침착하게 납치범들을 달랬지.

이 비행기는 국내선이라 평양까지 가기엔 연료가 부족하다. 중간에 떨어지기 싫으면 예정대로 후쿠오카에 내려서 연료를 더 넣어야 해.

실은 거짓말이었어. 모든 항공기는 비상상황까지 대비해서 연료를 충분히 넣기 때문에 평양까지는 충분히 갈 수 있었다고 해. 일단 착륙을 해야 일본 정부가 대처할 수 있을 거라고 생각하고 기지를 발휘한 거지. 그러면 적군파는 이 말을 믿었을까? 아직 20대에 불과한 납치범들이 비행기에 대해서 뭘 알겠어? 기장이 그렇다고 하니까 믿을 수밖에 없었지. 그래서 일단 후쿠오카에 착륙해서 연료를 보급하기로 한 거야. 그렇게 요도호는 이륙 1시간 40분이 지난 오전 9시, 원래 목적지인 후쿠오카 이타즈케공항에 착륙했어. 이제 일본 정부가 어떻게든 해결해주길 기대하면서….

요도호의 운명

일본 정부는 신속하게 대책본부를 꾸렸어. 그리고 자위대 600명이 활주로 주변을 물 샐 틈 없이 포위했지. 자! 그러면 이제 뭘 어떻게 하면 될까? 정작 할 수 있는 게 없어. 지금 같았으면 대테러 부대가 출동해서 작전 매뉴얼에 따라 납치범을 제압하고 인질들을 구출했을 거야. 하지만 이때는 세계 어느 나라에도 전문적인 대테러 부대가 없었던 시절이야. 대테러 부대가 처음 만들어진 것은 요도호 사건 2년 후인 1972년 뮌헨 올림픽에서 벌어진 테러 사건 이후였거든. 당시만 해도 총, 칼, 폭탄으로 무장한 납치범들이 100명이 넘는 인질을 데리고 있는 상황에서 어떻게 대처한다는 매뉴얼조차 없었던 거야.

납치범들은 평양까지 갈 수 있는 연료를 보급하라며 기세등등하게 외쳤어. 물론 만일에 강제로 진압하려 든다면 폭탄으로 대응하겠다는 위협도 빼놓지 않았지. 실제로 인질들이 잡혀 있는 상황에서 무리한 진압을 시도했다가는 많은 사상자를 낼 게 불 보듯 뻔한 상황이었어. 고민에 빠진 일본 대책본부는 한 가지 아이디어를 떠올려. 과연 무슨 작전이었을까?

잠시 후, 일본 항공 자위대 조종사 1명이 비장한 얼굴로 전투기에 올랐어. 엔진을 켜고는 천천히 전투기를 움직이더니 활주로 중간에 멈춰 서. 그러더니 조종사가 전투기에서 내리고는 황급히 사라지는 거야.

시간이 흐르고 연료 보급을 마친 요도호가 이륙하려고 하다가 활주로 중간을 막고 있는 자위대 전투기를 발견했어. 적군파들이 가만히 놔두겠어? 당장 치우라고 했지. 그러자 일본 대책본부에서는 "지금 자위대 전투기가 갑자기 고장 나는 바람에 활주로가 막혀서 어쩔 수 없다"라고 둘러댔어. 이른바 '길막' 작전을 시도한 거지. 전투기 고장을 핑계로 시간을 끌 작정이었던 거야. 그런데 이 계획은 오히려 납치범들을 자극하고 말았어. 열이 오른 납치범들은 승객의 목에 칼날을 들이대면서 소리 질렀어.

허튼 수작 부리지 마라! 당장 활주로를 비우지 않으면 승객들을 처형하겠다!

달리 방법이 없잖아. 활주로를 막고 있던 전투기를 치웠지. 그야말로 속수무책인 거야. 적군파 납치범들은 한 가지를 더 요구했어. 평양까지 비행하는 데 필요한 지도를 달라고 한 거야. 잠시 후 누군가 오더니 기다란 장대 끝에 뭔가를 달아서 조종사에게 전달했어. 납치범들이 요구했던 지도를 전해준 거지. 그런데 지도를 펴본 조종사들은 어이가 없어서 할 말을 잊고 말았대. 왜 그랬을까? 비행할 때 지도라고 하면 보통 항공지도를 의미해. 여기에는 항로는 물론, 공항에 대한 정보, 활주로 방향, 비행금지구역 등 여러 가지 정보가

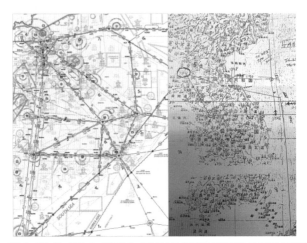

비행에 사용되는 항공지도(왼쪽)와 사건 당시 납치범들이 전달받은 지도(오른쪽).

이타즈케공항에서 풀려나는 23명의 노약자들.

꼬리에 꼬리를 무는 그날 이야기 2

표시돼 있지. 그런데 일본 대책본부는 중학교 교과서에 실린 한반도 지도를 복사해서 준 거야.

이걸 보고 비행하라는 건 진짜 말이 안 되는 거였어. 그런데 왜 일본 대책본부는 이런 지도를 준 걸까? 납치범이 요구한 항공지도를 구하지 못한 걸까? 나중에 밝혀진 바로는 일본 항공관리국에는 북한의 항공지도가 있었대. 그런데 일부러 엉성한 지도를 준 거야. '이걸로는 도저히 평양에 갈 수 없겠다' 스스로 포기하게 만들기 위한 노림수였던 거야. 그래도 일단 바라는 대로 연료도 넣어줬고, 지도도 건네줬어. 그러니 이제 인질들을 풀어달라고 요구했겠지? 과연 납치범들은 요구를 받아들였을까?

이시다 기장의 설득 끝에 납치범들은 어린아이를 비롯한 노약자 23명만 풀어줬어. 그리고 나머지 99명의 승객, 7명의 승무원, 9명의 납치범을 태운 채 후쿠오카 이타즈케공항을 이륙했어. 목표는 평양! 중학교 교과서에서 복사한 엉성한 지도에 의지한 채 기수를 돌려 북으로 향했지. 일본 대책본부에서는 팔짱을 낀 채 이 광경을 지켜볼 수밖에 없었어. 이제 요도호의 운명은 일본 정부의 손을 떠나고 만 거야.

탈취된 비행기를 탈취하라!

일본을 벗어난 요도호는 2시 20분 한국 영공으로 들어섰어. 불법 영공 침입을 한 거지. 일본 정부로부터 미리 연락을 받은 한국 정부는 이를 지켜보고 있었어. 그러는 사이 동해를 따라 북상하던 요도호는 삼팔선을 넘어섰어. 이시다 기장은 이제 북한 영공에 들어섰다고 생각하고 평양을 향해 왼쪽으로 기수를 틀었어. 그러나 이시다 기장이 몰랐던 사실이 있지. 남한과 북한의 경계인 휴전선은 정확히 삼팔선과 같은 선이 아니라, 동쪽으로 갈수록 위로 기울어져 있다는 것을 말이야. 요도호는 삼팔선을 넘었지만 아직 남한 영공을 날고 있었어.

그가 평양에 가본 적 있었겠어? 당연히 없었지. 요즘이야 자동 항법장치가 있지만 그때는 비행기 위치를 알 수 있는 장치도 없었을 때야. 엉터리 지도를 보면서 방향과 속도를 계산해서 현재 위치를 짐작해야만 했어. 요도호가 무사히 평양에 착륙하려면 딱 한 가지 방법밖에 없었어. 평양 관제소와 교신하는 것! 이시다 기장은 절실한 마음으로 무전기를 들었어.

한편, 김포공항 미군기지 랍콘에 있는 채희석 관제사는 잔뜩 긴장한 채 레이다 화면을 보고 있었어. 공중납치된 요도호가 100명이 넘는 승객과 승무원을 태운 채 평양으로 향하고 있다는 보고를 받은 후야. 그가 받은 임무는 요도호를 가로채서 무사히 김포공항에 착륙시키는 것이었지. 그렇다면 어떻게 해야 평양으로 향하는 요도호를 김포공항에 착륙시킬 수 있을까? 몇 시간 전, 중앙정보부장이라고 자처하던 사람은 전화를 끊기 전 채 씨에게 깜짝 놀랄 이야기를 했어.

만약 필요하다면 조종사에게 서울을 평양이라고 해도 좋고, 조선민주주의인민공화국이라고 해도 좋네.

때는 1970년도야. 너도나도 반공을 외치던 때였어. 막걸리 반공법*이라고 혹시 들어봤어? 막걸리 마시다가 말 한번 잘못하면 반공법 위반으로 처벌받던 때였어. 그런데 서울을 평양이라고 해도 좋고, 조선민주주의인민공화국이라고 해도 좋다고? 그때 당시에는 상상할 수 없는 파격적인 지시였던 거지. 그 말을 들은 관제사 채 씨의 심정은 어땠을까?

---

* 1970년 김 모 씨는 집을 부수는 철거반원에게 "야! 이 김일성보다 더한 놈들아!"라고 했다가 반공법 위반으로 구속됐다. 남한보다 북한의 체제가 우월하다고 찬양했다는 것이다. 술자리에서도 함부로 말했다가는 잡혀간다는 의미에서 막걸리 반공법이라는 말이 유행했다.

요도호 납치 사건

평양이라고 해도 좋고 인민공화국이라고 해도 좋고 다 좋으니 비행기를 내려만 내라 이거야. 중정 부장 아니면 도저히 그런 말은, 인민공화국이라는 말도 못 해. 인민공화국이라는 말을 어떻게 하나? 그러니까 그 위치가 법을 초월하는 거야. 그때 법을 초월할 수 있는 사람은 오로지 대통령, 아니면 중앙정보부장이야. 모든 한국에 있는 작전권을 나한테 위임한다 그런 뜻이야. 그렇지 않고서는 도저히 이해를 못 하는 거야. 어마어마한 책임이지. 그러니까 내가 "나는 죽었구나, 지금 이순간부터 죽었구나" 이렇게 생각을 한 거지.

-채희석 씨(전 공군 제7항로보안단 항공관제사)

미군들은 자기 일이 아니라는 듯이 한 발짝 물러선 채 채 씨를 지켜보고 있었대. 그러는 데에는 이유가 있었지. 김포에 있는 랍콘의 관제 범위는 반경 40마일(약 64km)밖에 안 된다고 해. 기껏해야 동두천, 포천까지만 보이는 거야. 그런데 지금 그는 레이다를 최대 범위인 200마일(약 320km)까지 넓혀놓은 상황이야. 핸드폰으로 기사를 읽을 때 한 번에 더 많은 글씨를 보려면 축소를 해야 되잖아. 그러면 어떻게 되겠어? 글씨가 작아져서 알아보기 힘들어지지. 그런 상황이야. 200마일까지 레이다 반경을 넓히니까 비행기가 그냥 점으로 보여.

비행기인지 헬기인지 구분도 안 되고 잘 잡히지도 않아. 황무지에서 바늘을 찾는 거나 마찬가지인 거야. 그만큼 비행체를 식별하는 게 어려워서 사고가 날 위험성도 높아져. 항공기는 물론, 승객들의 생명을 위험하게 만들 수 있기 때문에 명백한 규정 위반인 거지. 자칫 불상사라도 일어난다면 한·일 외교 문제로 번질 수도 있어. 그래서 미군은 더 이상 개입하지 않은 채 지켜만 보고 있는 거야. 훗날 밝혀진 바로는 미국은 절대 이 일에 개입하지 말라고 지시를 내렸다고 해. 결국 모든 것이 스물여덟 살의 젊은 공군관제사에게 맡겨진 거야.

교신을 가로채라! '여기는 평양 관제'

그때였어. 관제사 채 씨가 레이다 화면에 온 신경을 집중하고 있는데 희미한 점 하나가 보였어. 요도호인가? 동해 위로 똑바로 북상하고 있는 점 하나. 요도호가 틀림없었어. 그런데 이 점이 삼팔선을 넘더니 왼쪽으로 틀어. 그러면서 강원도 고성으로 접어드네?

여기서 잠깐… 그런 의문이 들지 않아? 왜 빨리 교신을 하지 않은 걸까? 사실 항공관제에서 관제사는 조종사를 먼저 부를 수 없다고 해. 조종사가 먼저 호출해야 교신이 시작된다는 거야. 채 씨는 요도호로부터 무전이 들려오기만을 기다렸어. '제발… 어서 호출해.' 기도하는 심정으로 레이다를 보고 있었대. 요도호가 강원도 고성을 지나고 있는 그때! 치이이익 소리와 함께 드디어 목소리가 들려왔어. 요도호야.

어느 관제소든 응답하라. 여기는 JAL 8315. 들리는가?

호출이 들린 채널은 전 세계에서 공통으로 사용하는 비상 주파수인 121.5메가사이클(MC)이었어. 이 목소리를 평양 관제소에서도 똑같이 듣고 있다는 뜻이야. 어릴 때 무전기 갖고 놀아본 적 있어? 말할 때 송신 스위치를 누르고 말해야 하잖아. 2명이 동시에 스위치를 누르면 먼저 누른 사람 목소리만 들려. 만약 평양 관제소에서 먼저 송신 스위치를 누르면 요도호의 기장은 그쪽의 지시를 따라서 비행을 하겠지? 그러면 고스란히 요도호를 평양에 뺏기는 거야. 채 씨에게는 처음이자 마지막 기회였어. 요도호의 교신이 끝나자마자 바로 무전 송신 스위치를 누르고 말했어.

여기는 서울 진입 관제. 말하라.

채 씨는 왜 서울이라고 했을까? 이미 중앙정보부장한테 평양이라고 해도 좋다고 오케이를 받았는데… 이유는 지금 주파수가 비상 주파수였기 때문이야. 이 전파가 닿는 모든 나라, 모든 비행기에서 다 듣고 있는 공용 주파수인 거야. 비상 주파수에서 평양이라고 거짓말을 한다? 이건 엄청난 문제를 불러일으킬 수 있는 상황인 거지. 그래서 일단 서울이라고 답을 할 수밖에 없었대. 한편 같은 시각, 요도호 조종석 안에서는 기장과 부기장, 납치범이 함께 무전 교신을 듣고 있었어.

평양공항에 착륙하려고 하는데 필요한 정보를 줄 수 있는가?

서울 관제소에서 잠시 기다리라고 답신하더니 잠시 후 다시 송신이 왔어.

주파수를 134.1메가사이클로 변경하라.

요도호 조종사들은 살짝 놀랐대. '한국은 북한과 적대관계인데 용케도 평양 주파수를 알려주네', '긴급상황이니까 적국이라고 해도 도와주는구나'. 요도호 조종사들은 그제야 마음을 놓을 수 있었어.

이제 평양 관제소와 교신이 되면 무사히 평양에 갈 수 있는 거야. 곧 알려준 주파수로 변경하고는 무전을 했어.

거기 평양 진입 관제인가?

그런데 이 무전을 듣고 있는 곳은 평양 관제소가 아니었어. 그럼 누구였을까? 바로 채 씨였어. 그가 알려준 134.1메가사이클은 평양이 아닌 김포공항 주파수였던 거야. 요도호를 가로채려면 평양에서 듣지 못하는 주파수로 바꿔야만 했던 거지. 문제는 '과연 요도호가 서울 관제소의 지시에 따라 주파수를 바꿀 것인가'였어. 만약 이 지시에 따르지 않는다면 작전은 시작하지도 못하고 실패하는 거니까. 다행히 요도호 조종사들은 채 씨가 알려준 주파수가 평양 관제소라고 생각하고 순순히 주파수를 바꿨어. 첫 번째 고비였던 요도호의 교신을 가로채는 데 성공하는 순간이었지.

김포공항으로 유인하라!

하지만 아직 임무는 끝나지 않았어. 이제부터 요도호 기장을 속여서 김포공항으로 데려와야 해. 문제는 목소리였어. 조금 전 서울이라고 했잖아. 이번에는 평양이라고 말해야 되는 거야. 납치범들도 같이 듣고 있을 텐데, 방금 전의 서울 관제소와 같은 목소리라는 것을 알아차리면 속았다는 것을 깨닫고 무전을 끊어버릴 수도 있는 거야. 그렇다고 답을 안 할 순 없잖아. 채 씨는 이때 "평양 관제"라고 응답하는 순간이 가장 떨리는 순간이었다고 회상해. 제발 눈치를 못 채야 할 텐데…. 기도하는 심정으로 답신을 기다렸지. 그리고 잠시 후, 교신이 들려왔어.

여기는 JAL 8315. 평양에 착륙하길 원한다. 안내를 부탁한다.

다행히 목소리가 같다는 걸 알아차리지 못한 거야. 채 씨는 순간 주먹을 불끈 쥐었어. 긴장한 채 상황을 지켜보던 미군들도 안도의 한숨을 내쉬었지. 두 번째 고비를 무사히 넘기는 순간이었어. 이제 요도호의 교신을 가로채고 평양공항이라고 믿게 만드는 데에는 성공했어. 남은 것은 한 가지. 요도호를 무사히 김포공항으로 유인하는 것!

그런데 문제가 생겼어. 교신을 주고받는 사이에 요도호가 휴전선을 넘어 북한 영공에 들어가버린 거야. 레이다 화면 위에 요도호를 가리키는 점 하나가 철원 지방 중부 전선을 넘어서 평양 방향으로 향하고 있었어. 김포공항으로 유도하려면 지금이라도 왼쪽으로 틀어서 다시 휴전선을 넘어와야 해. 그런데 만약 북한이 대공포라도 발사하면 지금까지의 모든 노력이 수포로 돌아가는 거야. 어떡하지? 어떻게 해야 승객들을 무사히 데리고 올 수 있지? 100명이 넘는 승객들의 목숨이 채 씨에게 달려 있었어. 고민하던 채 씨는 아주 대담한 선택을 하게 돼.

> 막바로 (휴전선을) 넘기면 삼팔선이 있기 때문에 거기 화력이 집중돼 있잖아. 삼팔선상에…. DMZ상에 모든 화력이 집합되어 있어요. 그러니까 나는 그 삼팔선을 제외해놓고는 그 안에, 오히려 평양 상공으로 가는 것이 더 편하잖아. 이 사람들한테, 130명을 안 죽이려면 평양 상공을 통할 수밖에 없잖아요. 그것이 내 기지라면 기지지. 내 머리가 그렇게 돌려놓은 거지.
>
> -채희석 씨(전 공군 제7항로보안단 항공관제사)

차라리 평양 상공을 통과한다! 김포공항을 향해 바로 왼쪽으로 틀어서 모든 화력이 집중돼 있는 휴전선을 넘어오는 것보다 차라리 북한 내륙을 비행하는 것이 안전하다고 생각한 거야. 채 씨는 요도호가 그대로 평양 쪽을 향하도록 놔뒀어. 레이다에 보이는 요도호는 천천히 서쪽으로 이동하며 평양 아래쪽에 이르렀어. 그때 채 씨가 처음으로 방향을 지시해. 약간 왼쪽으로 방향을 틀어서 요도호를 서해 쪽으로 유도한 거야. 레이다에 보이는 점이 평양 아래쪽을 지나 서해 상공으로 빠져나가는 게 보였어. 그런데 그때 전화벨이 울렸어. 받아보니 오산 공군기지야.

지금 북괴 해주 지방에서 고사포를 발사했습니다.

레이다를 보니 요도호는 이미 해주 지방을 지나친 후였어. 고사포의 사정거리를 벗어나 있었던 거야. 가슴을 쓸어내린 채 씨는 계속 머리를 굴렸어. 아직 요도호는 북한 영공을 벗어나지 못한 상태. 이제는 김포공항으로 유인해야 돼. 그런데 한 번에 크게 방향을 바꾸면 요도호가 눈치챌 수도 있었어. 게다가 바깥 풍경을 보고 이상하다고 생각할 수도 있잖아. 고민 끝에 결정을 내린 채 씨는 요도호를 망망대해로 유도했어. 그러고는 조금씩 여러 번에 걸쳐 방향을 수정하도록 지시했어. 그렇게 서해상에서 크게 방향을 튼 요도호는 무사히 북한 영공을 벗어나 김포공항 방향으로 다가오고 있었어.

그 순간 김포공항 랍콘 안에 있던 미군들은 박수를 치며 환호했어. 미군들은 채 씨를 향해서 엄지손가락을 치켜들며 축하를 보냈대.

You're hi-jacker. Today is your day!

너야말로 진짜 하이재커다, 오늘은 너의 날이야! 적군파에게 하이재킹 당해서 평양으로 향하는 요도호를 공중에서 가로채는, 사상 초유의 더블 하이재킹이 성공하는 순간이었어.

그런데 궁금하지 않아? 채 씨가 요도호를 유도하는 동안 북한은 정말 그저 지켜보고만 있었을까? 요도호 사건에 관해 국방부가 대통령에게 보고한 문서가 있어. 오랫동안 비밀문서로 분류돼 있다가 뒤늦게 공개된 이 보고서에는 이렇게 적혀 있어.

이 보고서에 의하면 요도호가 처음 관제를 호출했을 때 평양에서도 답신을 하려고 했었대. 그런데 채 씨가 송신 스위치를 누른 게 더 빨랐던 거야. 채 씨가 아주 약간만 늦었더라도 교신을 가로채는 데 실패했을 거라는 거지. 그리고 요도호가 김포로 향할 때 북한에서는 대공포 500발을 발사했대. 뭔가 잘못됐다는 걸 알리기 위해 대공포를 발포한 거야. 당시 상황은 채 씨가 알고 있던 것보다 훨씬 위험천만했던 거야.

참 고 : 가. 평양 관제 탑에서프 오음을 위하여 노력한 적이 있고 장기가
       김포 관리 방향을 바꾸었을 때, 그곳은 평양이 아니고
       김포입배 곰 돌아오다고 송신함.
     나. 한편 북괴측은 장기가 굼이 남방으로 방향을 바꾸었을때
        받트한 것으로 보임.

국방부가 요도호 사건에 대해 대통령에게 보고한 문서.

김포공항을 평양공항으로 위장하라

그런데 문제는 아직 끝나지 않았어. 그때 김포공항에서는 또 다른 작전이 펼쳐지고 있었다고 해. 공항 지상근무자들은 갑자기 내려온 지시에 어리둥절해 있었어. 대기하고 있던 비행기들의 이륙 일정이 전부 취소되고 안 보이는 곳으로 이동했어. 활주로가 깨끗이 비워진 거야. 김포공항에 주둔한 미군부대 차량들도 어디로 갔는지 안 보여. 그리고 충격적인 광경이 펼쳐졌어. 인민군들이 따발총을 들고 막 뛰어오고 있는 거야. 게다가 김포공항이 개항한 뒤로 한 번도 내려진 적이 없었던 태극기 대신 인공기가 걸려 있는 거야. 그뿐만이 아니었어. 흰 저고리에 검정 치마를 입은 여인들이 꽃다발을 들고 오는 게 보여. 머리 모양이며 옷차림까지 영락없이 북한 처자들

이었어. 대체 뭔 일이 벌어지고 있는 걸까?

사실 인민군 복장을 한 사람들은 대한민국 특전단이었어. 그리고 꽃다발을 든 북한 처자들은 주변에서 급하게 끌어모은 여인들이었어. 적군파 납치범들이 여기가 평양이라고 믿게 만들기 위해서 전대미문의 위장 작전이 펼쳐진 거야.

그런데 문제는 시간이었어. 채 씨가 요도호의 교신을 가로챈 후 김포에 도착할 때까지 30분 정도밖에 남지 않았던 거야. 활주로를 비우고 나서 얼마 지나지 않았는데 저 멀리 비행기가 다가오는 게 보였어. 요도호가 벌써 도착한 거야. 이 순간 요도호에서는 이시다 기장이 관제사의 유도에 따라 김포공항 활주로에 접근하고 있었어. 오후 3시 19분, 노련한 솜씨를 발휘해 드디어 활주로에 내려설 수 있었지. 납치범들의 리더인 다미야가 마이크를 잡고 승객들에게 말했대.

여러분. 드디어 평양에 도착했습니다.
그동안 고생 많았습니다.
이제 여러분도 곧 일본에 돌아갈 수 있을 것입니다.

납치범들은 감격스러운 얼굴로 서로 포옹하며 기뻐했지. 활주로

요도호 주변에서 삼엄한 경계를 펼치고 있는 군인들.

한쪽에는 적군파를 환영하는 피켓과 꽃다발을 든 검정치마 차림의 여인 15명이, 또 한쪽에는 인민군복을 입고 따발총을 든 공수특전단 소속 군인 30여 명이 환영 행사를 준비하고 있었어. 납치범들이 비행기에서 내리는 순간 건물 뒤에 숨어 있는 군 병력이 달려 나와서 체포한다는 계획이야. 그러면 모든 상황은 끝나는 거지. 납치범들은 비행기에서 내릴 준비를 하고 있었어.

그런데 승객 중 한 사람, 김원동 씨는 뭔가 이상하다는 걸 느꼈어. 창밖으로 보이는 풍경을 보고 여기가 평양이 아닌 김포공항이라는 걸 눈치챈 거야. 그는 한국에 대여섯 번 온 적이 있었거든. 아무것도 모르는 적군파 납치범들은 평양에 도착한 줄 알고 기뻐하고 있었어. 하지만 무슨 일이 벌어지겠거니 예감한 김원동 씨는 숨을 죽이고 상황을 지켜보고 있었대.

"아, 이건 위험하겠다. 여기가 평양이라고 생각해서 내렸지만, 이 놈들 내리자마자 전부 총살당하겠구나!"

"Here Seoul?" "YES!"

적군파 납치범들은 비행기에서 내릴 준비를 하기 위해 탑승구 쪽으로 다가갔어. 하네다 공항을 이륙한 지 8시간. 이제야 갑갑한 기내를 벗어날 수 있겠다고 생각한 순간, 뭔가 이상한 게 보였어. 저 앞 언덕 위에 웬 흑인들이 서 있는 거야. 미처 숨지 못한 미군 흑인 병사였어. 적군파 리더는 조종사를 통해 채 씨에게 물었어.

언덕 위에 흑인들이 보인다. 여기가 평양이 맞는가?

다 성공한 줄 알았는데 갑자기 이렇게 물어 오니 너무 당황스럽 잖아. 이때 채 씨는 뭐라고 답했을 것 같아? 그래도 기지를 발휘해서 이렇게 답신했대.

여기는 평양이다. 그 흑인들은 러시아인이다.

납치범들은 이상하다고 생각했어. 러시아에도 흑인들이 있나? 탑승구를 열지 않고 상황을 살피고 있었지. 그때 군용 지프차 한 대가 요도호를 향해 다가왔어. 지프차 안에는 인민군복 차림의 군인과 양복을 입은 민간인이 타고 있었어. 그들이 요도호 앞에 멈춰서고, 민간인이 확성기를 들더니 자기가 《아사히신문》 평양 주재 특파원이래. 그가 "적군파 동지들, 평양에 오신 걸 환영합니다"라고 하자, 옆의 인민군들이 감격스럽다는 얼굴로 요란스레 박수를 쳤어. 그러자 납치범 중 1명이 조종석 창문 밖으로 얼굴을 내밀며 소리를 쳐.

여기가 평양이 맞소?
   여기는 틀림없이 평양입니다.

이때 뒤에는 약속한 시나리오대로 북한군 차량으로 위장한 차들이 왔다 갔다 하고 있었대. 납치범은 그래도 의심이 풀리지 않는다는 듯이 고개를 갸웃했어. 그리고 이런저런 요구를 하기 시작하는 거야. 여기가 평양이라는 증거를 대보래! 오늘자 북한《로동신문》을 가져다 달라느니 하는데, 이걸 어떻게 바로 갖다 주겠어? 갖고 오라고 하겠다고 둘러댈 수밖에 없지. 그러니까 당연히 납치범들의 의심도 풀리지 않았어.

그러면 긴닛세이 사진을 보여주시오.

긴닛세이? 바로 김일성이야! 너도나도 반공을 부르짖던 그 당시에 대체 남한의 누가 김일성 사진을 갖고 있었겠어? 만약 갖고 있다면 바로 간첩으로 끌려갈 텐데….

곧 가져오겠소. 환영행사를 준비했으니 어서 탑승구를 열고 내려오시오.

국적 표시를 지운 탑승 계단이 요도호 탑승구와 연결됐고 그 주위로 인민군으로 위장한 공수특전단 30여 명과 꽃다발을 든 검정치마 여인들이 쫙 늘어섰어. 그러나 비행기 탑승구는 열리지 않았어. 납치범들의 의심이 풀리지 않은 거지. 일촉즉발의 긴장감이 흐르는 가운데 시간은 흘러갔어. 그러다가 결국 결정적인 순간에 허점이 드러나고 말아. 훗날 납치범들의 리더 다미야가 쓴 책에는 당시 상황에 대해 이렇게 적었어.

우리는 그 책임자에게 여러 가지 질문을 한 후 최종적으로 "김일성 수상의 사진을 가지고 오시오"라고 억지를 부렸다. 그 사람은 "가지고 오겠습니다"라며 비행기를 떠난 후에 다시는 우리에게 돌아오지 않았다. 잠시 후 비행기 옆에 있는 군인에게 영어로 물어보았다. "Here Seoul?" 대답이 명쾌했다. "Yes!"

-다미야 다카마로, 『우리 사상의 혁명』

아뿔싸, 비행기 옆에 있던 군인에게 갑자기 영어로 질문하니까 "Yes"라고 대답해버렸다는 거야. 결국 역사상 유례가 없었던 가짜 공항 위장 작전은 이렇게 어처구니없이 실패로 돌아가고 말았어. 그리고 요도호 사건의 제2막이 시작돼.

위기의 협상 테이블, 정부 vs 납치범

속았다! 여기는 평양이 아니다, 서울이다! 폭탄을 준비해! 여차하면 바로 폭탄을 던져!

속은 것을 알게 된 납치범들은 격분했어. 바로 일촉즉발의 대치 상황이 벌어지고, 김포공항 주위에는 1,000명이 넘는 무장병력이 둘러쌌어. 전 세계에서 모인 기자들 300명이 공항 주위에 장사진을 이뤘지. 비상대책본부가 세워지고 국무총리, 국방부 장관, 교통부 장관, 내무부 장관까지 한자리에 모여 대책을 논의했어.

우리 정부의 입장은 단호했어. '절대 승객들을 태운 채로 북한에 보낼 수는 없다!' 여기에는 그럴 만한 이유가 있었지. 요도호 사건이 벌어지기 불과 석 달 전에 강릉에서 서울로 향하던 대한항공 여객기가 고정간첩 조창희에 의해 공중납치, 북한으로 향하는 사건이 벌어졌거든.

다행히 승객 51명 중에서 39명은 돌아왔지만 기장을 비롯한 11명은 돌아오지 못해. 이런 천인공노할 짓을 저지른 북한에 죄 없는 승객들을 보낼 수 없다는 것이 당시 분위기였어. 요도호가 김포에 머물러 있는 동안 사람들이 몰려와 시위를 벌이기도 했는데 이들은 이렇게 외쳤어.

JAL기의 지옥행을 막아라! 우리의 KAL기 송환을 보장받아라!

이런 분위기 속에서 일본어가 유창했던 정래혁 국방부 장관이 직접 무전 마이크를 들고 협상에 나섰어. 인도주의적 입장에서, 승객들을 데리고 북으로 가는 걸 결코 용납하지 않겠다고 단언한 거야. 승객들을 무사히 풀어준다면 이륙을 허가해주겠다는 거지. 그렇지만 인질범들의 태도도 만만치 않게 완강했어. 특히 처음에 김포공항을 평양이라고 속인 것에 대한 분노가 있었던 모양이야. 비겁한 책략으로 자신들을 속이려 한 한국 정부를 믿을 수 없으니 인질은 풀어줄 수 없다고 버텼어.

한번 착륙한 비행기가 다시 이륙하려면 외부에서 시동을 걸어줘야만 했대. 그러니까 한국 정부의 협조가 없으면 요도호는 꼼짝달싹 못 하는 상황이야. 하지만 승객들을 풀어주면 바로 군인들이 진압에 나설 거라고 생각한 납치범들은 완강하게 거절했어. 대책본부와 납치범들은 밤이 새도록 교신을 주고받으며 협상을 이어갔지만 합의점을 찾지 못했지. 그렇게 일본에서 일어난 요도호 납치 사건은 김포공항 착륙 후 대규모 인질극으로 바뀌었어. 그때만 해도 이 인질극이 그토록 길어질 줄은 아무도 예상하지 못했어.

대치 속에서 첫날이 지나고 이튿날이 돼도 해결될 기미는 보이지 않았어. 적군파 납치범과 한국 대책본부, 어느 쪽도 양보하거나 물러서지 않았거든. 요도호 안의 승객들은 점점 지쳐갔어. 화장실에는 분뇨가 차오르며 고약한 냄새까지 퍼졌어. 밀폐된 기내에 있다 보니 낮에는 숨 막힐 듯 더웠지만 밤이 되면 발이 시릴 정도로 추웠다고 해. 무엇보다 이들을 고통스럽게 만드는 건 언제 죽을지 모른다는 공포와 스트레스였지.

괴로운 상황이었습니다. 춥잖아요. 춥지만 비행기 안은 밀폐돼 있잖아요. 밖의 공기를, 에어컨을 켜지 않으면 한 번에 온도가 올라가버려요. 괴로웠어요. 그들은 필사적이었어요. 이게 실패하게 되면 자결한다고 수제폭탄을 가지고 있었습니다. 비행기 안에서 그걸 폭파시키면 한 번에 비행기가 날아가버리죠. 진짜로 가지고 있었어요. 그 폭탄을 터뜨려버리면 날고 있는 비행기에서도, 착륙한 비행기에서도 그거 눌러버리면 끝이에요.

- 김원동 씨(당시 요도호 탑승 승객)

힘든 것은 적군과 납치범들도 마찬가지였어. 잠시도 마음을 놓을 수 없는 긴장상태가 이어지자 이들은 점차 지치고 예민해져 갔지. 하네다 공항을 떠난 지 40시간이 지난, 4월 1일 밤 12시 무렵. 더 이상 참지 못한 납치범들은 결국 최후통첩을 날려.

더 이상 기다리지 않겠다. 내일 아침 6시 전까지 이륙을 허가하지 않으면 자폭하겠다.

이에 놀란 대책본부는 밤새 다각도로 협상을 시도했지만 합의점을 찾진 못했어. 승객을 태운 채로 평양에 보낼 수 없다는 한국 정부의 입장은 확고했거든. 대책본부에서는 강경 진압을 떠올렸어.

맡겨만 주신다면 무술로 단련된 대원들 몇 명 들여보내겠습니다. 10분이면 진압할 수 있습니다.

공수특전단 지휘관은 자신감을 보였대. 그러나 폭탄과 총칼로 무장한 납치범들을 인명피해 없이 제압할 수 있을까? 그 가능성은 아주 희박했지. 사태 해결을 위해 일본에서 넘어온 관리들도 긴장할 수밖에 없었어. 당시 한국 정부는 쿠데타를 통해 권력을 차지한 군

부정권이잖아. 앞뒤 생각 안 하고 일을 저지를 것 같은 거야.

한편 일본 여론도 한국을 비난하는 목소리로 들끓고 있었다고 해. 한국은 왜 일본의 일에 끼어들어서 승객들의 안전을 위협하냐? 차라리 평양에 가도록 내버려둘 것이지 왜 끼어들어서 문제를 키우냐. 일본 언론이 떠들어대기 시작하니까 한국의 여론도 분노했어. 물에 빠진 사람 구해주니까 보따리 내놓으라는 격이잖아. 9명의 일본 학생들이 저지른 요도호 납치극이 한일 양국 간의 갈등으로까지 번지기 시작한 거야.

그러는 동안 적군파가 예고한 시간은 점점 다가왔어. 여전히 한국 정부의 입장은 강경했어.

우리도 참을 만큼 참았다! 그러나 인내에도 한계가 있다! 이곳은 엄연한 대한민국의 영토다! 승객을 내려놓지 않으면 절대 이륙할 수 없다! 너희 마음대로 해라!

적군파의 최후통첩에 맞서 한 치도 물러서지 않아. 이대로 가면 상상도 하기 싫은 최악의 결과를 맞을 수도 있는 거야. 새벽 4시⋯ 5시⋯ 그리고 적군파가 자폭을 예고한 운명의 6시가 됐어. 요도호는 어떻게 됐을까? 다행히 아무 일도 일어나지 않았어. 적군파 입장에서도 자폭하는 것은 쉬운 결단이 아니었을 거야. 그렇게 요도호는 무사히 김포공항의 3일째 아침을 맞이했어. 비록 최악의 상황은 면했지만 해결된 건 아무것도 없었어. 결국 일본 관리들은 미리 계획했던 최후의 카드를 꺼내 들어.

내가 대신 인질이 되겠다

나는 운수성 차관 야마무라 신지로다. 만약 내가 대신 인질로 가게 된다면 승객들을 풀어줄 수 있겠나?

납치 58시간이 지난 4월 2일 오후 5시. 일본에서 온 한 고위층 인사가 무전기 앞에 앉아서 최후의 협상을 시도했어. 납치범들의 안전을 책임질 인질이 필요한 거라면 자신이 대신 인질이 되겠다고 제안한 거야. 과연 납치범들은 그의 요구를 받아들였을까?

4월 3일 오후 2시 26분. 요도호의 굳게 잠겨 있던 탑승구가 열렸어. 일본 도쿄 상공에서 납치된 지 79시간 만에 조종석 승무원 3명을 제외한 승객들이 모두 풀려나. 한국 국적이 밝혀질까 봐 가장 가슴을 졸였을 김원동 씨도 감격스러운 마음으로 김포공항 활주로를 밟았어. 그리고 승객들을 대신해 야마무라 차관이 요도호에 탑승해. 요도호는 조종석 승무원 3명, 야마무라 차관, 적군파 9명을 태운 채 오후 6시 5분 김포공항을 이륙, 평양으로 향했어. 그리고 그날 밤 무사히 평양에 도착했어. 적군파는 모든 무장을 해제한 채 요도호에서 내렸다고 해.

그런데 그 후에 깜짝 놀랄 만한 사실이 밝혀져. 적군파가 지니고 있던 무기들은 장난감 가게에서 구매한 모조품이었대. 장난감 권총과 장난감 폭탄을 들고 한일 정부를 상대로 엄청난 사건을 벌인 거지. 아무튼 북한은 적군파 9명의 망명을 받아들였어. 국제 여론을 의식한 탓인지 다음 날 야마무라 차관과 이시다 기장을 비롯한 승무원들도 모두 풀어줬대. 그렇게 요도호는 공중납치된 지 122시간 만에 무사히 일본으로 돌아왔어. 이렇게 4일간에 걸친 사상 초유의 더블 하이재킹 사건은 단 1명의 인명피해도 없이 마무리됐지.

요도호 사건으로 인해 일본은 한국에 외교적으로 큰 빚을 지게 돼. 그 결과, 대한민국 최초의 지하철이 개통하는 데 있어서 일본의 전폭적인 지원을 끌어낼 수 있었지. 일본은 지하철 1호선 건설비용을 거의 무상에 가까운 아주 낮은 이자로 차관해줬어. 게다가 일본인 철도 전문가와 기술자들의 기술자문도 지원해줬다고 해. 1971년 공사를 시작한 지하철 1호선은 3년 후 광복절 날에 개통식을 가졌어. 평양보다 1년 늦게 지하철이 개통됐지만 그래도 요도호 사건 덕분에 많이 앞당길 수 있었던 거야.

일본에서는 요도호 사건 이후 항공기 강취 등 처벌에 관한 법률, 일명 하이재킹 방지법이 만들어져. 그리고 비행기에 탑승할 때 보안검사를 받도록 하는 규정도 만들어졌대. 이렇게 비행규정은 큰 사건을 겪은 이후 새롭게 생겨나는 거야.

그리고 또 만들어진 게 있어. 바로 히어로! 요도호 사건은 여러 영웅을 탄생시켰어. 승객들을 위해 몸소 인질이 된 야마무라 차관은 희생의 아이콘으로 전 일본 국민의 지지를 받게 됐지. 출마하는 선거마다 승리했고 운수성 장관의 자리까지 오르며 승승장구했어. 납치범에 맞서 승객들의 안전을 지킨 이시다 기장도 일본 총리에게 표창을 받고 국민적인 영웅으로 칭송받아.

그늘의 영웅

그리고 이번 요도호 사건을 해피엔딩으로 이끄는 데 가장 큰 공을 세운 사람이 있지. 공군관제사 채희석 씨. 그는 요도호 사건 이후 어떻게 됐을까?

(요도호 사건이 끝나고) 3일 후엔가 공군본부에서 전화가 왔는데 앞으로는 요도호 사건 얘기를 하지 말라 얘기를 들었어. 만에 하나라도 이야기하면 쏴 죽인단다. 그러니까 어떡하겠어. 그다음에 뭘 얘기해, 내가…. 그러니까 와이프한테도 얘길 못 했잖아. 내가 63세 되던 때에 처음으로 얘길 했어요. 그 얘기를…. 그때는 중앙정보부면 끝나는 거야, 완전히…. 다 죽이려 할 거야. 그냥. 못 하는 거지. 언제 죽일지, 죽임을 당할지 그걸 모르니까.

-채희석 씨(전 공군 제7항로보안단 항공관제사)

요도호 사건 이후 국방부와 외교부가 대통령에게 보고한 문서에는 이렇게 적혀 있어.

JAL기의 김포 착륙은 모든 경우로 보아 노련한 조종사의 계획적이고 자의에 의한 착륙이었음
피납 JAL기가 김포에 착륙한 것은 계획된 일은 아니었으며 돌발적으로 발생한 사태였음

두꺼운 보고서들 어디에도 채희석 관제사의 이름 석 자는 찾아

볼 수 없었어. 그에 관한 진실은 그대로 묻혀버렸던 거야.

요도호 사건 이후 부대에서는 그에게 아무런 관제도 맡기지 않았다고 해. 김포공항을 평양이라고 거짓 관제한 채 씨에게는 관제를 맡길 수 없다는 것일까? 묵묵히 참고 견디던 채 씨는 요도호 사건 이듬해인 1971년 6월 30일, 결국 군복을 벗으며 8년 7개월의 군 생활을 접었다고 해. 제대 후 항공사에 취직해서 운항관리사로 일하겠다는 꿈도 물거품이 됐어. 영어에 능통하고 미연방항공국 항공관제사 면허를 취득한 촉망받는 관제사였던 그는 오랜 시간 술을 손에서 놓지 못하며 실의에 빠져 살았다고 해. 138명의 귀중한 인명을 지킨 대가로 누군가는 영웅으로 칭송받았지만 누군가는 역사의 그늘 속에 숨어 살아야 했다는 사실이 참 아이러니하지. 그래도 채 씨는 단 1명의 희생도 없이 무사히 요도호를 착륙시켰다는 것을 자랑스럽게 생각하고 있다고 해.

그렇다면 평양으로 간 적군파 9명. 그들은 행복했을까? 1명씩 세상을 떠나고 현재 살아 있는 사람은 모두 4명. 아직도 평양 대동강변에 있는 일본인 마을에 살고 있대. 요즘은 어떻게 지내고 있는지 알아? SNS 하고 있대. 2014년부터 SNS를 통해 북한에서의 일상에 대해 이야기하고 있어. SNS 첫 페이지는 이런 문구가 적혀 있어.

북한에 남은 적군파 생존자들의 모습.

1970년 적군파에 의한 yodo호 하이잭.

"우리들은 내일의 죠다!"라며 북한에 건너간 지 40 몇 년,

몸도 yobo yobo, 납치 혐의로 yobo yobo, 하지만 yodo는 yodo!

요보요보는 일본어로 늙어서 쇠약해진 모양을 가리켜. 위태위태, 휘청휘청하다는 뜻이래. 요도라는 비행기의 애칭과 라임을 맞춘 일종의 말장난인 거지. 게다가 아직도 '내일의 죠'를 얘기하는 걸 보면 별로 변한 건 없는 것 같지? 51년이 지난 지금 요도호 사건에 대해서 어떻게 생각하는지 궁금하지 않아? 하지만 북한에 거주하고 있는 사람과 접촉하려면 통일부 장관의 허가가 필요해. 그래서 사전

허가를 받고 SNS에 글을 올려봤어.

지금도 당신들의 마음속에 '내일의 죠'는 살아 있나요?

20대 젊은 나이에 '우리들은 내일의 죠'라고 외치며 요도호에 올랐던 이들의 마음은 여전히 그대로인지 궁금했거든. 얼마 후 평양에 살고 있는 적군파로부터 답글이 달렸어.

처음에는 칠전팔기라는 의미였지만 만화 마지막 장면에서 '하얗게 불타 재가 되어버린 죠'를 보고 '인민의 재'로 살아야 한다고 생각하게 됐습니다. 그런 의미에서 '내일의 죠'는 지금도 마음속에 살아 있습니다.

요도호 사건이 일어난 지 51년이 흘렀어. 그때의 혈기왕성한 20대 청년들은 이제 일흔 살이 넘는 노인이 됐어. 이들은 형사 처벌을 받는다고 해도 고국 일본으로 돌아가 생을 마감하고 싶다는 뜻을 오래전부터 밝혀왔지만 아직 이루어지지 않고 있어.

요도호 납치 사건

채희석 관제사를 만나기까지 정말 어려움이 많았다. 언론에 노출된 적이 없다 보니, 일단 연락처를 수소문하는 것부터가 쉽지 않았고, 가까스로 연락된 후에도 인터뷰를 위한 설득 과정은 몹시 험난했다.

내가 한국 언론에는 이야기를 안 했어.

51년이 지난 지금도 여전히 남아 있는 공포와 괜히 긁어 부스럼이 될 것 같다는 생각 때문이었다. 여러 차례 설득 끝에 어렵게 이야기를 들을 수 있었다. 그리고 그의 입에서 나온 말은 우리의 예상과 전혀 달랐다. 138명의 승객을 구하기 위해 목숨을 걸어야 했던 채희석 관제사는 사건에 대해 입을 열면 죽여버리겠다는 협박을 받았고, 1년 뒤 직업까지 잃었다.

높은 그림을 그리려다가 땅에 딱 떨어지다 보니 허망한 거지.

채희석 관제사의 존재를 알기까지 51년의 세월이 걸렸다. 그리고 우리가 알지 못하는 숨은 영웅은 채희석 관제사뿐만이 아닐 것이다. '영웅'이라는 단어 앞에 '숨은'이 붙어 있다는 사실이, 누군가는 역사의 그늘 속에 숨어 살아야 했다는 사실이 참 아이러니했다.

전도유망하던 관제사의 꿈이 물거품이 된 것이 아쉽지 않냐는 물음에 그는 이렇게 답했다.

나에게 닥친 모든 일은 그냥 숙명이라고 여겼어요. 그저 희생자가 1명도 나오지 않았다는 것이 저의 자랑이에요.

우리의 기억 저편, 어딘가에 숨어 있을 영웅들에게 감사를 전하고 싶다. 당신이 자랑스럽다고.

지키지 못한 약속

오소리 작전

우리 군인은 사활을 걸고 자신의 전부를 바쳐 조국을 사랑한다. 우리가 조국을 사랑하는 만큼 조국도 우리 군인을 사랑해야 한다. 이것이 내가 국가에 원하는 것이다.

-〈람보 2〉중

버스 탈취 난동 사건

때는 1971년 8월 23일, 평온한 월요일 한낮이었어. 이번 이야기의 주인공은 인천에 사는 스물다섯 살의 이성희 씨. 모처럼 친정에 가려고 태어난 지 10개월 된 딸을 안고 버스에 오른 참이야. 버스에 탄 승객은 7~8명 정도로, 한산해. 성희 씨는 운전사 뒤쪽에 앉았어. 그런데 한참 잘 가던 버스가 갑자기 정류장도 아닌 데서 급정거를 하네? 무슨 일인가 앞쪽을 살피는데, 버스에 우르르 사람들이 올라타. 얼룩무늬 군복에, 검은 베레모를 쓴 남자들이 20명 가까이 되는 것 같아. 불심검문인가? 훈련 나온 예비군들인가? 승객들은 다들 어리둥절했지. 그런데 갑자기! 군인이 운전사 머리에 총을 겨누는 거야!

오소리 작전

청와대로 가! 다른 길로 새면 재미없어!

군인들은 전부 총을 들고 있어. 성희 씨는 물론이고, 승객들은 순간 머릿속이 하얘졌지. '헉, 간첩인가?! 북한 무장 공비인가 봐!' 그중에는 다쳐서 피 흘리는 사람들도 있어. 이미 어디서 총격전을 벌였나 봐. 운전사는 일단 버스를 출발시켰어. 괴한들은 각자 흩어져 승객들 옆으로 갔고, 아기 엄마 성희 씨 옆자리에도 한 남자가 앉았어. 얼마나 무섭겠어? 쥐 죽은 듯이 조용히 가고 있는데, 옆자리에 앉은 괴한이 아기를 빤히 쳐다보는 거야.

우리 딸이 낯을 안 가렸어요. 방긋방긋 웃으니까 옆에 앉은 괴한이 어르면서 '아기가 귀엽다', '아기 아빠는 뭐 하는 사람이냐'… 복학생이라고 했더니 그러냐고, 그런 얘기 하면서 가는데 한쪽 다리에 피가 흐르는 거예요. 기저귀 가방에서 헝겊 기저귀 꺼내서 줬더니 고맙다면서 다리에 묶더라고요.

-이성희 씨(당시 버스 승객)

버스는 원래의 노선을 벗어나서 계속 달리는 중이야. 그런데 갑자기, 버스 뒤쪽에서 '웨에에엥' 하는 소리가 들려. 싸이카 한 대가 따라붙어서 차 세우라고 소리치는 거야. 그때 버스 안 괴한이 "저 놈, 쏴버려!" 하고 외쳤어. 그러자 뒤쪽에 앉아 있던 사람이 곧바로 총을 겨누더니, 쫓아오는 순경을 한 방에 맞혀서 쓰러뜨리는 거야. 그 이후로 버스 안의 공기는 확 가라앉았어. 무거운 분위기 속에서 어느새 버스는 서울로 들어서서 대방동 삼거리까지 와. 그런데 길 저 앞쪽에 바리케이드가 쫙 세워져 있는 거야. 잔디밭에는 경찰들이 매복하고 있고. 우두머리인 듯한 괴한이 이렇게 말해.

이제 한판 벌일 수밖에 없다.

괴한들은 사격 자세를 취했고, 곧바로 탕! 탕! 총격전이 벌어졌어. 버스 차창이 깨져서 유릿가루가 소나비처럼 쏟아지고, 총 맞은 괴한들은 고꾸라지고, 버스 승객들은 비명을 질러. 그야말로 아비규환의 상태가 얼마간 이어지더니, 갑자기 버스가 덜컹거려. 바퀴가 총에 맞은 모양이야. 결국 버스는 비틀대며 달리다가 가로수를 들이받고 멈춰 섰고 총성도 멈췄어. 그때 아기 엄마 성희 씨에게 옆에 앉아 있던 괴한이 이렇게 말했어.

이게 터지기 전에 얼른 아기 안고 의자 밑으로 들어가세요.

오소리들의 사연을 알리는 계기가 된 버스 탈취 소동 사건의 현장.

꼬리에 꼬리를 무는 그날 이야기 2

무슨 말인가 하고 보는데 괴한 손에 수류탄이 들려 있어. 그리고 곧바로 괴한 중 1명이 외치더래.

전원, 안전핀 뽑아!

성희 씨는 순간적으로 어린 딸을 의자 밑에 밀어 넣고 온몸을 웅크려 감쌌어. 그 순간, 쾅! 쾅! 연이어 폭발음이 들렸어. 괴한들이 자폭한 거야. 잠시 후 적막을 깨고, '으앙' 하는 아기 울음소리가 들려. 성희 씨도 정신이 들었어. '휴, 살았구나.' 그때 버스 밖에서 승객들더러 밖으로 나오라고 하는 확성기 소리가 들렸대. 성희 씨는 아기를 안고 허겁지겁 지옥 같은 버스에서 빠져나왔어.

> 애를 안고 나오면서 보니까 버스 통로며 계단에 피 흘리는 시신이 있었어요. 내가 어떻게 거기를 밟고 내려왔는지 몰라요. 그래도 그만하길 다행이다 싶어요. 옆에 앉았던 그분이 나한테 얼른 아기 안고 의자 밑으로 들어가라고 하지 않았으면 제가 온전했겠어요? 나랑 딸이 지금 살아 있지 못할 수도 있고. 그래서 그분에게 고맙게 생각해요.
>
> ─이성희 씨(당시 버스 승객)

괴한의 쪽지

'어머, 맞다!' 성희 씨는 놀란 마음이 진정되자마자 번뜩, 한 가지를 떠올렸어. 버스 옆자리에 앉았던 괴한이 자폭하기 전에 뭔가를 건넸거든. 꼬깃꼬깃 접힌 빛바랜 쪽지. 조심스레 그 쪽지를 주면서 말했대.

내 이름은 박기수입니다. 집은 충북 옥천이고, 열아홉 살 때 집에서 나왔어요. 가족은 내 거처를 모르고 있습니다. 나는 왼쪽 다리에 관통상을 입어서 30분 후면 죽을 겁니다. 여기 우리 집 주소가 적혀 있으니까, 편지 좀 보내주세요.

하지만 성희 씨는 편지를 부치지 못했어. 수류탄 파편에 딸이 상처를 입어서 경황이 없었거든. 대신 병원에 취재 온 기자에게 그 얘기를 전해서 박기수 씨의 이야기가 신문에 실렸어. 그리고 그 기사를 다행히 옥천에 사는 박기수 씨의 가족이 보게 됐대. 그것도 정작 가족들은 신문을 구독하지도 않았는데, 신문에서 박기수 씨 이름을 보고 깜짝 놀란 동네 이웃이 한달음에 내달려 와 알려준 덕분에 알 수 있었던 거야. 그 당시 동생 박희만 씨를 비롯한 가족들이 박기수 씨의 행방을 수소문 중이었거든. 그는 3년 전 갑자기 집을 나가서 돌아오지 않고 있었던 거야.

9남매 중 둘째였던 박기수 씨는 고등학교를 중퇴하고 해병대에 지원하려고 했었대. 보릿고개라 워낙 먹고살기 힘든 시절이었고 안정적인 직장 구하기도 어려웠으니까. 그가 열아홉 되던 해였는데, 며칠 집에 안 들어오더니 불쑥 편지 한 통을 집에 보냈대.

부모님께. 저는 지금 대전역입니다. 취직하러 서울 올라갑니다. 만약 일이 잘 안되면 다시 내려오겠습니다.

그러고는 3년 반이 지난 거야. 그동안 연락 한 통 없었으니 당연히 가족들은 걱정했지. 그런데 이게 무슨 청천벽력이야! 취직하러 서울 간다던 사람이 버스 탈취 난동에, 자폭이라니. 대체 이게 무슨 일인지 신문을 보자마자 큰형이 곧바로 상경해서 신문사를 찾아갔지. 그런데 기자들이 기겁했다는 거야.

이건 일절 말할 상황이 아닙니다. 일급 비밀이에요. 제발 더 묻지 말고 그냥 돌아가세요.

그런데 더 놀라운 사실이 있어. 그때 옥천에서 사라진 건 박기수 씨만이 아녔어. 동네 청년 7명이 한날한시에 없어졌던 거야!

사라진 옥천 7인방, 오소리가 되다

사라진 7명은 어릴 적부터 같이 냇가에서 멱감던 초등학교 선후배 관계야. 집을 떠났을 땐 스무 살 전후라 한창 사회생활을 시작하던 시기였대. 이발 기술자, 양복점 보조, 아이스케키 장수, 가수 지망생, 옥천 씨름왕, 헝그리 복서. 다들 집안 형편이 어렵다 보니까 번듯한 일자리를 구하는 게 꿈이었어.

1968년 4월, 7인방은 사라지던 무렵 아지트였던 럭키 당구장에 모여 머리를 맞대고 있었어. 한 남자를 따라갈 것이냐 말 것이냐, 일생일대의 결정을 내려야 해. 얼마 전 지인이 일자리를 소개했거든. 박 부장이라는 사람이 건장한 2, 30대 남성을 찾는데, 대우도 꽤 괜찮은 것 같았다는 거야. 그들은 곧바로 박 부장을 만나러 갔어.

국가를 위해서 중요한 일을 해볼 마음이 있나? 짧게는 3개월, 길면 6개월이다. 특수 훈련을 받은 후에 임무를 완수하면, 원하는 곳에 취직시켜준다. 힘들고 중요한 일인 만큼, 특별대우는 반드시 약속하지.

훈련기간 동안 월 600불, 당시 돈으로 대략 16만 원씩을 준대. 당시 공무원 월급이 1만 원이 조금 넘었으니 공무원 연봉을 매달 주는 셈이야! 무슨 일이냐고 물었더니, 국가기밀이라 자세히는 말해 줄 수 없대. 이들은 고민 끝에 제안을 받아들이기로 결심해. 그리고 며칠 후 각자 집을 나와 박 부장을 따라나섰지. 그들은 옥천에서 기차를 타고 서울로, 다시 인천으로 이동했어. 한밤중에 인천역에 도착해 다시 승용차를 타고 한참을 달려 부둣가에 도착했고, 기다리고 있던 고깃배 한 척에 올라탔어. 그리고 그들을 태운 배는 어둠 속 해무를 헤치고 나아가기 시작했어.

그들이 배를 타고 향한 곳은 어디였을까? 혹시 '실미도'라는 섬 이름을 들어본 적 있어? 아마 동명의 영화 제목으로 더 익숙할지도 몰라. 인천광역시에 속한 둘레 6km가량의 작은 섬이야. 그날 이 실미도에서 7인방을 기다리는 사람들이 있었어. 보름 전에 도착한 공군 소속의 군인들이야. 바다 한가운데 무인도에 해병도 아닌 공군이라니, 뭔가 수상하지? 들고 들어온 무기며 장비에 공군 마크도 모두 지웠고, 계급도 다 바꿨어. 기간병 대부분이 일병인데 하사 계급

117

장을 달았고, 소대장과 교육대장도 실제보다 높은 계급으로 바꾸면서 가명을 사용하기로 했어. 위장부대인 거야. 그리고 드디어 그들이 기다리고 있던 배가 옥천 7인방을 싣고 실미도에 도착했어.

오느라 수고했다. 모든 지시에 잘 따르도록! 자, 지금부터 머리를 깎는다. 실시!

당황할 새도 없이 삭발하고 군복으로 갈아입고선 연병장으로 나가보니까 똑같은 차림의 남자들이 20명 남짓 서 있어. 옥천 7인방까지 합해서 모두 31명이야.

귀관들은 지금부터 명예로운 대한민국 군인이다. 오소리 작전에 동참하게 된 걸 환영한다!

작전명이 '오소리'야. 덩치 큰 족제비처럼 생겨서 얼핏 보면 귀엽지만, 엄청 사나운 동물이야. 야생동물 쪽에선 워낙 악명이 높아서, 맹수들도 웬만하면 피할 정도라 지구상에서 제일 겁 없는 동물로 기네스북에도 올랐대. 그러니까 이 작전은 빠르고 잔인한 오소리처럼, 납작 엎드려 있다가 적을 급습하는 거지. 그러면 이들이 급습해야 할 그 적은 누구일까? 바로 북한이야!

그해 1월, 북한의 특수요원들이 청와대를 습격하려고 서울에 침투했던 1·21사건[*]이 터졌어. 박정희 대통령은 즉각적으로 북에 경고했고, 긴급합동 안보 비상 회의를 열어서 응징보복 방침을 세우라고 명령했어. 그리고 중앙정보부장 김형욱[**]이 육·해·공군 참모총장을 불러 모아 논의한 끝에 김일성의 거처인 주석궁 습격을 결정했고, 북파할 결사대 인원은 김신조 부대와 똑같이 31명으로 맞춘 거야. 당연히 비밀 특수공작이었고, 당시엔 중앙정보부와 공군 고위직만 아는 국가기밀 사항이었어. 그래서 실미도에 비밀 부대를 세우고, 부대원 모두 위장했던 거야. 옥천 7인방을 포함한 31명의 공작원이 바로 북파 임무를 수행할 비밀결사대인 거지. 1968년 4월에 창설했다고 해서 684부대라는 위장명으로도 불렸어.

[*] 1968년 1월 21일 북한 특수부대 소속 31명이 청와대를 습격해 정부 요인을 암살할 목적으로 서울 세검정 고개까지 침투, 경찰의 불심검문에 걸리면서 미수에 그친 사건. 이때 유일하게 투항한 김신조의 이름을 따 '김신조 사건'이라고 부르기도 한다.
[**] 대한민국 정보기관 역사상 가장 오래 재임한 기관장이다. 5·16 군사정변에 가담하여 국가재건최고회의 최고위원을 지냈고 1963년부터 1969년까지 중앙정보부장을 맡았다.

오소리 작전

돌아오지 않아도 되는 사람들

그런데 왜 군 소속이 아닌, 민간인을 모집한 걸까? 이유가 있어. 만일 작전 중에 적에게 발각되면 정전협정 위반이 되거든. 민간인 신분이라야 걸리더라도 개인의 일탈행위라고 둘러댈 수 있으니까. 하지만 그렇다고 어느 민간인이 나서서 선뜻 가겠다고 하겠어. 위험천만한 일이잖아. 실제로 그때 당시 공군이 중앙정보부에 이런 내용이 담긴 '기본공작 계획서'를 올렸대.

다행히 적의 사격이나 포위망을 벗어나서 탈출의 기회가 부여되더라도 엄청난 자연적 거리의 장애, 인공적 경비망의 장애 등으로 오소리 작전은 개인적 일신을 돌볼 수 없는 특공 작전으로, 유감이나마 실제 귀환은 극난의 사실….

-국방부 과거사진상규명위원회 보고서 중

사실상 무사 귀환은 불가능하다는 거야. 그래서 당초에 중앙정보부에서는 사형수나 무기수를 보내려고 생각했어. 어차피 사형당하거나 평생 교도소에서 썩어야 하니까, 조국을 위해서 봉사하면 죄를 사면시켜주고 새 삶을 살 수 있게 해주겠다는 거야. 하지만 그 계획은 무산됐어. 재소자들은 엄연한 국가 관리 대상인 데다 소재지도 분명해서 만일 신변에 무슨 일이 생기면 국가가 책임져야 하거든. 그 대신 평범한 민간인이 북파 임무를 수행할 공작원으로 선택된 거야. 그중에서도 어느 날 갑자기 증발해도 흔적이 남지 않는 사람들! 다시 말해 돈 없고 힘없는 가난한 청년들인 거지. 은밀하고 위험한 일이니까 모집할 때는 어떤 일인지 설명도 제대로 안 해준 거야. 박 부장이 그랬던 것처럼 국가를 위한 막중한 일이라고만 두루뭉술하게 설명하고, 젊은이들이 혹할 만한 조건들을 제시한 거지. 두둑한 봉급에, 임무 완수 시 제공될 안정적인 일자리를 가난한 청년들이 어떻게 마다하겠어.

모집된 청년 중에는 '쪼록꾼'도 있었어. 쪼록꾼은 매혈*, 그러니까 자기 몸속의 피를 파는 사람을 의미해. 왜 쪼록꾼이냐고? 피 뽑을 때 유리병 속에 피가 빨려 들어갈 때 '쪼록' 소리가 나서라는 설도 있고, 아무리 피를 팔아도 '쪼록' 소리가 나도록 배가 고파서라는 설도 있어. 당시엔 가난한 젊은이들이 매혈을 많이 했어. 1968년에 피 380cc를 팔면 병원에서 1,000원을 줬대. 그때 짜장면 값이 50원이었으니까, 당장 밥 한 끼 먹을 돈 없는 사람들에겐 고마운 수입

---

* 제 몸에 피를 뽑아서 파는 행위로, 6·25전쟁 이후 혈액은행이 생기면서 채혈하는 사람들에게 보상으로 식량이나 현금을 지급했다. 넓은 의미의 장기매매로 보아, 1999년 법으로 금지되었다.

《동아일보》 1975년 12월 17일 자 기사.

원이었던 거지. 그런데 병원에서는 하루에 정해진 만큼만 피를 사들였기 때문에 아침마다 매혈자들이 번호표 받으려고 줄을 섰대.

모집관들은 쪼록꾼 외에도 전쟁통에 부모를 잃고 보육원에서 자란 청년들, 구두닦이, 넝마주이, 암표 장사처럼 하루하루 입에 겨우 풀칠하면서 살아가는 곤궁한 젊은이들을 물색했어. 하지만, 형편이 어렵다고 무조건 끌어들인 건 아냐. 가난한 청년들은 널렸으니까. 권투, 무도, 합기도, 마라톤, 축구, 서커스, 요리, 수영, 유도, 통신, 수리, 이발 등의 다양한 재주와 특기를 가진 이들을 선발했어.

그렇게 모인 31명의 오소리 공작 훈련생들은 실미도에 들어온 다음 날부터 달라진 삶을 실감했어. 윤기 흐르는 쌀밥은 기본이고,

고깃국에 고기반찬이 나왔거든. 그 시절 '부의 상징'으로 여겨지던 달걀도 매일 하나씩 나왔어. 보급품도 최상급으로 훈련복, 속옷, 양말, 군화 모두 풍족하게 나눠줬고 무엇보다 봉급도 제때 꼬박꼬박 나왔어. 요즘 같으면 '이게 뭐 특별대우야'라고 할 수도 있겠지만, 말했잖아. 그땐 먹고살기 힘든 시절이었다고….

인간병기로 거듭난 청년들

그런데 세상에 공짜는 없다고 하잖아. 특별대우에 걸맞게 훈련도 상상 그 이상이었어. 684부대를 상징하는 부대 마크에는 해골이 걸려 있어. 진짜 해골! 섬에 있던 이름 없는 무덤에서 유골을 꺼내와서 뼈 일부를 빻은 후에 그 뼛가루를 전 대원이 조금씩 나눠 먹었대. 강력한 정신무장의 의미였지. 그때 남은 뼈로 부대 마크를 만든 거야. 엑스 자 모양은 다리뼈고, 그 위에 해골을 얹어서 연병장 한가운데에 세워뒀대. 혹시 사람 뼈에서 빛이 난다는 거 알아? 뼈에 포함된 인 성분이 정전기랑 만나서 푸르스름하게 빛나는 거야. 이 해골에서도 밤마다 파랗고 음산한 빛이 뿜어져 나와서 다들 섬뜩했대.

부대 마크도 만들었고 본격적인 훈련에 돌입했어. 입대하고 훈

'오소리'들의 단체 사진. ⓒ실미도전우회

공작원들의 낙하산 강하 훈련 장면. ⓒ실미도전우회

련소에서 제일 처음 받은 훈련이 뭐였을까? 그래, 모든 훈련의 기본인 제식 훈련[*]이야. 나폴레옹이 말했대. "제식은 곧 전투력이다!" 31명의 훈련생 앞에 교관이 서 있어. '차렷!', '열중쉬어', '좌향좌', '우향우', '앞으로 가', '뒤로 돌아'…. 정신없지. 그리고 꼭 누군가 발을 틀려. "틀린 사람 나와!" 그럼 보통 "엎드려뻗쳐!", "PT체조 30회 실시!" 이러잖아. 그런데 실미도에선 바로 몽둥이로 머리를 내리쳐. 놀란 훈련생들을 향해 교관이 외치는 거야.

임무 완수하고 살아서 돌아오려면, 강인한 정신과 강력한 체력이 있어야 한다!

체력 훈련의 기본은 산악 행군이었어. 청와대를 습격하려고 했던 북한 124군 부대가 30kg 완전군장으로 산속에서 시간당 10km를 주파했어. 일단 그들의 실력을 뛰어넘는 게 목표야. 그런데 북한 124군 부대는 애초에 각 군부대의 실력자들을 뽑아서 최정예요원으로 육성한 특수부대였거든. 반면에 오소리들은 민간인 출신이잖아. 제아무리 씨름대회 우승자, 체육관 출신들이어도 행군 자체

---

[*] 군인과 같이 행동에 통일성이 필요한 이들에게 규율과 행동의 절도를 익히게 하는 훈련.

를 해본 적이 없어. 하지만 실미도에 들어온 이상 불가능이란 없어. 684부대만의 특별한 훈련법이 있었거든. 조금만 뒤처지면 발뒤꿈치가 닿는 곳에 총을 쏘는 거야. 바로 발밑에서 총소리가 나면서 땅이 파이니까 초인적인 힘으로 달리게 되는 거지. 그뿐 아니라 통과지점에는 기관총이 대기하고 있어. 제한 시간 내에 통과 못 하면 바로 방아쇠를 당기는 거야. 실제로 늦게 도착해서 옆구리에 관통상을 입은 대원도 있었대!

외줄 타기 훈련도 아슬아슬했어. 인간이 가장 공포를 느낀다는 지상 11m, 아파트 5층 높이에서 외줄을 타. 그것도 아래에 안전 그물도 없이 화강암 밭이 쫙 깔려 있는 곳에서 말이야. 일반적으로는 외줄에 몸을 감고, 개인 로프에 스냅 링(안전장치)을 걸고 움직이게 돼 있어. 하지만 실미도에선 첫 시도에만 스냅 링을 걸어주고, 두 번째부터는 맨몸으로 외줄을 타는 거야. 그러다 결국 사고가 생겼어. 훈련생 1명이 중심을 잃고 아래로 추락해서 다리가 부러진 거야. 얼마 뒤에는 또 1명이 추락해서 머리가 깨졌어.

부상자가 나오는 걸로 끝났을까? 물론 아니야. 해상침투 훈련 중 하나로 바다 수영이 있었어. 바닷물이 제법 차가워진 8월 말, 구름이 잔뜩 낀 어느 날이었어. PT 체조를 1시간 넘게 해서 준비운동을 충분히 마친 후에 평소처럼 완전군장 상태로 릴레이식 왕복 수영을 시작했어. 그러던 중에 한 대원이 반환점을 돌아오는데, 어딘가 심상치 않아 보여. 입술도 까매. 교관이 괜찮은지 물었지. 그랬더니 괜찮대. 그런데 잠시 눈을 돌린 사이에 그 대원이 허우적대면서 물속으로 가라앉아. 그러곤 다시 떠오르지 않았어.

오소리들이 매일같이 어딘가 부러지고 찢어지다 보니 의무실 붕대가 모자랄 지경이었대. 훈련 강도가 얼마나 셌던지 일반 군대에서는 1년 동안 신을 군화를 3개월에 한 번씩 갈아 치웠고, 밥 먹듯이 바닷물에 들어가다 보니 검은색 머리가 노랗게 변할 지경이었어. 그렇게 죽기 살기로 혹독하게 훈련해서 결국 목표를 달성해. 3개월 만에 시간당 10km 산악 주파를 해낸 거야. 6개월 차에는 산악 6km를 26분에 완주했는데, 124군 부대보다 1분 빠른 기록이었대. 기간병* 말로는 경사진 언덕을 오르는 대원들이 얼마나 빠른지, 마치 내리막길을 달리는 것처럼 보였대.

사격은 명중률 98%. 가파른 산비탈에서 대원들을 떠밀어 구르게 하고, 교관들이 공중에 수십 개의 깡통을 던지면 데굴데굴 굴러 내려가면서도 떨어지는 깡통에 총구멍을 낼 정도였다는 거야. 야간 사격에서도 육감으로 목표물을 정조준해서 다 맞힐 수 있을 만큼

---

* 부대의 중심이 되는 병사를 뜻하는 말로, 정규복무 중인 현역 병사를 지칭한다.

오소리 작전

전 대원이 특등사수였대. 대검 투척술도 엄청났지. 10m 앞에 사람을 그려놓고, 눈·코·입 어디든 던지는 족족 다 맞혀.

잃어버린 목표, 무너진 믿음

31명의 청년은 이제 인간병기로 완벽 개조됐어. 습격 장소를 미니어처로 만들어서 시뮬레이션을 수없이 한 터라, 김일성 거처는 눈 감고도 그릴 정도야. 출동할 날을 이제나저제나 하고 기다리던 어느 날, 조용히 개인화기랑 폭약을 챙겨서 배를 오르래. 목적지는 백령도. 거기가 전초기지인 거야. 그 누구도 작전명령을 하달하지는 않지만, 다들 느낌이 왔어. '공작 개시'가 임박했구나.

때는 10월. 바람도 안정적이야. 이젠 남서풍이 불기만을 기다려야 해. 왜냐, 목표지점은 평양이잖아. 거기까지 어떻게 가야겠어. 북한 124군 부대처럼 두 발로 걸어서? 서울이랑 달리, 평양은 군사분계선을 넘어서도 한참 더 가야 해. 발각되기 십상이지. 배? 잠수함도 없고, 어차피 해안에 내려서 평양까지는 또 걸어가야 해. 남은 방법은 하나뿐이야. 고공 침투! 그런데 헬기는 레이더망에 잡혀. 그래서 생각해낸 게 '열기구'야. 백령도에서 열기구를 타고 목표지점 상공

실미도와 백령도 그리고 북한의 위치 관계.

까지 이동해서 낙하산으로 내리는 거야. 실전연습도 여러 번 했지. 서울에서 수원, 다음엔 경북 의성까지 갔었는데, 결과는 성공적이었어. 백령도에서 평양까지는 직선거리 150km야. 바람이 잘만 도와주면 적의 눈에 띄지 않게 하룻밤 새 대북 침투가 가능한 거야.

작전에 필요한 무기와 물품들이 모두 준비됐고, 기다렸던 남서풍도 살살 불어와. 드디어 때가 왔어. 오소리들은 파티를 준비했어. 메뉴는 불고기. 어쩌면 다 같이 하는 마지막 식사가 될 수도 있으니까. 그때 다들 어떤 마음이었을까. 이날만을 기다리면서 죽을 고생을 해가며 훈련을 받았으니, 실전에서 본때를 보여주겠다고 사기 충만했었을까? 임무 완수하고 돌아오면 고생 끝 행복 시작일 테니까.

그게 아니면, 적지에서 목숨을 잃을 수도 있으니, 두려움에 떨지 않았을까? 아마도 복잡 미묘한 마음이 뒤섞여 소용돌이쳤겠지. 그러던 사이, 열기구에 수소가 가득 채워졌어. 이제 지시만 내리면, 오소리 작전이 시작되는 거지. 그리고 드디어 명령이 떨어졌어.

작전 취소! 대원들은 즉시 실미도로 복귀하라!

만반의 준비 후에 박정희를 방문하여 평양에 결사대 투입 준비 완료를 보고했다. 처음에는 그다지도 열렬한 관심을 보이던 박정희가 웬일인지 시큰둥한 반응을 보였다. (⋯) "각하가 별명이 있을 때까지 보류하고 계획을 연기하라는 지시입니다." 나는 울컥 화가 치밀어 박정희에게 전화를 걸었다. "연기하는 이유가 무엇입니까, 각하." "이것 봐, 김 부장. 만약 그들이 우리의 기습 작전에 보복을 해 오는 경우 우리에게는 계속 투입할 병력이 없지 않나 말이야." "얼마든지 보충 병력이 있습니다. 이번에 그자들에게 따끔한 맛을 보여주어야 합니다. 국민들의 사기에도 영향이 많습니다." "그 뜻 알겠어. 그러나 보류하자고. 내 말 알겠소?"

- 김형욱, 『혁명과 우상』 중

작전이 취소된 이유는 한 회고록에서 찾아볼 수 있어. 이 대화의 주인공은 바로 김형욱 중앙정보부장이야. 그는 박정희 대통령과 이 대화를 주고받고 얼마 뒤에 중정부장에서 물러났어. 오소리 작전의 실질적인 총 책임자가 사라진 거지. 그런데 왜 박정희 대통령은 심경의 변화가 생겼을까? 다름 아닌, 닉슨 독트린*이 발표됐거든. 미국이 베트남 전쟁에 개입해놓고 궁지에 몰리니까, 아시아에서 아예 손을 떼겠다고 한 거야. 당장 주한미군도 감축한대. 그러니까 이 와중에 무리하게 대북 공작 벌였다가 문제라도 생기면 골치 아파지는 거야. 그리고 나중에 안 사실인데, 박정희 대통령은 이미 그때 평양과 비밀교섭을 모색하던 중이었어.

비밀병기에서 천덕꾸러기로

작전이 보류되면서 오소리들은 다시 실미도로 복귀했어. 확실히 기세가 꺾였지. 그런데 예전 같지 않은 건 그뿐이 아니었어. 급식

---

*　미국 대통령 리처드 닉슨이 1969년 7월 25일 발표한 외교정책으로, 주된 골자는 아시아 지역에 대한 군사적 개입을 피하겠다는 것이었다.

이 확 달라진 거야. 밥에 점점 보리가 섞이고, 국에서는 고기 냄새가 사라졌어. 콩나물국에서 된장국, 그러다 뭇국이 나오기 시작했고, 매일 나오던 달걀이 이제 한 달에 한 번 나올까 말까야. 월급은 처음 3개월만 나왔고 더는 지급되지 않았어. 혹시 작전이 무기한 연기되면서 예산이 줄어들었나 했는데, 확인해보니 오히려 부대 운영비는 매년 꾸준히 늘어났어.

(단위: 원)

	1968년	1969년	1970년	1971년	1972년
지출합계	4,900,200	4,741,340	7,285,100	8,688,000	(예정액) 11,475,400
전년 대비 예산 증액			2,500,000	1,400,000	2,500,000

오소리 작전의 부대 운영비. ⓒ국방부 과거사진상규명위원회 보고서

어디선가 돈이 샌 거야. 특수부대에 대한 책임도, 관리도 모두 허술해졌다는 증거지. 이제 오소리 작전은 모두의 관심 밖으로 멀어졌어.

오소리들 사이의 분위기도 심상치 않아. 애초에 모집할 때 약속한 훈련기간은 이미 한참이나 지났어. 훈련도 훈련이지만, 계속 무인도에 고립된 상태지. 비밀공작이니까 당연히 부대의 존재 자체도 비밀이고, 외부와 철저히 단절된 생활을 했어. 휴가는 물론, 외출·외박·면회 모두 금지였고 편지도 주고받지 못해. 혹시라도 오소리들이

탈출을 시도할까 봐 기간병들은 그들을 밀착감시를 했어. 실탄을 장전한 기간병이 일대일로 따라붙어서 24시간 경계를 섰고, 취침 시에도 경계병은 10분에 한 번씩 자는 오소리들의 머릿수를 셌대. 어쩌면 기간병들도 두려웠을 거야. 인간병기가 된 오소리들이 폭발하면 끝장이잖아. 더군다나 기간병들 중엔 실미도에 들어온 지 얼마 안 된 사병들도 있었으니 얼마나 무서웠겠어. 기강을 잡기 위해서라도 지옥 훈련을 강행했고, 오소리들을 더 철저히 감시했지.

하지만 불안한 마음은 갈수록 점점 커졌고, 결국 교육대장은 윗선에 이들을 현역으로 전환해서 부사관으로 임관시키는 게 어떻겠냐고 건의했어. 그냥 두면 폭동을 일으킬 수도 있고, 어차피 고생해서 최정예요원으로 양성해냈으니 제 몫을 할 수 있도록 기회를 주는 게 좋겠다고 생각한 거야.

그런데 책임자들이 다들 한발 빼. 오소리 작전을 기획·연출했던 중앙정보부도, 실행했던 공군도 마찬가지야. 부대의 존재는 세상에 드러나면 안 되고, 그렇다고 자기가 떠맡는 건 싫다 이거지. 더군다나 대통령도 이제 관심 없어 하는데, 누가 총대를 메고 처리하겠냐고. 그러다 결국, 우려했던 일이 벌어졌어. 모든 사건이 벌어지기 전엔 어떤 시그널이 있잖아. 실미도 부대에서도 그랬어.

흰둥이가 울부짖은 날, 소대장은 체력훈련용으로 쓰던 철봉이 망가졌으니 나무를 좀 구해 오라고 오소리 1명에게 지시했어. 밀착감시를 위해서 기간병이 당연히 따라갔다 왔지. 그런데 둘 사이의 기류가 좀 이상해. 자세히 보니까 기간병 입술이 터지고, 얼굴도 부었어. 소대장이 무슨 일이냐고 추궁했더니, 같이 나갔던 오소리한테 맞았대. 작업 중에 둘이 실랑이를 했는데, 갑자기 총을 뺏어서 협박하고 때렸다는 거야. 하극상이지!

보통 군대에서 하극상 일어나면 어떻게 해? 영창 가잖아. 여기는 달랐어. 즉결 처분이라고 들어봤어? 죄인을 체포한 즉시 죽이는 거야. 재판 없이! 게다가 여기, 실미도에서는 동료들이 문제를 일으킨 대원을 연병장에 묶어놓고 돌아가면서 몽둥이로 때렸대. 죽을 때까지. 그 시신은 디젤을 뿌려서 태우고, 유골은 가마니에 담아서 바다에 뿌렸대.

탈영한 오소리들도 어김없이 즉결 처분당했어. 규율이고 명령이니까 따를 수밖에 없었어. 그대로 하지 않으면 내가 죽게 생긴 상황이잖아. 어쩌면 극도의 두려움 때문이 아니었을까. 기간병들로서는 하극상을 묵인하면 본인들의 신변이 위험해지니까 그걸 막기 위한 본보기가 필요했고, 처형에 참여한 오소리들은 생존을 위해서 어쩔 수 없이 몽둥이를 들었겠지. 그렇게 삶과 죽음이 엇갈리면서 무심히 시간이 흐르는 동안 동료들이 세상을 떠났고, 31명이었던 오소리는 24명만 남았어.

어느새 실미도에 고립된 지도 3년이 지났어. 출동은 기약이 없고 훈련 끝나면 장교로 임관시켜준다던 약속도 지켜지지 않았어. 다 떠나서 복무기간은 충분히 채웠으니까 제대라도 시켜줘야 하는데 아무 얘기가 없어. 당연히 훈련은 매일같이 그대로 받지. 급식은 형편없어졌어. 보리밥에 단무지 반찬, 소금국만 나오는 지경까지 왔대. 그나마 배식 양도 줄어서 배를 곯는 상황까지 와서 참다 못한 대원들은 뱀을 잡아먹고, 개밥까지 훔쳐 먹었대. 위태위태해. 임계점이 점점 가까워지고 있어.

1971년 8월의 어느 날, 흰둥이가 또 울기 시작해. 한밤중 점호가 끝난 내무반에서 나직한 목소리가 들려.

다 해치우고, 청와대로 가자. 높은 사람한테 가서 우리의 억울함을 알리자. 만일 뜻을 이루지 못하면 함께 자폭한다!

다 같이 섬을 탈출하겠다는 거야. 대체 무슨 일이 있었던 걸까. 사건은 바로 소주 한 병에서 시작됐어. 그날 오후 아침부터 이웃 섬에서 훈련하고 부대로 복귀하는 길에 물놀이하던 민간인이 부대원한테 소주 한 병을 준 거야. 날씨도 더운데 수고가 많다면서. 그래서 그 술을 받아서 수통에 담아뒀다가 저녁 점호가 끝나고 오소리들끼리 조금씩 나눠 마셨어. 그러다 교육대장한테 딱 걸린 거지. 군기 빠졌다고 집합이 걸렸고. 그런데 기합받던 중에 대원 1명이 허리를 다쳤지 뭐야. 내무반에 누워 있는데, 동료들이 걱정돼서 모여들었어. 그리고 동료를 위로하던 중에 갑자기 설움이 복받쳤던 거지.

죽을죄를 지은 것도 아니고, 술 좀 먹은 게 그렇게 큰일이야? 이건 너무하잖아. 이제 더는 못 참겠어.

큰 강둑도 작은 실금에 무너지는 것처럼, 3년 동안 참고 참았던 오소리들의 불만과 울분이 소주 한 병에 터져버렸어. 그리고 다들 언젠가부터 살아서는 이 섬을 나갈 수 없을 것 같은 불안함이 커졌거든.

필사의 탈출

드디어 8월 23일 그날 아침. 어수선한 기상 시간을 틈타 오소리 하나가 교육대장실에 조용히 들어갔어. 그곳에 보관 중인 무기를 탈취할 계획이야. 기간병들이 늘 총을 갖고 다니니까, 무사히 탈출하려면 어쩔 수 없이 그들을 해치워야 나갈 수 있거든. 오소리들은 조용히 교육대장을 처리하고 총기랑 실탄을 꺼내 왔어. 약속한 장소에 모여서 탈취한 무기를 나눠 가졌고, 탕! 작전 개시를 알리는 신호탄이 들리자마자 기간병을 향해 난사를 시작했어. 그 순간 실미도는 전쟁터가 된 거야. 동료를 죽이지 않으면 내가 죽어. 일방적인 기습이라 기간병들은 제대로 대응하지 못했고, 20여 분의 총격전 끝에 18명의 기간병과 2명의 오소리가 사망했지. 그날 살아남은 기간병은 6명뿐이었어.

갑자기 총소리가 나면서 유리창이 깨지는 거예요. 북한군이 습격한 거라 생각해서 응사하려고 내무반에 총을 가지러 가는데, 공작원 1명이 쪼그려 쏴 자세로 저를 겨누고 있는 거예요. '쟤가 왜 나한테 총을 겨누고 있지?' 의아해하는데, 바로 그때 총에 맞아서 정신을 잃었어요. 한참 만에 깨어나보

그렇게 3년 4개월 만에 오소리 22명은 실미도를 벗어났고, 낮
12시 즈음에 인천에 도착했어. 갯벌을 다 지날 무렵, 해안 초소에서
근무 중이던 김 일병이 그들을 발견했어. 예비군복 차림에 공수단
베레모를 썼길래 멈춰 세웠지.

잠깐 멈추십시오. 어느 부대 소속입니까?
이거 보면 모르나? 해상침투 훈련 중이다.

왼쪽 어깨에 붙은 '중앙유격 사령부' 마크를 가리켰지. 물론 위
장부대 마크야. 초소병은 뭔가 수상하다는 느낌이 들어서 일단 소
대 상황실에 보고했고, 오소리들은 그사이 초소를 지나서 도로변까
지 나왔어. 이제 빨리 청와대로 가야 하는데, 걸어갈 순 없고 인원
도 많으니까 버스를 타기로 했어. 마침 버스 한 대가 다가와서 길을
막고 버스를 세웠지. 버스에 타고 있던 승객은 7~8명 정도. 갑자기
정류장도 아닌 곳에 버스가 멈춰서서 놀랐다가, 이내 근처에서 훈련

하던 군인들이겠거니 했대. 그런데 갑자기 탕! 탕! 탕! 총성이 들렸어. 버스 밖에서 쏜 거야. 좀 전에 해안 초소 김 일병의 보고를 받고 출동한 육군이야.

엎드려! 이 새끼들이 총질을 해?!

버스 안의 오소리들도 응사하면서 교전이 시작됐어. 사방에서 총알이 빗발치고, 곳곳에서 비명만 들려. 놀란 승객들은 혼란에 빠졌어. '누가 아군이고, 어느 쪽이 적군일까', '아무래도 도망치는 쪽이 적군이겠지', '그럼, 이 버스에 같이 타고 있는 바로 이 사람이 적군?!', '혹시 북한 무장 공비인가?' 정신이 아득해지던 그때, 누군가 다시 큰 소리로 외쳤어.

빨리 차 몰아! 빨리!

운전사는 차를 몰기 시작했고, 버스는 조금씩 속력을 냈어. 총성이 점점 멀어지자, 오소리들은 승객들에게 말했어.

우리는 공비가 아니다. 우리는 김일성이를 적으로 두고 싸우는

특수부대인데 4년 동안을 섬에서 죽을 고생만 했다. 나라가 우리를 배반했다.

괴한의 정체가 무장 공비가 아닌 국군이라니 그나마 다행이었지만, 승객들 입장에서 무섭기는 마찬가지야. 오소리들은 운전사에게 서울로 가자고 위협했고, 차는 질주하기 시작했어. 그런데 갑자기 잘 가던 버스가 덜컹했어. 교전 중에 뒷바퀴가 총에 맞아서 펑크난 거야. 오소리들은 잠시 당황했지만, 마침 뒤에 버스 한 대가 오는 걸 보고 운전사에게 차를 세우라고 했지. 그러고는 서둘러 내린 후에 다가오는 버스를 잡아 세워서 갈아탔어. 총에 맞아 부상한 대원 4명은 버스에 그대로 남겨둔 채로. 이전의 승객들은 오소리들이 버스를 옮겨 타자마자 차에서 내려서 재빠르게 흩어져서 숨었고, 오소리들을 태운 버스가 출발하고 나서야 안도의 한숨을 쉬었어. 두 버스의 운명이 엇갈리는 순간인 거야. 바로 이 두 번째 버스에서 아기 엄마 성희 씨와 박기수 씨가 서로의 옆자리에 앉았던 거지.

무참한 최후, 묻히고 만 진실

알다시피 오소리들이 탄 버스는 서울 영등포를 지나 대방동 삼거리까지 폭주하다가 미리 매복해 있던 경찰부대와 두 번째 교전을 벌였어. 버스 승객은 물론이고, 지나가던 행인도 총에 맞아 쓰러졌어. 그러다 이번에도 바퀴에 총을 맞으면서 달리던 버스는 가로수를 들이받고 멈췄어. 오소리들은 총상을 입어서 피를 흘리고 있고, 경찰들은 버스를 향해 총을 겨누고 있어. 대치 상황이지만, 이미 전세는 기울었지. 정적을 깨고 오소리들이 외쳤어.

승객들은 모두 차 바닥에 엎드려라. 그리고 전원, 안전핀 뽑아!

잠시 후, 펑! 펑! 곳곳에서 폭발음이 터져 나왔어. 그때가 오후 2시 20분. 3년 4개월 만에 지옥 같은 실미도를 탈출한 오소리들은 섬을 벗어난 지 2시간 반 만에 죽음을 선택한 거야. 그리고 두 번의 교전으로 민간인 6명, 경찰 2명이 사망하면서 무고한 희생까지 낳았어. 본인들이 겪은 억울하고 참담한 일들을 만천하에 폭로하겠다는 목적도 달성하지 못했고.

북괴 무장 공비들이 민간버스를 탈취, 서울 영등포구 노량진까지 진출하다 군·경·예비군에 의해 저지됐습니다.

급작스러운 도심 총격전에 대해 정부는 긴급 기자회견을 열었어. 국방부 대간첩대책본부의 김 본부장이 나서서 이렇게 발표했지. 곧바로 군·경에 비상계엄령이 발동되면서 한강교가 통제되고 김포공항도 폐쇄됐어. 온 국민이 제2의 1·21 사태가 난 줄 알고 공포에 떨었지. 그런데 3시간 반 후에 다시 기자회견이 열렸어. 이번엔 국방부 장관이 마이크 앞에 앉았어.

총격 난동 사건은 인천 앞바다 실미도에 있는 공군 관리하의 특수범 24명이 평소 독도 격리 수용된 데 불만을 품고 관리원들을 사살, 집단으로 탈출, 난동을 벌인 것으로···

난동을 벌인 자들은 북한 무장 공비가 아니라, 우리나라 군 특수범이라고 정정했어. 공군에서 관리하는 중범죄자. 한마디로 흉악범이라는 거지. 그런데 사실은 그게 아니잖아. 정부는 이 사건을 어떻게 해서든지 은폐하고 축소하려는 생각이었던 거야. 그리고 만일 '이 사람들'이 아니었다면, 어쩌면 우리는 지금도 그렇게 알고 있었을지도 모르지. 바로 그날 살아남은 오소리들이 있었거든. 첫 번째 버스에 부상으로 남겨졌던 오소리와 자폭 후에 정신을 잃었다가 체포 후에 깨어난 3명의 오소리, 이렇게 4명이야. 사건의 실체를 밝히기 위해서 국회는 진상조사를 서둘러 시작했고, 잔뜩 벼르고 있던 야당 의원들은 정부의 책임을 묻기 위해 생존자들을 증인으로 불러 세웠어.

왜 실미도를 탈출해서 이런 난동을 벌였습니까?
  비밀 사항이라서 답변드릴 수 없습니다.

어라? 그런데 의외의 답변이 돌아왔어. 다른 질문에도 똑같이 묵묵부답. 4명 모두 마찬가지야. 묵비권을 행사하겠대. 이상하지 않아? 높은 사람을 찾아가서 억울함을 호소하겠다고 목숨 걸고 탈출해서 난동까지 부렸는데, 갑자기 왜 말을 아껴? 그럴 만한 이유가 있었어. 뒤늦게 안 사실인데 국회 조사를 앞두고 생존 공작원들이 입원한 병원에 군 관계자가 찾아갔었대.

월남 가자! 너희들 때문에 지금 사람이 얼마나 많이 죽었냐. 어차피 사형은 피할 수 없어. 어차피 죽을 목숨. 마지막 기회다. 그

대신 누가 뭘 묻더라도 "군사 보안상 말할 수 없다"라고 대답해라. 그래야 우리 모두 살 수 있다.

결국 그들은 묵비권을 행사했고 국회 진상조사는 장기격리 수용에 대한 욕구 불만이 난동의 원인이었던 걸로 일단락됐어. 그러곤 곧바로 본격적인 수사가 시작됐지. 철저히 비밀리에! 수사는 군 수사기관이 맡았고 군사재판으로 진행됐어. 가족들에게는 당연히 알리지 않았지.

생존 공작원들의 이름은 김병염, 김창구, 이서천, 임성빈이야. 죄명은 '초병 살해', 신분은 '민간인'. 정식 군번이 없었으니까. 그런데 왜 군사재판이냐고? 원칙적으로는 군인들만 군사재판을 받지만, 이들도 군에 배속돼서 훈련받았으니까 군인으로 본 거래. 아무튼 네 사람 모두 수사기관이든 재판정이든 묻는 말에 성심성의껏 답변했어. 입대 과정부터 실미도에서 있었던 일들, 그날 사건까지 세세하게 진술했어. 하지만 재판은 속전속결, 단 2번의 공판으로 마무리됐어. 결과는? 사형. 월남에 가자던, 그러면 살 수 있다던 제안은 또 지켜지지 않았어. 애초에 지킬 생각이 있긴 했을까?

살아생전 국가에 대해 말도 못 하고 죽어가는 게 아깝습니다. 제가 죽더라도 집에 알리지 말아주세요.

-김병엽 씨

애들 3남매가 제일 불쌍합니다. 보고 싶습니다.

-김창구 씨

(애국가를 부르다가) 동해물과 백두산이 마르고 닳도록…. 국가를 위해 싸우지 못하고 국민에 손가락질 받으며 죽는 게 억울합니다.

-이서천 씨

바다 한복판 섬에서 부모를 제대로 부르지 못하고만 3년을 외롭게 지냈습니다. 김일성의 목을 베지 못하고 죽는 것을 유감으로 생각합니다.

-임성빈 씨

4명의 오소리가 남긴 유언이야. 1972년 3월 10일. 사건 발생 7개월 만에 사형이 집행됐어. 그런데 사형수들은 물론이고, 실미도 공작원 31명이 사망했다는 사실을 유족들은 전혀 알지 못했어. 실미도 부대원 명단이 공개된 적도 없고, 가족들이 혹시나 하는 마음에 국방부 등의 국가기관에 문의도 해봤는데 '알아봤지만 모름'이라는 답변만 돌아왔대. 실미도에서 일어난 일은 철저히 비밀에 부쳐졌어. 침묵을 강요당한 건 실미도 부대에 근무했던 기간병도 마찬가지였어. 그들이 제대할 때가 되면 어김없이 정보부대 관계자와 중정 요원들이 찾아왔대.

제대 축하합니다. 각서 쓰고 사회로 돌아가면 됩니다.

섬에서 있었던 일을 절대 발설하지 말라는 거야. 당시엔 서슬 퍼런 군사정부 시절이라 사실 각서를 쓰지 않았더라도 함부로 얘기할 수 없는 분위기였지.

35년 만에 드러난 '그날'의 진실

하지만 영원한 비밀이란 없는 법이잖아. 세월이 흘러서 '그날'로부터 30년이 훌쩍 지났어. 때는 바야흐로 2002년 월드컵 두 달 전이야. 붉은 악마들이 나타나기 전에 이미 광화문 광장을 뜨겁게 달군 분들이 있었어. 일명, '가스통 시위대'. 중년의 남성들이 모여서 자신들은 국가가 양성한 북파공작원이었다고 울부짖었어.

비밀리에 양성된 북파공작원은 1만 3,000여 명으로 추산되고 그중에 실제로 북파 임무를 수행한 사람이 1만 1,200여 명이래. 그리고 작전에 투입됐다가 사망하거나 행방불명돼서 귀환하지 못한 공작원이 무려 7,726명이야. 그들은 실미도 부대원들처럼 좋은 보수와 대우를 약속받고 포섭된 민간인들이었고, 지독한 훈련을 받고 국가의 명령을 받아 목숨 걸고 임무를 수행한 거야. 하지만 약속은 지켜지지 않았고, 온갖 트라우마를 겪어도 비밀 유지를 하느라 어디다 하소연도 못 해. 군번도 계급도 없던 군인들이라 제대로 된 기록도 없고, 국가도 그들의 존재를 외면했어. 조국을 위해서 청춘을 다 바쳤는데 투명 인간 취급을 당하니 그 분노가 쌓여서 결국 폭발한 거야.

그 무렵이야. 실미도 기간병들도 침묵을 깨고 그날의 진실을 털어놓기 시작했어. 30년이 훌쩍 지난 시점이었지만 그때의 악몽들은 좀처럼 사라지지 않았어. 툭하면 눈앞에서 죽어간 동료들이 생각나는데, 공작원들에게 화가 났다가, 또 죄책감도 들었다가 한편으로는 세상이 원망스럽기도 하고. 트라우마 때문에 평범하게 살 수 없었

오열하는 유가족의 모습.

대. 늦었지만 노무현 정부가 실미도 사건의 진상규명에 나섰어. 공
작원들이 어떻게 모집됐는지, 어떤 훈련을 받았는지, 실미도에서는
무슨 일이 있었는지, 그날의 난동은 어쩌다 일어났는지, 그리고 생
존자들이 사형된 사실까지 그제야 다 드러난 거야. 그리고 실미도
공작원 31명의 명단도 공개됐어. 옥천 7인방의 이름도 그 명단에 있
었어. 37년 만에 헤어진 오빠의 소식을 듣게 된 여동생도 있었고.

예순네 살 먹었을 때인데, 전화가 따르릉 하고 울려서 받았지. 이서천 씨를 아냐고 묻더라고요. 그래서 우리 오빠인데 왜 그러냐고 물었더니 국방부래. 그래서 '우리 오빠 간첩 아니에요' 그랬어요. 몇십 년 동안 소식이 없으니까 걱정했거든. 그런데 그 사람 말이 공군부대 소속의 군인으로 돌아가셨다고 하더라고요. 사형당했대. 내가 기절했어. 아니 세상에, 죽어도 어떻게 그렇게 불쌍하게 죽었을까.

　　　　　　　　　　－이향순 씨(사형된 공작원 이서천 씨 여동생)

부모님은 오빠를 평생 그리워하다가 고생만 하고 돌아가셨어요. 아버지가 오빠 사진을 늘 상의 주머니에 넣고 다니셨는데, 돌아가신 후에야 꼬깃꼬깃해진 그 사진을 뺐어요.

　　　　　　　　　　－임일빈 씨(사형된 공작원 임성빈 씨 여동생)

　그때 이미 오소리 공작원의 부모님들은 대부분 평생 사라진 자식을 걱정하다가 세상을 떠났고, 중년이 된 형제들도 자포자기 상태로 살아가고 있었어. 그런데 국방부는 그제야 가족들에게 실종된 이들이 실미도 공작원이었음을 알리고 사망 통보까지 했어. 그런데 유해는 또 안 돌려주는 거야. 아무도 모른대. 확인해보니까, 유해를 어떻게 처리했는지에 대한 관련 기록이 남아 있지조차 않아. 버스 난동 사건 이후에 공군 관계자들이 관련 서류부터 소각했거든. 하지만 사람의 기억까지 지울 수는 없지. 시신을 옮기고, 처리한 사람은 있을 거 아냐. 한두 명이 죽은 것도 아니고 20명이 넘는데…. 그래서 유족들이 백방으로 알아보고 다녔지. 그랬더니 한 노인이 자신이 그들을 백제 시립 묘지에 묻은 것 같다고 제보를 해 왔어. 노인이 얘기한 자리를 팠더니, 진짜 유골이 나온 거야.

끝나지 않은 이야기

그런데 사형된 4명의 유해는 거기에 없었어. 사형집행에 참여했던 관련자들을 조사했더니, 누구는 오류동 공군부대 뒤에 묻었다고 하고, 또 누구는 벽제 화장터로 갔다…, 또 다른 누군가는 대방동인 것 같다…. 다들 기억이 달라. 그래서 지금까지도 사형된 공작원 네 분의 유해는 찾지 못했어.

50년 전, 조국의 부름으로 시작된 그날의 기억을 안고 지금도 조국의 답을 기다리는 이들이 있어. 혼자 오롯이 견디기엔 버겁고 고통스러운 비극을 화석처럼 가슴에 새긴 채로 말이야.

공작원들도 그렇고, 그날 총 맞은 우리 기간병들도 그렇고. 그 금싸라기 같은 젊은 세월을 실미도에서 바닷물만 보면서 결국 허송세월한 거 아닙니까. 전 제 일생에서 그 기간을 뺐으면 싶어요, 영원히. 기억이 지워지는 무슨 약이라도 있으면 좋겠는데 그런 건 없을 거 같고. 아무쪼록 그때 희생당한 모든 분들의 억울한 마음이 제발 좀 풀렸으면 좋겠습니다. 얘기 들어줘서 고맙습니다. 그리고 미안합니다.

-김이태 씨(당시 684부대 소대장)

오소리 작전

영종도 밑, 아무도 살지 않는 작은 섬 실미도. 지금은 다리가 생겨 누구나 차를 타고 갈 수 있는 섬이 되었다. 이 때문에 지금 실미도는 관광객으로 붐빈다. 1971년에 그곳이 얼마나 끔찍한 섬이었는지 지금은 상상조차 할 수 없는 모습이다. 10년이면 강산도 변한다고 하는데 50년이 지났으니 흔적이 없는 것도 당연하다. 하지만 내가 만난 사람들은 50년 전, 그 시간에 있었다.

더 하시고 싶으신 말씀이 있으신가요?

내 일생에서 그 시간을 뺐으면 싶어, 영원히…

내 마지막 질문에 칠순이 훌쩍 넘은 퇴역 군인은 이렇게 답했다.

우리 오빠가 살아서 오면 고깃국, 쌀밥이 아니라 더 한 것도 해줄 수 있어.

공작원의 여동생은 마지막으로 오빠를 봤을 때, 밥 한 끼 먹이지 못한 걸 평생의 한으로 담아두고 있었다.

공작원도, 기간병도, 어느 누구도 이런 결말을 예상하고 그날, 그 섬에 발을 들이지 않았을 것이다. 그들의 한을 그들만의 것으로 남겨둔다면, 언젠가 역사는 나에게도 같은 일을 반복할 것이다.

2021년, 실미도 사건에 대한 정부 차원의 재조사가 시작됐다. 16년 만이다. 피해자에게 위로를 건네는 첫걸음은 언제나 '진실' 찾기이다. 부디, 이번에야말로 그들이 그날의 아픔을 조금이라도 덜어낼 수 있기를 바란다.

걸어가다 길러도 오늘
그늘 이야기

조작된 살인의 밤

파출소장 딸 강간살인 사건

심판이 끝나도 진실은 진실입니다.

-윌리엄 셰익스피어

어떤 놈이 경찰 가족을 건드렸냐

너의 인생 만화책은 어떤 거야? 혹시 만화방에 얽힌 추억이 있어? 친구가 만화방 아들이라든가? 요즘은 만화책 대신 휴대폰으로 웹툰을 보니, 만화방에 대해 잘 모를 수도 있겠다. 왜 갑자기 만화방 이야기를 하느냐고? 오늘 들려줄 이야기는 만화방에서 시작되거든. 만화보다 더 만화 같은 이야기야.

때는 1972년, 강원도 춘천의 한 시골 마을이야. 이곳에 왕국만화방 아들, 열 살 재호가 살고 있어. 재호는 동네 인기스타야. 왜였을까? 만화 때문에? 아니, TV 때문이었어. 그때는 TV가 매우 귀하던 시절이었거든. TV가 동네 부잣집에만 한 대 있을까 말까 했어. TV뿐만 아니라 라디오, 시계도 흔치 않던 때지. 그런데 재호네 만화방에 뭐가 있다? TV가 있다! 재호 친구들은 재호에게 잘 보이면

파출소장 딸 강간살인 사건

'공짜로 만화를 보거나, 무료로 TV를 볼 수 있지 않을까' 내심 기대했던 거지.

1972년 9월 28일, 그날도 다른 날과 다를 바 없는 평범한 날이었어. 재호가 학교 끝나고 집에 왔는데, 아버지가 급히 어디를 가자는 거야. 어디였냐. 바로 파출소였어.

아버진 밖에 있을 테니까 들어갔다 와. 묻는 말에 대답 잘 하고.

아버지는 재호에게 무슨 설명도 없이 다짜고짜 일단 안으로 들어가보래. 어린 재호는 영문도 모르고 잔뜩 긴장한 채, 파출소 안으로 들어갔어. 그런데 보니까 파출소 안이 엄청 어수선해. 경찰들도 왔다 갔다 하고, 낯익은 얼굴의 동네 아저씨들도 여럿 보여. 그때였어.

네가 재호구나. 어젯밤에 네가 만화방에 있었다며?

재호는 그렇다고 했지. 어젯밤, 볼일을 보러 나간 아버지를 대신해 가게를 봤었거든. 그런데 형사가 대뜸 어제 저녁에 만화방에 '윤소미(가명)'라는 여자애가 왔었냐고 물어. 윤소미가 누구지? 재호는 난생 처음 듣는 이름이라 잘 모르겠다고 대답했지. 그랬더니 사진한 장을 쓱 내밀어. 어? 사진 속 얼굴을 보니 알 것도 같아.

누군지 알 것 같아요. 만화방에 종종 오던 여자아이예요.

순간 경찰 눈이 반짝이며, 어제도 왔었냐고 물어. 그래서 어제는 만화방에 오지 않았다고 했지. 그랬더니 뭔가 실망한 표정으로 집에 그냥 가래. 이때까지는 재호는 무슨 일이 벌어졌는지 짐작도 하지 못했어. 그 여자애를 왜 찾을까 잠시 궁금해하다가 말았지. 그런데 그날따라 아버지 표정도 어둡고, 동네 분위기도 어딘가 뒤숭숭해. 그렇게 집에 왔는데, 재호는 어머니로부터 충격적인 이야기를 하나 듣게 돼. 재호가 조금 전에 경찰서에서 봤던 사진 속 그 아이 있지. 바로 그 아이가 그날 아침, 논둑길 위에서 싸늘한 주검으로 발견됐다는 거였어!

시신을 처음 발견한 건 농부 박 씨(가명)였어. 오전 9시 45분경, 밭에 가기 위해 논둑길을 걸어가던 박 씨는 잘 익은 황금빛 벼 위에 놓여 있는 수상한 물체를 하나 발견해. 자세히 보니 어린아이의 감색 바지야. 그 옆 논둑길에는 주황색 슬리퍼 한 짝도 어수선하게 놓여 있어. 저런 게 왜 여기 있지 하며 코너를 도는 순간, 박 씨는 놀라 뒷걸음질 쳤어. 여자아이의 시신이 있었던 거야. 하의는 모두 벗겨진 채였어.

누군가 아이를 성폭행하려다가, 목을 졸라 살해한 것으로 보였지. 그런데 경찰들이 아이의 신원을 확인하고는 또 한 번 깜짝 놀랐어. 왜일까? 사망한 아이는 파출소장 딸인, 초등학교 5학년 윤소미 양이었거든. 어젯밤 가족들과 저녁을 먹고 집을 나간 후, 연락이 두절돼 부모가 찾고 있었는데, 하룻밤 사이에 사망한 채 발견된 거야. 동네 사람들은 물론이고, 형사들 역시 난리가 났어. 경찰 간부의 딸이 사망한 사건이니까.

감히 어떤 놈이 경찰 가족을 건드려? 반드시 잡는다.

범인이 남긴 흔적을 찾아서

불행 중 다행인 건, 범인이 남기고 간 흔적이 많다는 거였어. 현장에서는 피해자의 슬리퍼와 바지 외에도 범인의 것을 보이는 하늘색 연필 한 자루와 때가 잔뜩 묻은 머리빗이 발견됐거든. 게다가 아주 결정적인 증거도 발견됐어. 뭐였을까? 바로 음모! 경찰은 급히 국립과학수사연구원(국과수)에 감정을 의뢰했어.

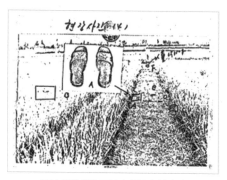

당시 사건 현장 조서에 첨부된 현장 사진.

이런 체모와 같은 모발은 혈흔, 담배꽁초와 함께 범죄 현장에서 가장 많이 발견되는 증거물 중 하나야. 하루에도 수십 개의 모발이 자연적으로 빠지니까. 그런데 그거 알아? 한 가닥의 모발만 있어도 범인을 잡을 수 있다는 거? DNA 검사로 범인을 특정할 수 있거든. 그런데 그게 다가 아니야. 남자인지, 여자인지, 혈액형은 뭔지, 직업은 또 뭔지, 심지어 사는 곳까지도 알아낼 수 있대. 어라? 그런데 성별 같은 건 신체 조직을 통해 알 수 있다고 쳐도, 직업이나 사는 곳은 어떻게 특정한다는 걸까? 바로 모발의 성분을 분석하는 거야.

모발은 나무의 나이테 같아서 그 사람의 과거가 고스란히 담겨 있거든. 어떤 특정 환경에 지속적으로 노출될 경우 그 물질이 모발에 계속 쌓이게 되는 거지. 그걸 '화학적 지문'이라고 부르는데, 납이 많이 나오면 페인트 관련 업계에서 일할 가능성이 높다거나, 카드뮴이 많이 나오면 시멘트 공장에서 근무할 가능성이 높다거나 하는 식이야. 신기하지?

자, 다시 사건 얘기로 돌아가보자. 경찰은 발견된 음모를 국과수로 보냈어. 감정을 받아야 되니까. 그다음, 마을 인근의 우범자, 폭력배, 변태성욕자들을 싹 다 불러들여서 조사를 시작했어. 경찰서에 연행돼 조사를 받은 이들만 30여 명이었는데, 경찰이 이들을 모아놓고 제일 먼저 한 일이 뭔지 알아? 털 뽑기! 현장에서 발견된 음모와 비교를 해야 되니까.

하지만 한 가지 큰 문제가 있어. 뭐냐고? DNA 검사를 할 수 없대. 왜? 이때가 1972년이라고 했잖아. 아직 유전자 감식 기술이 발달 안 됐던 때야. 지금이야 체모에서 바로 DNA를 추출해 저장해놨다가 몇 년 뒤에라도 범인을 검거하곤 하는데, 그 시절에는 그럴 수가 없었어. 그럼 당시 국과수에선 채취한 음모로 뭘 했을까? 지금 들으면 약간 코미디인데, 체모 모양이 비슷한지 감별하는 검사를 했던 거야. 체모의 모양이 타원형이니, 질감이 어떠니, 색이 황흑갈색이니 이런 거 있잖아. 검사 결과는 어떻게 나왔냐고? 용의자가 특정됐지. 동네 장 씨 그리고 김 씨, 이 씨, 최 씨, 박 씨 등등… 죄다 범인의 음모와 비슷해 보였던 거야. 육안으로만 판단하는 거니까 어쩔 수가 있나.

그렇게 하루가 지나고 다음 날, 재호 아버지도 경찰서로 연행이 됐어. 피해자 바지 주머니에서 'TV시청표'가 나왔거든. 이게 뭔지 알아? 만화방에서 발행하는 TV를 무료로 시청할 수 있는 쿠폰이야. TV가 귀하던 시절이잖아. 그래서 만화방에선 TV를 설치해놓고, 일정 금액 이상 만화책을 빌리면 TV를 무료로 볼 수 있는 TV시청표를 줬어. 재호네 가게에선 10원 이상 만화책을 빌리면 TV시청표 1장을 줬는데, 다행히도 피해자의 주머니에서 나온 TV시청표는 재호네 가게가 아니라 다른 만화방 TV시청표였어. 그 동네에는 재호네 만화방을 포함해, 만화 가게가 세 곳이나 있었거든.

그럼 왜 재호 아버지가 잡혀갔을까? 재호네 가게가 피해자의 집에서 가장 가까운 만화방이었던 거야. 거리가 불과 200미터 정도밖에 떨어져 있지 않았어. 게다가 사망한 윤 양이 만화방을 자주 갔었는데, 실종되던 날 저녁에도 만화방에 갈 거라고 얘길 했었나 봐. 그러니까 조사할 게 있었겠지.

재호와 가족들은 아버지가 금방 집으로 돌아올 거라고 생각했어. 그런데 하루가 지나고, 이틀이 지나도 아버지가 안 와. 가족들은 애가 탔지. 심지어 재호 어머니는 산달 막바지였거든. 답답한 마음에 가족들은 경찰을 찾아가 재호 아버지가 왜 나오지 못하고 있는

파출소장 딸 강간살인 사건

피해자 집과 재호네 만화방의 위치를 표시한 약도.
SBS 〈꼬리에 꼬리를 무는 그날 이야기〉 자료 화면.

건지 물었지. 그런데 이유도 알려주지 않고, 만나지도 못하게 해. 가족들은 그저 발만 동동 굴렀지.

그렇게 재호 아버지가 연행된 지 3일째 되던 날, 재호네 집에 우렁찬 아기 울음소리가 들렸어. 남동생이 태어난 거야. 여동생만 둘이었던 재호에게 남동생의 탄생은 무척 기쁜 일이었어. 다만 아버지가 함께할 수 없단 사실이 너무나 속상했지. 재호는 어머니를 챙기며 아버지가 빨리 돌아오기만을 기도했어. 그 기도 덕분이었을까. 5일 만에 아버지가 집으로 돌아왔어. 환하게 웃는 얼굴로. 경찰이 아버지에게서 별다른 혐의점을 찾을 수 없었던 거야.

그 무렵, 경찰서는 난리가 났어. 현장에서 아까 뭐가 발견됐다고 했지? 음모 말고. 그래, 하늘색 연필과 머리빗. 여기에 뭐가 남아 있겠어? 그래, 지문! 그런데 국과수에서 감식 결과가 왔는데 아무것도 발견되지 않았던 거야. 왜냐? 자, 이 기사를 한번 읽어봐.

사건 발생 9일째인 6일 현재 수사 진척은 짙은 안개 속의 술래잡기. 강력 사건의 베테랑 형사들이 모여들어 (중략) 철야 수사로 발버둥치고 있으나 노력의 대가가 아직 나타나질 않아 보는 이가 민망할 정도이다. (중략) 범인의 것으로 보이는 연필토막과 머리빗이 있었고 윤 양의 하체에서 남자 치모 3개를 발견했다. 경찰은 현장에서 이 같은 유류품이 발견됨으로써 쉽게 사건 해결을 내다봤으나 사건 당일 밤에 내린 비로 연필, 머리빗에는 범인의 지문이 씻겼기 때문에 지문 채취를 할 수 없게 됐다.

-《강원일보》1972년 10월 7일 자

이게 무슨 운명의 장난일까. 사건이 일어난 날 새벽, 비가 내렸던 거야. 국과수에 맡긴 연필과 머리빗은 이미 비에 흠딱 젖어서 지문이 모두 지워진 상태였어. 여기서 잠깐! 현장에서 발견된 연필 색깔이 뭐라고 했지? 그래, 하늘색! 이걸 잘 기억하고 있어야 돼.

만화방 주인의 두 얼굴

자, 그런데 그로부터 3일 뒤인 10월 7일, 재호 아버지가 경찰서에 다시 연행됐어. 왜? 경찰이 첩보를 입수한 거야. 어떤 첩보? 재호 아버지의 여자관계가 복잡하대. 재호와 가족들은 걱정이 됐지만, 며칠 전처럼 곧 풀려나리라 생각했어. 그런데 이틀 뒤, 경찰이 진범을 잡았다며 대대적으로 발표했어. 대체 범인이 누구였을까? 자, 놀라지마. 만화방 주인 '정원섭', 바로 재호의 아버지였어. 증거도 없는데 어떻게 범인이 된 걸까?

바로 결정적인 증인이 나타난 거야. 첫 번째 증인은 이웃 주민 이 씨였어. 재호 엄마가 출산을 했다고 했잖아. 그래서 재호의 엄마를 대신해 그 집 빨래를 해줬는데, 그때 수상한 얼룩을 발견했대. 무슨 얼룩? 불그스름한 얼룩. 뭐겠어? 맞아, 핏자국.

빨 때는 무심결에 빨아서 잘 몰랐는데, 빨래를 널 때 보니까 속옷에 피 같은 게 묻어 있더라고요.

두 번째 증인은 왕국만화방 종업원이었던 임윤희 양(가명)이었어. 현장에 떨어져 있던 검은 머리빗 있잖아. 그게 원래 임 양이 쓰

현장검증에 임하는 정원섭 씨의 모습. ⓒ동아일보

사건 당시 현장검증 상황을 보도한 《강원일보》 10월 12일 자 기사.

던 머리빗이었대. 그런데 어느 날 없어져서 봤더니, 재호 아버지가 그 빗을 가져가 쓰고 있었다는 거야.

빗 하나를 주워서 쓰고 있었는데, 어느 날 없어졌더라고요. 근데 며칠 뒤에 보니까 만화방 사장님이 쓰고 계시는 거예요

마지막으로 세 번째 증인, 이 사람의 진술이 가장 결정타였는데 바로 연필에 대한 증언이었어. 현장에 떨어져 있던 연필을 자신이 본 적 있다는 거야. 이 사람이 누구였을까? 너도 아는 사람이야. 바로 정원섭의 아들 재호였어. 그러니까 현장에서 발견된 하늘색 연필이 재호의 연필이었던 거야.

네. 제 연필 맞아요. 친구랑 연필 따먹기 해서 얻은 건데, 아버지가 종종 만화방에서 장부 쓸 때 사용했어요.

다른 사람이야 만에 하나 거짓말할 수도 있겠지만, 어린애가 거짓말을 할 리 없잖아. 다들 그렇게 생각했어. 결국 재호 아버지는 자백을 했어. 현장검증도 이뤄졌는데, 경찰이 밝힌 사건의 전모는 이랬어.

사건 당일 정 씨는 만화방을 아들 재호에게 맡겨두고 가게를 수리하러 아내가 운영하던 주점에 갔어. 그러다 끝날 때쯤, 목수들과 막걸리를 몇 잔 걸쳤지. 취기가 한창 오를 저녁 8시경, 아내가 잔소리를 하기 시작했어. 아들 혼자만 만화방에 두고 술이 넘어가느냐는 거야. 그제야 정 씨는 술잔을 내려놓고 만화방으로 향했어.

이때 만화방 앞에서 텔레비전을 보러 온 피해자 윤 양과 마주친 거야. 그는 우리 가게는 텔레비전이 고장 났으니, 다른 만화방에 가서 텔레비전을 보자며 윤 양을 꾀어냈어. 그러고는 윤 양을 만화방 대신 으슥한 논둑길로 유인해 성폭행을 시도한 거야. 놀란 윤 양이 '엄마!' 하고 소리를 질렀는데, 정 씨가 입을 틀어막으려다가 목을 졸라 살인까지 하게 된 거래. 그때 시간이 밤 8시 50분경. 그런데 재호는 이 이야기를 듣고 소름이 쫙 돋았대.

왜냐고? 그날 아버지가 가게에 도착한 시간이 9시가 좀 넘었을 때, 그러니까 사건 직후였거든. 그런데 재호가 기억하는 그날 아버지의 모습은 엄청 기분 좋게 취한 모습이었던 거야. 하루 종일 가게 보느라 수고했다면서 간식까지 선물로 사들고 왔거든. 그런데 경찰의 이 발표가 사실이라면, 아버지가 재호 또래의 소녀를 잔혹하게 죽이고 돌아서자마자 간식을 사 들고 기분 좋게 만화방에 왔다는 거잖아. 상상만 해도 너무나 끔찍하지 않아? 하지만 재호는 아버지가 절대 그럴 사람이 아니라고 생각했어.

그런데 이게 다가 아니었어. 더 충격적인 사실들이 밝혀졌어. 머리빗 증언을 했던 만화방 여종업원 임 양 기억나? 임 양이 쓴 진술서야. 한번 읽어봐.

> 1970년 8월 일자 불상, 정원섭 씨가 경영하는 만화가게에서 잠을 자다가 정 씨한테 몸을 버렸고, 정 씨가 소문을 내면 장래를 망친다, 어데로든지 도망치면 나에게 붙잡힌다고 하였으며, 또한 그 집에 있으면서 주인의 말을 듣지 않을 수가 없어서 (중략) 성폭행을 당한 사실이 있습니다. (중략) 이런 사실을 말하면 가만두지 않겠다고 하고, 감쪽같이 없앤다고 하여 어쩔 수 없이 계속 (당하여) 왔습니다.
>
> -임 양(가명), 1972년 10월 8일 진술

임 양 또한 2년 전부터 성폭행을 지속적으로 당해왔다는 거였어. 당시 임 양은 만 17세의 미성년자였는데, 가정 형편 때문에 학교를 관두고 왕국만화방에서 먹고 자며 일을 했대. 그런데 일을 시작한 지 얼마 되지 않아 정 씨에게 성폭행을 당했다는 거야. 임 양은 너무 힘들었지만 이 사실을 말하면 가만두지 않겠다는 그의 협박에 겁이 나 부모님에게 말도 못 하고 그동안 가슴앓이만 해왔대. 결국 뒤늦게 이 사실을 알게 된 임 양 어머니는 정 씨를 고소했어.

그런데 얼마 지나지 않아 또 다른 성폭행 고소장이 접수됐어. 만화방에서 일하던 또 다른 소녀 이나경 양(가명)의 고소장이었어. 그런데 나이가 더 어려. 몇 살인 줄 알아? 고작 만 열네 살이었어. 윤소미 양을 강간·살해한 것도 모자라, 미성년자인 10대 소녀 둘을 성폭행하다니. 너무나 충격적이지?

살인범의 아들로 살아간다는 것

이 소식이 알려지면서 마을도 발칵 뒤집혔어. 동네 사람들은 벌 떼처럼 일어나 재호네 집으로 몰려왔지. 당시 재호 어머니는 마당에서 갓난아기를 씻기고 있었는데 세숫대야를 발로 차고, 물건을 집어 던지고, 폭력까지 일삼았대. 결국, 재호네 가족들은 야반도주하듯 마을을 떠나야 했어. 아직 몸도 제대로 못 가누는 산모와 태어난 지 열흘도 안 되는 갓난아기와 함께 말이야. 재호는 그때의 일이 지금까지도 너무나 생생하고 끔찍한 기억으로 남아 있대.

집에 찾아와서 산모(어머니)한테 몹쓸 짓을 많이 했죠. 방에
다가 물 뿌리고, 애기 목욕시키는 거, 그거(물) 다 쏟아붓고.
굉장했죠. 그러니까 못 살고 도망 나왔죠. 우리 동생들 다 데
리고, 밤에 간단한 살림살이만 챙겨가지고. 우리 사촌 형이
도와줘가지고 리어카 끌고 와서 간단한 짐만 실어가지고 거
기서 도망쳐 나왔죠. 그 마을에서.

-정재호 씨

마을에서 겨우 도망쳐 나왔지만, 갈 곳이 없었던 가족들은 여기
저기 떠돌며 친척들에게 몸을 의탁해 살았어. 하지만, 계속 친척 집
에 얹혀살기엔 눈치가 보여. 갓난쟁이까지 모두 다섯 식구니까. 결국
장남인 재호만 할머니 댁에 남겨지고, 엄마와 동생들은 서울로 가게
돼. 식구들이 뿔뿔이 흩어진 거지. 그러다 재호는 어머니를 조르고
졸라 서울로 가게 됐어. 가족들과 함께 살고 싶으니까. 그런데 가족들
이 살고 있는 서울 집을 보고 깜짝 놀랐대. 생각보다 더 열악했거든.

나도 엄마하고 같이 살고 싶다, 그러니까 엄마가 가슴 아프
니까, 나를 데리고 간 거예요. 딱 가서 보니까 깜짝 놀랐죠.
이것도 집인가 하고. 철거민들이 이렇게 모여 사는, 그런 판

자촌이었거든요, 방 하나 있는. 부엌에다가 이만한 책상 몇 개 놓고, 거기에다가 딱지, 구슬 뭐 이렇게 해가지고 그거 판매하면서 (살았어요.) 방 하나에서. 나까지 가니까 다섯이 됐잖아요. 비참했죠, 서울 삶이. 생활이 아예 안 되니까.

-정재호 씨

재호 어머니는 판자촌에 살며 4남매를 행상으로 어렵게 키웠어. 그 무렵 체격이 좋았던 재호는 일부러 운동부에 들어가 운동을 했대. 왜? 배가 고프니까. 그때는 운동부에 들어가면 점심에 빵과 우유를 줬거든. 그런데 학창 시절 내내, 재호를 가장 힘들게 한 건, 강간살인범의 아들이란 사실도, 배고픔도 아니었대.

나 때문에 아버지가 범인으로 몰렸다. 나는 아버지를 살인범으로 만든 자식이다.

경찰이 자신이 쓰던 연필을 보여주기에 그저 '내 것이다'라고 진술했을 뿐인데, 그 말 한마디가 아버지를 범인으로 만드는 결정적 계기가 됐던 거야. 재호는 '내가 그렇게 진술하지만 않았어도'라는 생각에 내내 죄책감에 시달렸던 거야. 참 아이러니하지.

파출소장 딸 강간살인 사건

나는 억울합니다

그런데 어느 순간부터 정원섭 씨가 돌연 자신의 죄를 모두 부인하기 시작해.

나는 윤소미 양을 죽이지 않았습니다. 죽이기는커녕, 그날 만난 사실조차 없습니다. 나는 누구를 성폭행한 적도 없습니다.

자신이 억울하게 누명을 썼다는 거야! 그런데 누가 그 말을 믿어주겠어. 증인도 있겠다, 자백까지 했는데. 결국 그는 1심에서 강간치사 및 살인혐의로 무기징역을 선고받게 돼. 그런데 그 이후에도 계속 범행을 부인했대. 살인범이 아니라고 말이야. 그래서 감옥 생활이 더 순탄치 않았대. 왜냐? 교도소 안에서도 아동성폭행범은 악질 중의 악질로 취급하거든. 그런데 어린아이를 강간살해한 놈이 반성은커녕, 범행을 부인까지 하니 재소자들한테까지 괴롭힘을 당한 거야.

그렇게 시간은 흘러 1973년 봄이 됐어. 서울에 있는 구치소로 이감된 정 씨는 항소심을 준비하기 시작해. 그 무렵 정 씨의 몸무게는 20kg가량 빠진 상태였어. 거의 뼈만 남은 거지. 그런데 어느 날,

어떤 남자가 정 씨를 찾아왔어.

제가 당신을 돕겠습니다.

　1심 재판 내내 정 씨가 억울하다 외쳐도 아무도 관심을 가져주지 않았는데 대체 누굴까. 놀랍게도 그는 굉장히 유명한 변호사였어. 그냥 유명 변호사가 아니고, 당시 법조인들의 존경을 한 몸에 받고 있던 변호사였어. 누구냐? 바로 이범렬 변호사야.

　그는 엄혹하던 군사정권 시절, 반공법 위반 사건에 잇따라 무죄를 선고하는 등 소신 판결을 하다가 정권의 눈 밖에 나면서 스스로 법복을 벗어 던진 인물이었어. 그런 그가 교도소 관계자에게 정 씨의 딱한 사연을 전해 듣고 직접 찾아왔던 거야.

　정 씨는 이 변호사에게 자신이 어떻게 강간살인범이 됐는지, 그간의 일들을 하나씩 털어놓기 시작했는데, 그 내용이 몹시 충격적이었어. 경찰에게 고문을 당했다는 거야! 고문이 시작된 건, 두 번째로 연행된 직후였어. 그날 오전 한 형사가 그를 찾아왔거든.

만화방 장부책을 돌려줄 테니, 잠깐 파출소로 가지.

그런데 파출소에 도착하자마자, 그들의 태도가 180도 달라졌대. 정 씨를 숙직실에 감금하더니 '이제 그만 모든 걸 털어놓으라'라며 협박을 시작한 거야. 대체 뭘 털어놓으란 걸까? 바로 '윤소미 양을 죽였다'라는 자백이야. 하지만 하지 않은 일을 했다고 할 수 없잖아. 형사들이 원하는 대로 답을 해주지 않았어. 그러자 이번엔 매질이 시작됐어. 방망이로 때리고, 구타를 하고. 그래도 정 씨는 끝까지 범행을 부인했대. 하루가 지나고, 다음 날 아침이 됐어. 한 형사가 누군가에게 전화를 받더니, 실실 웃으며 이런 말을 하더래.

정원섭이, 오늘 저녁에 비행기 타고 제주도 가게 생겼네.

그땐 이 말이 뭘 의미하는지 몰랐는데, 머지않아 이 말의 의미를 알게 됐대. "저녁에 비행기를 타고 제주도에 간다." 어떤 의미의 말이었을까? 유배지로 보내는 것처럼 어딘가로 정 씨를 멀리 보낸다는 의미일까? 아니. 바로 고문을 뜻하는 그들만의 표현이었어. 지금도 그렇지만, 그때도 고문은 불법이었거든. 그래서 남들의 눈을 피해서 '저녁에=밤에', '비행기를 태운다=고문을 실시하겠다'라는 거였어.

그날 밤, 정 씨가 감금되어 있는 숙직실로 군복 바지를 입고 상의를 탈의한 형사들이 들어왔어. 잠시 후, 차마 입에도 담지 못할 끔찍한 일들이 벌어졌는데, 정 씨는 그때의 일들을 몰래 일기장에 기록했대. 이 사실을 누군가에게 알려야 하니까. 그런데 유치장 안에서는 자유롭게 물건을 반입·반출할 수가 없잖아. 그래서 가방 밑창을 뜯어서 일기장을 숨겨놓고, 구금이 끝나 집으로 가는 사람에게 가방을 아내에게 전해달라고 부탁했어. 한번 읽어봐. 정말 어렵게 세상 밖으로 나온 기록이야.

몸뚱아리에 빤쓰 하나만 입은 채다. 춥고 무서워 마구 떨린다. 양쪽 팔목을 뻣뻣한 타올 같은 것으로 감고 넓적한 총 끈 같은 것으로 양손을 묶는다. 책상 위에 올라앉으라 했다. 양 무릎을 세우고 쪼그리고 앉게 하고 묶은 팔을 무릎 밖으로 씌운다. 양쪽 무릎 사이를 경찰 방망이로 꿰뚫어 씌운 팔이 벗어지지 못한다…. 양쪽 테이블에 방망이 끝이 걸치게 하니 나의 몸은 착 꼬부라진 채 거꾸로 대롱, 대롱 매달렸다. 흔들흔들 정말 괴롭다. 드디어 가슴에 찬물을 끼얹는다…. 숨을 쉴 수가 없다. 물을 마구 먹는다…. 정신이 흐려졌다.

　　　　　　　　　　　　　　　　-정원섭 씨가 수감 중에 쓴 일기

파출소장 딸 강간살인 사건

어때, 너무 끔찍하지 않아? 속옷만 입혀놓고, 마치 통닭구이를 하는 것처럼 경찰 방망이에 대롱대롱 매달아놨다는 거잖아. 게다가 이 자세에서 얼굴 위에 수건을 덮고, 물까지 부은 거야. 어떤 물? 고춧가루 탄 물!

결국 이틀 내내 잠을 한숨도 못 잔 상태에서 고문을 받던 정 씨는 견디다 못해, '자신이 윤소미양을 죽였다'라고 거짓자백을 하게 됐대. 그런데 이 자백으로 모든 게 끝났을까? 아니. 이번엔 형사들이 '윤소미 양이 그날 무슨 신발을 신었냐' 하고 묻기 시작했어. 정 씨는 뭐라고 답했을까?

신발이요? 아… 그러니까… 어… 구두, 구두요!

그날 사건 현장에 있지도 않았는데, 윤소미 양이 무슨 신발을 신었는지 어떻게 알겠어. 그냥 생각나는 대로 '구두'라고 답을 했지. 그랬더니 또 물을 들이부어. 다급해진 정 씨는 이번엔 '고무신'이라고 대답했지. 그러자 또다시 물을 부어. 이런 말을 덧붙이면서.

왜, 애들이 그, 짤짤 끌고 다니면서 신는 거 있잖아.

꼬리에 꼬리를 무는 그날 이야기 2

정 씨는 잠시 고민하다가 '슬리퍼?'라고 외쳤어. 그러자 '그래, 그렇지' 하면서 다른 질문이 시작됐대. 정 씨의 진술이 현장 모습과 일치할 때까지 진술을 유도하며 고문을 한 거야.

그런데 이 일기장에 적힌 이 진술들이 정말 사실일까? 하지만 거짓말이라고 하기에는 진술들이 너무 구체적이고 상세해. 특히 '비행기 태우기', '물 고문', '고춧가루 고문'은 일제강점기에 고등계* 형사들이 우리나라 독립투사들에게 했던 고문들인데, 끔찍한 고문이 악습으로 남아 대물림 되고 있는 상황이었거든.

시한부 검거령, 만들어진 범인

이 변호사 역시 정 씨의 말이 모두 진실이라고 생각했대. 하지만 형사들에게 고문당했다는 사실을 어떻게 입증하겠어. 내부 고발자라도 있으면 모를까. 그래서 이 변호사는 수사기록부터 쭉 살펴봤어. 그런데 이상한 점이 한두 가지가 아니야. 시신이 발견된 당일 작성된 현장 조서인데, 거기 첨부된 약도를 한번 봐봐.

---

* 일제강점기 식민지였던 한국과 대만에서 운영되었던 특별고등경찰이다. 일본 내무성 소속의 정보경찰로, 공산주의자와 반전주의자 등 반정부적 인사 및 단체에 대한 탄압을 도맡았다.

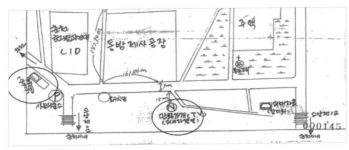
당시 경찰 수사 자료로 사용된 사건 현장 약도.

뭐가 이상한지 알겠어? 약도 한가운데에 정원섭 씨의 왕국만화방이 위치해 있고 왼쪽 끝에 정원섭의 집이 있지. 그런데 뭐라고 적혀 있어? '피의자 경영' 만화가게, '피의자 집'이라고 적혀 있잖아. 시신이 막 발견되고 수사를 시작한 날에 만든 자료인데, 벌써부터 피의자라니 이상하지? 수상한 점은 여기에서 그치지 않아.

마찬가지로 당일에 작성된 현장 조서 중에 현장에서 발견된 증거품들의 목록을 적어놓은 부분이 있어. 그런데 거기에 있는 '인분 약 200g' 항목 옆에 뭐라고 쓰여 있었는지 알아? 바로 '윤소미 인분으로 감정됨'이라고 적혀 있었어. 이게 뭐가 이상한 거냐고? 잘 생각해봐. 현장에서 발견된 인분이 누구 인분인지, 국과수 감정 결과가 사건 당일 바로 나온다고? 며칠 기다려야 되잖아. 심지어 이때는 1972년이잖아. 현장에서 발견된 범인 음모도 DNA 감정을 할 수 없어서 육안으로 식별할 수밖에 없었으면서 인분 감정은 바로 된다는 게 말이나 돼?

게다가 실제로 이 인분 증거물에 대한 감정서가 도착한 날은 10월 11일이었어. 시신이 발견된 9월 28일로부터 14일이 지난 후였지. 그렇다면 이게 뭘 의미하겠어? 이 현장 조서는 정원섭이 자백한 이후 작성됐을 거라는 거야. 즉, 조작됐을 가능성이 크다는 얘기지.

더 이상한 건 또 있어. 증언이 나온 시점 기억나? 처음 정 씨를 연행해 갈 때는 별다른 기록이 없었어. 증언이 쏟아지기 시작한 건, 정 씨가 두 번째로 연행된 직후부터야. 다시 말하면 고문이 시작된 이후부터지. 이때부터 그의 유죄를 입증하는 핵심 증언들이 쏟아지기 시작했어. 피 묻은 속옷을 봤다는 이웃이나, 머리빗을 봤다는 만화방 여종업원이나, 아들 재호의 연필에 대한 증언, 심지어 성폭행을 당했다는 진술도 다 이 무렵부터 쏟아지기 시작한 거야. 대체 왜 이 핵심 증언들이 하루 이틀 사이에 모두 쏟아졌을까? 그 짧은 사이에 무슨 일이 있었던 걸까? 바로 검거령이 떨어진 거야.

열흘 안에 무조건 범인을 잡아라. 만약 이 안에 범인을 잡지 못하면 수사 책임자를 엄중 문책하겠다.

열흘 안에 범인을 잡아 오라니, 말이 돼? 왜 이런 말도 안 되는 검거령이 내려왔을까? 여기에도 이유가 있었어. 이때 대통령이 누구냐? 바로 박정희 대통령이었어. 장기 집권을 위한 10월 유신을 선포하기 직전이었는데, 춘천을 비롯해 서울, 부산 등 각지에서 강력 사건이 잇달아 터지기 시작하는 거야. 앞으로 할 일이 산더미인데, 나라가 어수선하면 안 되잖아. 결국 그 밑에 있던 내무부 장관이 특단의 조치를 내려. 그게 바로 시한부 검거령이야.

그때만 해도 경찰은 내무부 소속이라 내무부 장관의 입김이 어마어마했어. 그런데 아무리 그래도 열흘 안에 범인을 어떻게 무조건 잡아 오겠어? 그게 마음대로 되는 일도 아니고. 그렇다고 그의 말을 그냥 한 귀로 듣고 한 귀로 흘릴 수도 없어. 왜냐, 당시 내무부 장관은 한다면 하는 성격의 불도저 '김현옥'이었거든.

김현옥이 누구냐. 1966년, 박정희 대통령의 눈에 들어서 부산 시장에서 서울 시장으로 전격 발탁된 인물인데, 별명이 '불도저'였어. 왜? 그는 공병장교 출신으로 토목공사의 화신이었는데, 도시 건설을 무슨 군사 작전 치르듯 밀어붙였대. 심지어 그 시절 모토가 '돌격 건설'이었는데, '돌격'이라고 쓰인 헬멧에 군 지휘봉을 쥐고 현장을 지휘했대. 무조건 빨리빨리!

그때 세운 슬로건이 '서울은 싸우면서 건설한다'야. 지금은 철거

'돌격 건설'을 모토로 내세운 김현옥 당시 서울 시장. ⓒ서울특별시

된 청계천 고가도로를 비롯해, 여의도, 남산터널, 북악스카이웨이, 강변북로 등이 모두 다 이때 만들어졌어. 서울시장 재임 기간 단 4년 동안 말이야.

당시 서울의 가장 큰 골칫거리는 무허가주택이나, 판자촌에 사는 사람들이었는데 김현옥은 이 문제를 해결하기 위해, 1년 동안 460여 동의 시민 아파트를 건설했어. 판자촌을 밀어내고, 산 가장자리에 아파트를 세운 거지. 심지어 해발고도 105m 산꼭대기에도 아파트를 지었는데, 한 간부가 김현옥에게 이렇게 물은 적이 있었대. "왜 이렇게 높은 곳에 아파트를 짓느냐? 공사하기도 힘들고 입주자들 출퇴근

파출소장 딸 강간살인 사건

도 힘들 것 같다"라고 말이야. 그랬더니 이렇게 말했대.

이 돌○가리야! 높은 곳에 지어야 청와대에서 잘 보일 것 아냐!

얼마나 보여주기식이었는지 알겠지? 하지만 그의 이런 건설 스타일은 결국 화를 불러와. 1970년 4월, 완공한 지 4개월 만에 신축 아파트가 폭삭 주저앉는 사건이 발생한 거야. 혹시 어떤 사건인지 알겠어? 바로 와우아파트 붕괴 사건! 들어봤지? 홍대 거리 뒤쪽, 와우산에 들어섰던 아파트가 붕괴된 사건인데, 이 사고로 34명이 죽고 40명이 부상을 당했어. 왜 이런 끔찍한 일이 일어난 걸까?

어쩌면 예견된 참사였을지도 몰라. 이 와우아파트를 얼마 만에 완공한 줄 알아? 단 6개월이야. 그 무렵 아파트를 짓는 데 평균 1년 정도가 걸렸다고 하니, 정말이지 엄청난 과속으로 건설된 아파트였던 거야. 그만큼 날림으로 지었겠지? 산비탈에 아파트를 세우면서 지반공사도 전혀 하지 않을 만큼 말이야.

보여주기식, 불도저식 개발정책이 낳은 당연한 당연한 결과였어. 결국 와우아파트 붕괴 사건으로 김현옥은 서울 시장 직에서 물러났는데, 2년도 채 되지 않아 내무부 장관으로 돌아온 거야. 박 대통령의 엄청난 신임을 받았단 얘기겠지.

와우아파트 붕괴 사건 현장. ⓒ서울특별시

파출소장 딸 강간살인 사건

자, 사건 얘기로 돌아가보자. 내무부 장관의 시한부 검거령의 데드라인은 10월 10일이었어. 그런데 경찰의 피의자 검거 보고서가 올라간 것도 10월 10일. 우연의 일치라고 하기에는 기가 막히지?

그리고 이틀 뒤, 수사가 채 마무리되기도 전에 사건 담당 경찰 2명에게는 1계급 특진을, 또 다른 2명에겐 내무부 장관 표창을 수여해. 수사 보고서에 잉크도 채 안 말랐을 텐데 말이야. 어때? 뭔가 수상한 냄새가 나지? 조작의 냄새.

이 변호사는 정 씨의 무죄를 입증하기 위해 발로 뛰어 찾아낸 증거들을 모두 법원에 제출했어. 그런데 여러 가지 수상한 정황들에도 불구하고, 2심과 3심에서 모두 그에게 무기징역이 선고됐어. 왜? "피고인에게 상당한 자기방어 능력이 있다고 인정되며, 증거 조사는 적법했다"라는 거야. 재판부에서 이 변호사가 찾은 증거들을 인정해주지 않았던 거지. 이 변호사는 너무 분통했지만, 더 이상 정원섭 씨를 위해 할 수 있는 일이 없었어.

재판이 모두 끝나고, 한번은 이 변호사가 재호 가족을 만나러 온 적이 있었대. 당시 재호는 엄마 손에 이끌려 이 변호사를 만났었는데, 재호를 보자 눈물을 왈칵 쏟았대.

미안하다. 네 아버지 무죄를 입증 못 해서. 어머니, 제가 재호 공

186

꼬리에 꼬리를 무는 그날 이야기 2

부할 수 있게 뒷바라지하겠습니다.

재호가 성인이 될 때까지 학비를 대주겠다고 했던 거야. 하지만 재호는 이 변호사의 제안을 수락할 수 없었어. 당시 재호는 학업을 이어나갈 형편이 전혀 아니었거든. 가족들의 생계가 하루하루 깜깜한 상황이었어. 게다가 엎친 데 덮친 격으로, 4남매의 생계를 책임지던 어머니가 공사 현장에 나가다가 교통사고를 당해 한쪽 다리를 잃게 된 거야.

반드시 이곳에서 살아나가리라!

가족들이 밖에서 힘든 나날을 보내고 있을 무렵, 형이 확정된 정 씨는 광주 교도소로 옮겨졌어. 그사이 비상계엄이 선포되고, 5·18 광주 항쟁이 일어나고, 신군부정권의 삼청교육도 시작됐어. 정씨도 당연히 그 대상이었지. 하지만 정 씨는 그 고된 훈련을 악착같이 견뎠대. 교도소 정원에 난 이름 모를 풀을 닥치는 대로 뜯어 먹으면서 말이야. 왜? 영양실조로 죽지 않아야 살아남을 수 있고, 그래야 무죄를 밝혀낼 수 있잖아.

그렇게 어느덧 10년이라는 세월이 지났어. 그 무렵 교도소에서는 모두 정 씨를 '정 선생'이라고 불렀대. 성가대를 만들어 수감자들에게 음악을 가르치기도 하고, 글을 모르는 이들에게 한글도 가르쳤거든. 나중엔 검정고시반 교사 일까지 도맡아 했대. 그 외에도 교도소의 온갖 궂은일은 가리지 않고 열심히 했어. 목표가 있었으니까. 바로 모범수! 모범수가 되면 언젠가 교도소를 나갈 수 있지 않을까 생각한 거야.

어떻게든 무죄를 밝히리라. 우리 아이들을 살인범의 자식으로 평생 살게 할 수 없다.

그렇게 세월이 흐르고, 어느 날 갑자기 교도소장이 갑자기 정 씨를 부르더래.

축하드립니다. 방금 성탄절 특사로 석방하라는 결정이 도착했습니다.

1987년 12월 24일, 하얀 눈이 선물처럼 내리던 크리스마스이브, 15년 2개월 만에 정 씨가 세상 밖으로 나오게 된 거야. 서른아홉 살에 감옥에 들어갔는데 어느덧 쉰네 살. 50대 중반을 바라보는 나이가 된 거지. 당시 감옥에서 나왔을 때 심경이 어땠을까?

그렇게 고생하다가 출소했으니 이제 고생 끝 행복 시작이면 좋으련만, 정원섭 씨의 고통은 끝나지 않았어. 가장 힘들었던 건 자식들이 아버지를 낯설어한다는 거였어. 자식들이 크면서 아버지를 거의 보지 못했잖아. 아버지에 대한 기억도 추억도 거의 없으니 아무리 피붙이라고 해도 너무 서먹했던 거야. 심지어 재호의 동생들은 아버지가 복역 중인 것도 모르고, 그저 돈을 벌러 해외에 나가 있는 줄만 알았어.

> 우리 막내는 아버지 얼굴도 한 번 못 본 애잖아요. 사진으로야 봤겠지만. 태어나기 전에 이제 (아버지가) 그렇게 됐으니까. 없던 아버지가 생겼다는 거는 굉장히 기분 좋은 일이지만, 현실이 그렇지 않았기 때문에 굉장히 불편한 게 많이 있었을 거예요. 어머니도 마찬가지고. (거기다가) 너무 세상이 변해버렸으니까. 아버지가 대문 문도 잘 못 열고, 완전 새 시대에 나와보니까, 이제 적응이 안 되는 거예요. 본인도 얼마나 그게 화가 나고 불편했겠어요.
>
> -정재호 씨

'아버지, 아빠'라는 말도 잘 나오지 않았대. 평생 불러본 적이 없었으니까. 당장 먹고살 것도 없어. 좁은 단칸방에서 자식들을 포함해 여섯 식구가 함께 지내야 했거든. 정 씨는 가족들에게 어떻게든 보탬이 되고 싶었어. 하지만 15년 동안 교도소에서 안 먹고, 안 입고, 모은 돈이 고작 70만 원뿐이었대. 한 가족의 가장이지만 한평생 제대로 된 아버지 노릇 한 번 못 했으니 그 심정이 오죽했겠어. 무슨 일이든 해서 가족들을 먹여살리겠다고 결심했지만, 전과자가 할 수 있는 일은 별로 없었어.

23년간의 절치부심

얼마 뒤, 정 씨는 전라도에 있는 한 시골 마을로 떠나. 그곳에서 돈을 벌고 재심을 준비하기 위해서였어. 이 모든 고통에서 벗어나는 유일한 방법은 무죄를 받는 것뿐이라 생각했거든.

아주 가끔 서울에 올라왔는데, 그때마다 서울에 있는 이범렬 변호사 사무실을 자주 찾아갔대. 재판 결과를 떠나서 자신을 믿어줬던 이 변호사가 너무 고마웠던 거지. 그래서 이 변호사를 만나러 갈 때면 항상 손에 무언가를 잔뜩 들고 갔대. 칡뿌리, 살모사 소주, 잉어

등등…, 몸에 좋다고 하는 건강식은 죄다 들고 간 거야. 하지만 이 변호사는 그가 달갑지 않았대. 정 씨를 볼 때마다 너무 속상했던 거야. 분명 분명 그의 무죄를 믿었는데 무죄 판결을 받아주지 못했던 게 자꾸 떠오르니까. 한번은 그 기분을 칼럼에 썼는데 "그 친구 얼굴을 볼 때마다 20년 전의 재판 때가 생각나고 그러면 창자가 부글부글 끓어오른다"라고 표현했어. 그 재판은 정 씨만 아니라, 이 변호사에게 있어서도 일생의 앙금처럼 남았던 거야.

그런데 정 씨가 감옥에서 나온 지 9년이 흐른 1996년의 어느 날. 웬일로 이 변호사가 먼저 정 씨에게 연락을 해 왔어. 그는 반가운 마음에 이 변호사를 만나러 갔지. 그런데 평소보다 안색이 안 좋아. 몸이 안 좋으냐고 물어보려고 하는데, 갑자기 그가 주섬주섬 뭘 꺼내서 건네더래. 이 변호사가 정 씨에게 내민 건 누렇게 빛이 바랜 종이 보따리였어.

좋은 변호사를 만나, 이걸로 재심을 한번 해보세요. 도움이 될 겁니다.

바로 1972년 당시 수사 기록과 재판 기록이었어. 그 무렵이 복사기가 흔한 시절이 아니었잖아. 이 변호사가 당시 기록 원본을 한 땀 한 땀 손으로 필사한 소중한 자료들을 재심을 해보라며 건넨 거였어. 무려 23년 동안 수사기록을 보관하고 있었던 거야. 그런데 그로부터 얼마 지나지 않아 이 변호사는 세상을 떠났어. 사실, 그는 암 투병 중이었거든. 그래서 정 씨에게 자료를 유품처럼 남기고 떠난 거였어.

그 후 정 씨는 재심을 해보려고 변호사를 여럿 만났어. 하지만 매번 거절당했대. 사연은 안타깝지만 재심이 현실적으로는 열리기 어렵다는 거야. 그렇게 재심을 도와줄 변호사를 수소문한 지 3년째 되던 1999년 11월 어느 날, 정 씨를 돕겠다는 이들이 나타났어. 바로 평소 고 이범렬 변호사를 존경해왔던 후배 변호사들이었어. 그런데 이때 고 이범렬 변호사가 남긴 기록들이 없었잖아? 그럼 재심 시도조차 어려울 뻔했대. 공식적인 문서 보존 연한이 모두 지난 상태라, 당시 수사 자료나 재판 기록들이 모두 폐기됐던 거야. 이 변호사의 마지막 안배가 빛을 발한 거지.

그런데 재심을 준비하던 과정에서 충격적인 사실들이 연이어 드러났어. 만화방에서 성폭행을 당했다고 진술했던 두 소녀, 혹시 기억나? 사건 이후, 두 소녀가 모두 고소를 취하했던 거야. 대체 어떻게 된 일일까. 2008년에 두 사람을 직접 만나서 확인을 해봤어.

5, 6명 정도가 나 하나를 딱 가운데다 놓고 이렇게 주위에 앉은 거예요. 머리채 때리고 잡고 흔들고…. 그 상황에서는 죽였다고 그러면, '죽인 거 봤다'라고 그러면 봤다고 그럴 수밖에 없는 거예요, 그거는. 겁났어도 그때 내 말을 했었어야 하는데… 정말 그때 못 한 게 너무너무 후회되는 거예요. 죽을지언정 (말을) 했었어야 하는데.

-임윤희 씨(가명)

여관 같기도 하고 (그런 곳을) 제가 거기를 같이 갔었죠. 형사 아저씨하고. 얘기를 좀 하자고 그래서. 그렇게만 하면 집에 빨리 보내준다고 그래서, 그냥 춥고 무섭고 빨리 집에 가고 싶어가지고요. **뭘 묻는지도 전혀 모르셨어요, 그때는?** 그렇죠. 어찌 됐든 간에 아무리 어려도 아닌 것은 끝까지 아니라고 그렇게 했어야 하는 건데 제가 너무 죄송하죠, 그분한테.

-이나경 씨(가명)

경찰이 당시 미성년자인 두 소녀를 여관방에 감금하고, 협박해 얻어낸 거짓 진술이었던 거야! 심지어 당시 정 씨는 머리숱이 별로 없어서 머리빗을 사용하지 않았어. 그런데 "이 머리빗 만화방 주인이 가져가서 사용했잖아!" 하며, 생전 처음 보는 머리빗을 보여주면서 임 양에게 거짓 진술을 강요하고 협박에 폭행까지 일삼았대. 게다가 경찰이 시키는 대로 법원에 가서 정 씨에게 성폭행을 당했다고 진술하지 않으면 집에 보내주지 않을 거라고 협박까지 했다는 거야. 그 무렵 임 양이 쓴 진정서인데, 한번 읽어봐. 경찰들에게 어떻게 협박과 폭행을 당했는지 생생하게 기록되어 있어.

그 형사들이 무서웠습니다. 바른대로 말 안 하면 지하실로 데려가 홀딱 벗겨서 천장에 거꾸로 매달아놓고 때려준다며 바른대로 말라고 했습니다. 그 이튿날… 심문은 계속되었는데, 따귀를 수없이 갈기고 양쪽 귀를 잡아 흔들며 머리채를 두 손으로 움켜쥐고 흔들어대다가 나중에는 발길질까지 해서 나동그라질 때… 고문에서 벗어나고 싶은 생각에 빗을 보았다고, 정원섭이 쓰던 빗이라고 거짓 진술을 했던 것입니다.

-임윤희 씨(가명) 진정서

뒤늦게 양심의 가책을 느낀 임 양이 법정에서 진술을 번복했어. 어떻게 됐는지 알아? 위증 혐의로 구속됐어. 결국 징역 8개월에 집행유예 2년이라는 실형을 선고받았지.

꼬리에 꼬리를 무는 그날 이야기 2

위증으로 구속된 사람은 또 있었어. 피해자 윤 양의 시신을 가장 먼저 발견했다는 농부 박 씨였어. 자, 잘 떠올려봐. 아까 현장에서 발견된 연필이 무슨 색이라고 했지? 그래, 하늘색! 그런데 놀랍게도 농부 박 씨가 사건 현장에서 본 연필은 다른 색이었어. 그가 현장에서 본 건 노란색 연필이었던 거야. 하지만 재판장에 나와서 보니까 증거품으로 하늘색 연필이 떡하니 나와 있는 거야. 당연히 '내가 본 건 이게 아니다'라고 진술했지. '노란색 연필이다, 심지어 길이도 훨씬 짜리몽땅한 거였다'라고 말이야.

그랬더니? 바로 위증으로 구속이 된 거야. 결국 그는 다음 재판에서 진술을 철회하고, '내가 본 건 하늘색 연필이다' 하고 진술을 번복했어. 그러자 경찰이 풀어줬다는 거야. 무슨 상황인지 감이 와? 경찰이 연필을 몰래 바꿔치기 한 거야. 원래 현장에서 발견됐던 연필은 노란색 몽당 연필이었거든. 그러면 경찰은 왜 연필을 바꿨을까. 현장에서 발견된 연필이 재호 거여야만 했던 거야. 그래야 재호 아버지를 범인으로 몰 수 있으니까. 그럼 어떻게 노란색 연필이 하늘색으로 뒤바뀐 걸까?

사건 초기 경찰이 맨 처음 재호에게 보여준 연필은 노란색 몽당 연필이 맞았어. 그래서 재호가 자기 연필이 아니라고 진술을 했는데, 경찰이 재호에게 집에 가서 필통을 가져오라고 시킨 거야. 그리고 며칠 뒤, 재호 필통 안에 있었던 하늘색 연필을 보여주면서 '이게 네 거냐'라고 물었던 거야. 재호는 자기 연필이 맞으니 '맞다' 하고 대답했지. 그게 전부였어. 그런데 그게 아버지를 범인으로 몬 결정적 증거로 쓰였던 거야.

진실을 위한 공방에 포기란 없다

변호사들은 이 증언들을 다 모아서 '재심'을 신청했어. 다들 재심이 열릴 거라고 굳게 믿었지. 경찰이 정 씨를 범인으로 몰기 위해 조작한 증거들은 차고 넘쳤으니까. 그리고 1년 만에 재심 신청 결과가 나왔어. 결과가 어떻게 나왔냐고? 놀라지 마. 재심 청구 기각이래! 이유가 뭐였냐? 30여 년 만에 진술을 번복한 증인들의 진술이 신빙성이 없다는 거야. 누구보다 상심이 컸을 정원섭 씨. 하지만 그는 오히려 변호사들을 위로했대.

당사자를 위로해야 (하는데) 위로해줄 말이 없잖아요. 위로가 안 되잖아요. (그런데) "임 변호사님, 기운 내세요. 저는 이게 끝이라고 생각 안 합니다. 그리고 반드시 진실을 밝힐 때까

지 끝까지 할 겁니다. 포기하지 않습니다. 그러니 임 변호사
님도 힘을 내시고 도와주세요." 이런 취지로 저한테 거꾸로
위로를 해주셨어요. 그게 아주 피고인한테 쉽게 들을 수 없
는 말이기 때문에 '진실을 찾겠다', '억울함을 풀겠다' 하는
의지는 정말 존경스러울 만큼 (강하다고 느꼈어요).

-임영화 변호사

하지만 속마음은 그렇지 않았겠지. 재심이 기각되던 날, 그는 이
변호사의 무덤에 찾아가 하염없이 눈물을 흘렸대. 한평생 그 누구
보다 기다리던 재심이 열리지도 못한 채 물거품이 된 거니까.

그렇게 다시 4년이라는 시간이 흐르고. 그에게 또 한 번의 기회
가 찾아왔어. 2005년 '진실·화해를 위한 과거사 정리 위원회'가 출
범한다는 소식이 들려온 거야. 정 씨는 실낱같은 희망을 걸고 최후
의 문을 두드렸어.

그리고 3년 뒤, 진실화해위의 재심 권고 결정으로 드디어 재심
이 열리게 됐어. 사실 처음 재심을 준비했을 때랑 내용은 별반 달라
진 게 없었어. 다만 재판부에서 국가기관인 진실화해위 조사 내용을
더 공신력 있게 받아들였던 거야.

그렇게 2008년 11월 28일, 정원섭 씨는 춘천지방법원에서 무죄

를 선고받게 돼. 무려 36년 만의 무죄 판결이었어. 당시 정원섭 씨가 무죄 판결문을 들고 처음 찾아간 곳은 부모님 묘였어. 정 씨의 아버지는 그가 감옥에 간 뒤 3, 4년 만에 화병으로 돌아가셨고, 어머니는 한평생 감옥에 간 아들을 기다리다가 출소한 지 5년 만에 돌아가셨거든. 아들이 누명을 벗는 모습을 보지 못하셨던 거야.

그렇게 2011년, 정 씨는 대법원에서 최종 무죄 선고를 받았어. 검찰이 항소를 하는 바람에 무죄를 받기까지 3년이라는 시간이 더 걸렸지만, 형사 사건으로는 첫 재심 무죄 판결이라 그 의미가 남달랐어. 그럼 당시 정 씨를 고문하고 증거와 증언을 조작했던 경찰들은 어떻게 됐을까? 수사를 담당했던 경찰 9명 중 5명을 만났는데, 대부분 입이라도 맞춘 것처럼 '기억이 나지 않는다'라며 고문과 증거조작 사실을 부인했어. 게다가 경찰들 그 누구도 처벌을 받지 않았어. 공소시효˚가 지난 상태였거든.

그렇다면 당시 검사와 판사는 수사관들의 고문 사실을 정말 몰랐을까? 사실 정원섭 씨는 검찰 수사 단계에서부터 "나는 범인이

˚   현행 형법에 따르면 경찰의 불법체포 및 불법구금은 7년 이하의 징역과 10년 이하의 자격정지에 처할 수 있는 범죄이다. 또 경찰이 폭행 또는 가혹행위를 한 이른바 '독직폭행'의 경우엔 5년 이하의 징역과 10년 이하의 자격정지를 선고할 수 있다. 하지만 이들 범죄의 경우 공소시효는 7년이다. 2007년 법 개정 전의 공소시효는 5년이다.

아니다. 고문을 당했다"라고 주장해왔어. 당연히 그는 재판을 받을 때도 무죄를 주장했지. 하지만 검사도 재판부도, 아무도 그의 이야기에 귀를 기울여주지 않았어. 만약 그때 누군가 한 번만 이 사건에 대해 관심을 가졌다면 판결은 달라지지 않았을까? 재심을 통해 무죄 판결은 받았지만 경찰도, 검찰도, 재판부도 이 사건에 대해 책임지는 사람은 없었어.

그런데 정 씨 못지않게 억울한 사람이 또 있지? 바로 피해자 유가족이야. 정원섭 씨가 무죄가 되면서 이 사건은 미제 사건으로 남게 된 거잖아. 사실 사건 당일 저녁, 수상한 남자를 봤다는 목격담이 있었어. 30대 남자가 검은색 자전거에 피해자와 비슷한 인상착의의 여학생을 태우고 가는 걸 봤다는 거야. 하지만 경찰은 검은색 자전거를 탄 남자에 대해 제대로 수사를 진행하지 않았어. 시한부 검거령에 맞춰 범인을 만들고 있을 때였으니까. 물론 이 남자가 진범이 아닐 수도 있어. 하지만 경찰이 엉뚱한 사람을 범인으로 몰기 위해 시간을 낭비하는 사이, 진범을 잡을 수 있었을지도 모르는 기회조차 놓쳐버린 거잖아.

사라진 26억, 사라진 책임

무죄 판결 이후, 정원섭 씨는 형사보상금 지급을 신청했어. 형사보상금은 당국의 과오 때문에 누명을 쓰고 형을 산 사람에게 주는 보상금을 말해. 정 씨의 수감 기간은 15년 2개월이었어. 더욱이 강간살인범으로 낙인찍혀 손가락질 당했던 세월까지 감안하면, 무려 39년 동안 고통받은 셈이야. 여기에 대한 보상은 어느 정도여야 된다고 생각해?

정 씨의 수감 생활 15년 2개월에 대한 형사보상금은 9억 6,000만 원으로 책정됐어. 그동안 정원섭 씨는 생활고에 시달리고, 재심까지 준비하느라 빚이 산더미였는데, 빚을 갚느라 이 돈을 금방 다 써버렸대. 여섯 식구에게 돌아간 돈은 거의 없었어.

그래서 정 씨는 국가를 상대로 손해배상청구 소송을 제기했어. 정원섭 씨 말고도 가족들 역시 피해를 봤잖아. 이에 대한 정신적, 경제적 배상을 신청 한 거야.

1심에서 가족들에게 26억 원의 손해 배상금을 지급하라는 판결을 내렸어. 정 씨도 가족들을 볼 낯이 조금 생긴 거야. 이때까진 모든 게 순탄하게 흘러가는 듯했지.

그런데 2014년 1월, 국가손해배상청구 항소심에서 갑자기 이상한 판결이 나왔어. 돈을 한 푼도 줄 수 없대! 왜? 청구 소송 기한을 넘겼다는 거야. 6개월 이내에 소송을 걸어야 하는데, 열흘이 지나서 무효래. 대체 어떻게 된 걸까?

분명 1심이 진행될 때는, 손해배상의 소멸시효가 '3년 이내'였거든. 그런데 갑자기 '6개월'로 그 기간이 줄어들었다는 거야. 국가가 잘못한 사건에 시효가 있는 것도 웃긴데, 3년에서 6개월로 그 시효가 갑자기 줄어들다니 말이 안 되잖아. 정원섭 씨는 그 이유를 찾기 위해 묻고 또 물었지만 그 답을 얻을 수 없었어. 시간이 한참 흐른 후에야 그 이유가 밝혀졌어. 그 시기, 사법부가 국가 배상을 제한했던 거야. 왜? 과거사 사건에 국가가 일일이 다 배상을 해주면 돈이 많이 드니까.

결국 정원섭 씨뿐만 아니라, 남편을 기다리는 동안 한쪽 다리를 잃은 아내, 아버지를 죄인으로 만들었다는 죄책감에 평생을 시달려 온 아들, 아버지 없이 학생 시절을 보낸 삼남매, 모두 국가로부터 어떤 위로금도 받지 못했어. 단 한 푼도. 다른 방법도 전혀 없대.

이때의 스트레스 때문이었을까. 얼마 뒤, 정원섭 씨는 뇌출혈로 쓰러져 병원에 입원을 해. 그 후 뇌출혈성 치매가 찾아와 계속 기억을 잃어가고 있는 상태가 됐어. 그분을 2020년 11월에 만났어.

고문 없는, 고문 없는 세상에서 살고 싶다. (그때 나를 경찰들이) 무지무지하게 두드려 팼지. 무지무지하게 팼어, 똥이 나오도록.

-정원섭 씨

치매로 기억이 흐릿해지는 와중에도 고문에 대한 그 끔찍한 기억은 선명히 남아 있었어. 그가 "고문 없는 세상에서 살고 싶다"라며 나직히 내뱉던 간절한 바람이 아직도 잊히지가 않아. 정원섭 씨는 요양병원에서 투병생활을 했는데, 코로나 때문에 병문안도 쉽지 않았어. 아들인 재호 씨가 일을 하면서 틈틈이 아버지와 영상통화를 하곤 했대.

보고 싶어서 전화했어요

　　아, 고마워.

어떻게, 왜 그렇게 지금 잠자는 거예요? 눈 좀 떠보세요 나 한번 보세요 여기 봐야죠. 아버지, 왜, 얼굴이 어제보다 좀 더 부은 것 같은데? 괜찮아요? 어디 불편한 데가 있는 것 같은데요?

　　아니야, 언제 좋은 소식이 있나…

아, 언제 좋은 소식이 있겠느냐고요?

어.

글쎄, 좋은 소식을 빨리 드려야 될 텐데. 맨날 그 생각만 하고 계시는구나.

맨날 그 생각이지…, 맨날 그 생각이야.

맨날 그 생각만 하세요? 좋은 소식 오기를?

응.

고마워요, 아버지.

어.

또 전화할게요, 안녕.

안녕.

네네, 감사합니다.

아, 우리 아들 잘 봤어요.

여기서 정원섭 씨가 말하는 '좋은 소식'이 뭘 말하는 것 같아? 바로 손해배상청구 소송에 대한 거였어. 그런데 이미 더 이상 배상을 받을 수 없다는 판결을 받았다고 했잖아. 그렇지만 아들 재호 씨는 아버지한테 그 소식을 알릴 수 없었어. 아버지 몸이 편찮으시니까. 여기서 아버지를 더 괴롭게 만들 만한 소식을 차마 이야기할 수 없었던 거야.

그리고 〈꼬리에 꼬리를 무는 그날 이야기〉 방송 준비 중이었던 2021년 3월 28일, 정원섭 씨가 세상을 떠났다는 소식이 들려왔어. 고문 후유증 때문에 지병을 앓고 계셨는데, 합병증이 같이 왔나 봐. 아들 재호 씨가 임종을 지켜보는 가운데, 의식이 없는 상태에서 돌아가셨대. 가족들과 마지막 인사조차 제대로 하지 못하고 말이야. 그날은 과거 속에 남았지만, 그때의 기억과 고통은 지금까지도 여전히 정원섭 씨의 가족들에게 계속되고 있어. 너무나 기나긴 시간 동안, 홀로 외롭게 싸워오며 아픈 삶을 살다간 정원섭 씨가 하늘에서 만큼은 외롭지 않기만을 바라면서 이야기를 마칠게.

녹화 3일 전, 연락이 왔다. 정원섭 씨가 세상을 떠나셨다는 소식이었다. 너무나 갑작스러운 비보에 나는 어찌할 바를 몰랐다.

39년. 그가 강간살인범의 낙인에서 벗어나는 데 걸린 시간이자, 그의 인생에서 사라진 시간이다. 한 사람의 인간으로서 누려야 할 그 어떤 것도 그에겐 허락되지 않았다. 아이들이 커가는 건 고사하고, 태어나는 것도 지켜보지 못했다. 부모의 임종도 지키지 못했다. 남편으로서의 시간도 잃어버렸다. 잃어버린 것도 모자라 치욕만이 켜켜이 쌓여간 시간이었다.

가족들의 삶은 또 어떠했을까. 아버지를 모르고 살아온 자식들, 강간살인범의 부인으로 도망치며 혼자 생계를 책임져야 했던 아내, 그리고 아버지를 범인으로 만든 죄책감에 평생을 살아온 재호 씨까지…. 왜 이 가족이 이렇게 큰 고통을 겪어야 하는가.

고통의 시간보다 그 고통을 치유할 시간이 턱없이 짧아 더 가슴이 아프다. 부디 그곳에서나마 평안하시길 바라고 또 바란다.

그리고 정원섭 씨를 끝까지 믿고, 함께 싸워준 고 이범렬 변호사님과 재심을 통해 진실을 알린 박찬운, 이백수, 임영화 변호사님께 다시 한번 감사와 존경을 표한다.

공포의 17시간 30분

2인조 카빈 연쇄 강도 사건

너는 반짝이는 작은 별, 아직은 높이 뜨지 않은 생이 네게 열어줄 길은 혼란해도 아름다울 거야.

-김윤아, 〈Girl Talk〉

잊지 못할 야간 당직

　평소에 습관처럼 쓰는 말 뭐가 있어? 평소에 아무렇지 않게 썼는데, 알고 보니 '무서운 뜻이 숨어 있는 단어'여서 놀란 적은 없나? 가령 '넋두리'나 '미망인未亡人**' 같은 단어처럼 말이야. 오늘 들려줄 이야기는 우리가 무심코 자주 쓰는 말인데, 알고 보면 무시무시한 의미를 담고 있는 '어떤 단어'에 대한 이야기야. 아마 이 얘기를 듣고 나면 이 단어를 절내 안 쓰게 될 거야.

　때는 1974년 7월 25일 밤, 한 신문사 사진부 사무실이야. 2년 차

＊　불평이나 불만을 혼잣말처럼 하소연하는 것을 의미하지만, 원래는 죽은 자의 영혼이 하고 싶은 말을 무당이 대신하여 내뱉는 것을 가리키는 말이었다.
＊＊　남편이 죽고 홀로 남은 여자를 지칭하는 말로, 한자를 풀이하면 남편이 죽었으니 따라 죽어야 하는데 '아직 죽지 않은 사람'이라는 뜻이다.

2인조 카빈 연쇄 강도 사건

막내 사진기자인 이병훈 기자는 5분 대기조 모드로 잔뜩 긴장한 채 사무실에 앉아 있어. 앉아서 전화기만 뚫어져라 쳐다보고 있는 거지. 왜? 취재 기자의 연락을 기다리고 있었거든. 특종 때문이냐고? 아니, 낙종 때문이었어. 낙종만큼은 절대 하지 말아야 했거든.

특종은 알지? 사건이 일어나자마자 제일 먼저 보도해서 대박을 치는 거잖아. 낙종은 뭐냐. 다른 신문에 다 실렸는데, 우리 신문에만 안 실린 걸 낙종이라고 해. 흔히 기자들끼리 '물먹었다'라고 얘기하기도 하지. 그런데 만일 낙종을 했다? 그럼 날벼락 맞는 거야. 선배들한테 아주 제대로 깨지는 거지. 그러니까 막내인 이병훈 기자는 쉬는 날도 없이 나와서 자리를 지키고 있을 수밖에 없었어. 갑자기 무슨 특종 사건이 생기면 바로 달려가야 되니까. 현장 사진을 뒤늦게 따로 찍을 수도 없잖아.

그날도 그렇게 5분 대기조 역할을 하던 날이었어. 밤 10시가 다 되어갈 무렵, 전화 한 통이 걸려 왔어. 받아보니 사회부야. 사건이 터졌대. 무슨 사건이지?

당장 개봉동으로 가봐. 주택가에서 총성이 울렸다는데, 살인 사건 같아.

사건이 일어난 개봉동 주택가의 모습. ⓒ조선일보

서울의 한 주택가에서 총성이 울렸다는 거야. 이 기자는 급히 취재 차량을 타고 현장으로 이동했어. 도착한 곳은 서울 구로구 개봉동의 한적한 주택가에 위치한 2층집이야. 비는 부슬부슬 내리고 있고, 경찰차가 집주변을 에워싸고 있어. 형사들이 이미 도착해서 현장 감식 중이야. 이 기자는 본능적으로 카메라 셔터를 눌렀지.

한눈에 봐도 집이 꽤 고급스럽게 보여. 그런데 대체 어쩌다 이런 주택가에서 총성이 울린 걸까. 이 기자는 경찰에게 보도증을 보여 주고, 마당을 지나 집 안으로 들어갔어. 요즘이야 경찰이 현장을 다 통제하지만 그 시절에는 그런 게 없었어. 보도증만 보여주면 다 프리패스야. 아무튼 그렇게 현관문을 지나 집 안으로 좀 더 들어갔어. 집 안에 들어갔더니, 나무 계단이 하나 보여.

2인조 카빈 연쇄 강도 사건

(현장에) 갔더니 경찰들이 이제 밖에 이렇게 망을 보고 있고, '어, 이거 취재 왔어요' 그러고 뛰어 올라가는데 보니까 계단이 꺾어져서 가운데에 있고. 또 이렇게 해서 2층으로 올라가게 계단이 이런 식으로 되어 있는데, 피가 흥건히 흘러내려요. 계단을 타고 흘러내려 와가지고 바닥에 흥건하게 고여 있고…

-이병훈 씨(당시 조선일보 사진기자)

계단 아래쪽에 피가 흥건해. 그 옆에 뭐가 있었는지 알아? 피가 잔뜩 묻어 있는 총! 뭐지 싶어서 계단 위쪽을 쳐다봤지. 그런데 계단 중간에 한 남자가 피투성이인 채로 쓰러져 있어. 이마에 총을 맞고 사망한 거야. 사망한 남자의 이름은 문도석(당시 34세)이었어. 대체 무슨 일이 있었던 걸까. 이병훈 기자는 사진을 찍기 위해 계단을 더 올라갔어. 그런데 2층 마루에서 더 참혹한 광경을 마주하게 돼. 어린아이가 가슴에 총상을 입고 피투성이가 된 채 쓰러져 있었던 거야. 바로 사망한 남자, 문도석의 일곱 살 된 아들이었어.

어떻게 이런 일이… 이 기자는 너무나 마음이 아팠지만, 감상에 잠길 틈도 없이 빨리 사진을 찍고, 현장을 떠났어. 왜냐, 새벽 2시가 조간신문 마감시간이었거든. 지금은 사진을 찍은 다음 바로 현장에서 전송해주잖아. 하지만 그때는 필름을 일일이 암실에서 인화해서 편집부에 넘겨줘야만 신문에 실을 수 있었거든.

이 기자는 아슬아슬하게 겨우 마감 시간을 맞췄어. 그리고 숙직실에서 잠을 청하는데 잠이 잘 안 와. 아까 두 부자의 모습이 자꾸만 뇌리에 떠오르는 거야. 얼마나 시간이 흘렀을까. 스르륵 잠이 들려는 그 순간, 전화벨이 또다시 울려. 시계를 보니까 새벽 4시야. 이 새벽에 무슨 일이지…. 이 기자는 벌떡 일어나 전화를 받았어. 아니나 다를까, 사회부 기자야. 그런데 목소리가 꽤 다급해.

지금 인천 쪽에서 인질극이 벌어졌대. 빨리 준비해서 넘어가!

인질극이 벌어졌대! 대체 이게 뭔 일이야. 하루에 연달아 큰 사건이 터진 거잖아. 덕분에 이 기자는 제대로 쉬지도 못하고 카메라를 챙겨 급히 인천으로 넘어갔어. 시속 100km로 차를 몰아 30분 만에 현장에 도착했지. 낮부터 오락가락하던 빗줄기는 좀 더 세차져 있었어. 집 앞에선 경찰과 인질범이 한창 대치 중이야.

그런데 생각했던 것보다 더 심각한 상황인 것 같아. 주택가 인근에 방탄조끼를 입고 무장한 경찰관 수십 명이 진을 치고 있어. 근데 다들 집 안으로는 쉽사리 진입을 못 하고 있는 거야. 인질범이 총

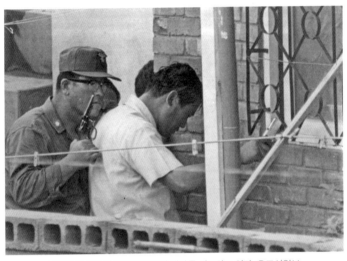

경찰들이 창문을 통해 범인과의 대화를 시도하고 있다. ⓒ조선일보

꼬리에 꼬리를 무는 그날 이야기 2

을 가지고 있었거든. 흥분한 범인이 언제 총을 쏴버릴지 모르니까. 게다가 집 안엔 여자 1명과 어린아이 2명이 인질로 잡혀 있었거든. 팽팽한 긴장감 속에서 이 기자도 조심스럽게 사진을 찍었지.

확인된 인질범의 신원은, 전과 12범의 이종대(당시 40세)였어. 경찰은 그를 설득하기 위해 담벼락 안 작은 창문을 통해 계속 대화를 시도하고 있었어. 그야말로 일촉즉발의 상황! 거기다 인질들이 창문 안쪽에 있어서 잘 보이지도 않아. 집 안에서 무슨 일이 벌어지고 있는지 전혀 알 수가 없으니 경찰도 섣불리 움직일 수 없는 상황이었어.

기자들이 많이들 모였어요. 대치하고 있는 상황이니까. 뭐 어떤 상황이 벌어질지 모르니까. 경찰들이 집 밖에서 이렇게 웅성웅성하고 (집 안에) 이종대가 이렇게 있으면 방에 창문이 있는데, 창문 옆에 (경찰이) 서가지고 꼬치꼬치 이것저것 좀 묻고. 뭐 '범행 너 혼자 했냐, 뭐 했냐' 이런 얘기 저런 얘기 막 묻고. 경찰하고 대화를 하고 있었어요. (인질범이랑 경찰이랑) 옥신각신하면서 이제 '범행'에 대해서 계속 추궁하고, 이런 식으로 있었던 거예요.

-이병훈 씨(당시 조선일보 사진기자)

2인조 카빈 연쇄 강도 사건

암수살인[*]

경찰과 인질범의 대화를 자세히 듣던 이 기자는 깜짝 놀랐어. 범행을 혼자 했느냐, 뭐 했느냐 이런 얘기를 나누니까! 이건 어딘가 다른 곳에서 이미 범행을 저지른 후에 여기 와서 인질극을 벌이고 있다는 얘기잖아. 경찰은 이종대에게 계속 자수를 권했어. 근데 돌아온 답은 뭐였냐. 자신은 절대 자수를 할 수가 없대. 어차피 죽은 목숨이라는 거야. 이미 지은 죄가 너무 많대. 대체 무슨 죄를 지었느냐고 물었지. 그랬더니 자신이 사람을 죽였대. 누구를? 렌터카 운전기사를 죽였다는 거야.

당시에는 자가용이 흔하던 시절이 아니었거든. 그래서 차량 렌트를 하면서 보통 운전기사까지 함께 대동시켰어. 차량을 빌리는 사람이 차를 험하게 몰고 다닐 수도 있고, 훔쳐 갈 수도 있으니까. 아무튼 며칠 전, 이종대가 차량을 렌트를 해서 마산에 가는 중이었는데, 렌터카 운전기사가 자신을 계속해서 수상한 눈초리로 바라보더래. 그래서 목을 졸라 죽였다는 거야. 이거 믿어야 돼, 말아야 돼?

경찰은 일단 이종대가 말한 렌터카 운전기사의 행방을 수소문

---

[*] 아직 인지하지 못한, 숨겨진 살인 사건.

해봤어. 그런데⋯ 놀라지 마. 그가 4일 전부터 연락두절 상태라는 거야! 그럼 이종대의 말이 정말 사실일까? 경찰은 그에게 조심스럽게 시신을 묻은 장소를 물어봤어. 그랬더니 경남 산청에 묻었대. 좀 더 구체적으로 장소를 알려달라고 했지. 그러자 짜증 섞인 투로 잠시 기다려보라고 하더니 한참 동안 아무 말이 없어.

그때였어. 창문이 끼이익 열리더니, 뭔가 툭 하고 창밖으로 떨어져. 뭐였을까? 바로 달력. 벽걸이 달력 한 장을 쭉 찢은 건데, 뒷면에 크레파스로 뭔가를 잔뜩 적어놨어. 무슨 내용이냐? 운전기사의 시신을 묻은 장소를 그려놓은 약도였어. 진주에서 산청으로 들어가는 첫 검문소에서 3km 정도 떨어진 곳인데, 강물이 내려다보이는 산비탈에 시신을 묻어놨대.

그런데 산비탈이 한두 군데도 아니고, 그 넓은 곳을 어떻게 일일이 다 파보겠어. 그랬더니 쉽게 찾을 수 있을 거래. 자기가 시신 위에 작은 소나무를 하나 심어놨다는 거야. 경찰은 급히 그 지역 형사들을 동원해 확인했어. 진짜 소나무가 있었을까? 있어! 파봤지. 그러니까 정말 시신이 나와. 그런데 상태가 너무 참혹했어. 사지가 전깃줄과 고무줄에 묶여 있고, 전신에 심한 타박상을 입은 상태였대.

경찰은 계속해서 인질범 이 씨에게 자수하라고 설득했지. 그런데 더 충격적인 이야기가 이어졌어. 자신이 죽인 사람이 또 있다는

사건 당시 이종대가 그려서 던진 지도를 재현한 모습.
SBS 〈꼬리에 꼬리를 무는 그날 이야기〉 자료 화면.

거야. 자수하면 최하 무기징역 혹은 사형이니, 모든 것을 다 털어놓고 그냥 죽겠대. 그러고는 방 안쪽에서 또다시 종이가 바스락거리는 소리가 들려. 잠시 후, 툭 하고 창밖으로 뭔가 떨어졌어. 봤더니 또 달력이야. 급히 뒷면을 확인해봤지. 역시나 약도가 그려져 있어.

경기도 ○○에 가면 ○○골프장이라고 있는데, 거기 저수지가 하나 있거든. 그 옆에 야산 기슭도 한번 파보쇼.

그 동네 경찰들과 인근 주민들까지 모두 동원해서 급히 수색에 나섰어. 약도에만 의지해 주변 땅 곳곳을 한참 파 내려가던 그때! 흙 속에서 옅은 베이지색 잠바가 하나 보여. 이게 뭐지?

여기다! 시신이다! 시신이 있다!

그런데 이번에도 시신의 상태가 예사롭지 않아. 가슴 한복판에 총알이 관통한 흔적이 있었거든. 경찰은 곧장 신원확인에 들어갔지. 근데 신원을 확인하고는 깜짝 놀랐대. 왜일까? 그는 경찰이 2년 동안 미치도록 찾고 있던 인물이었어. 바로 전국을 떠들썩하게 만들었던 2인조 카빈 강도 사건의 실종자, 박현우(가명) 씨였거든. 혹시 2인조 카빈 강도 사건이라고 들어본 적 있어? 이 사건을 모티브로 각종 소설, 연극, 드라마, 영화가 제작됐대. 무슨 사건인지 궁금하지? 자, 이제부터 '그날'로 한번 돌아가볼까?

돌아오지 않는 남편

인질극이 벌어지기 2년 전, 1972년 9월 12일. 이날은 분단 27년 만에 북한공식사절단이 남한을 처음 방문하는 기념비적인 날이었어. 온 나라가 축제 분위기였지. 당시 박현우 씨는 시장에서 작은 가게를 운영하며 아내와 함께 아이들을 키우고 있는 30대 후반의 가장이었어.

그날 오전 10시 30분쯤, 그는 가족들에게 다정하게 인사를 하고 집을 나섰어. 대구에 있는 동업자에게 돈을 부치기 위해 은행을 가야 했거든. 지금이야 스마트폰으로 손가락 몇 번 까닥이면 끝날 일이지만, 당시에는 계좌이체 같은 게 안 될 때잖아. 계좌이체가 가능해진 건 1980년대 들어서야. 그럼 그 전에는 어떻게 돈을 부쳤냐. 은행에서 돈을 인출해서 송금수표를 끊는 거야. 그리고 그걸 인편이나 우편으로 부쳐주면 받는 사람이 은행에서 돈으로 교환할 수 있었어. 은행이 없는 작은 마을일 경우, 우체국을 이용해야 했대. 결국 현금 뭉치를 들고 다닐 수밖에 없던 거야. 그래서 날치기, 소매치기 같은 강도들도 많을 수밖에 없었지. 요즘은 계산할 때 거의 카드나 스마트폰을 사용하니까 현금을 들고 다닐 일이 별로 없잖아. 오히려 보이스피싱이 기승인데, 이 무렵에는 현금을 노리는 강도가 많았던 거야.

그 시각, 박현우 씨의 아내는 집에서 남편을 기다리고 있었어. 그런데 은행 업무만 보고 금방 오겠다던 사람이 집에 오지를 않아. 한 번도 이런 적이 없었으니까 당연히 걱정이 됐겠지. 설마 강도라도 당한 건 아닐까. 불안한 마음에 아내는 경찰에 신고를 했어.

잠시 후, 신고를 받은 형사들이 은행으로 향했지. 은행직원이 하는 말이 '박현우'라는 사람이 좀 전에 와서 66만 원을 인출해 갔대. 그럼 은행 문을 나선 이후 무슨 일이 있었던 걸까. 목격자를 수소문 해봤어. 그런데 목격자들 얘기가 뭔가 심상치가 않아.

　　그분이 은행에서 나오는데 경찰이 데려갔어요.

　　경찰 제복을 입은 남자가 박현우 씨를 차량 보조석에 태워 데려
갔는데, 그가 차에 안 타려고 하니까 운전석에 있던 남자까지 합세
해서 강제로 태워 갔대. 뭔가 분위기가 이상하긴 했지만, 차량 번호
판에 '관'이라고 적혀 있어서 그러려니 했다는 거야. 그때 국가 행정
기관에 소속된 모든 차량에는 '관'으로 시작하는 차량 번호가 달려
있었어. 그래서 목격자들은 '수사기관 차구나, 뭐 조사할 게 있나 보
지' 이렇게 생각하고, 그 상황을 별로 대수롭지 않게 여겼던 거야.
그럼 차종은 뭐였냐고 물어봤지. 그랬더니,

　　아, 그거 있잖아요. 코피나!

　　코피나. 혹시 들어본 적 있어? 사실 이건 진짜 이름이 아니고 별
명이야. 정식 명칭은 '코티나'라고 해. 그런데 왜 '코피나'라고 불렀
을까? 그때는 미국 차를 우리가 조립하던 시절이야. 이 차 역시, 국
내의 한 자동차 회사가 미국 회사와 협약을 맺고 국내 제조 공장에

서 부품을 조립해 만든 차였어. 그런데 출시 당시 110만 원이라는 높은 가격에도 불구하고, 국내에서 인기가 무척 좋았대. 실내 공간이 꽤 넓게 잘 나왔거든. 근데 몇 년 뒤, 사람들의 원성을 엄청나게 샀어. 미국 환경에 맞춰 설계된 차라 그런지, 차가 고장이 나도 너무 잘 났거든. 당시 도로 대부분이 비포장도로 혹은 시멘트 도로였던 우리나라 도로 환경과는 잘 맞지 않았던 거야. 그래서 잦은 고장 때문에 고치고 또 고쳐야 하다 보니까 사람들이 '고치나'라고 불렀어. 고치고 고치다가 너무 힘들어서 코피까지 나. 그래서 '코피나'라고도 불렀대.

그런데 별명이 또 하나 있어. 바로 '골치나'. 하도 도난을 당해서 골치 아프다고 붙은 별명이야. 이 시기에 발생한 도난 차량 중에 85%가 코티나 차량이었대. 어떻게 이럴 수 있었냐면, 열쇠 하나를 가지고 모든 코티나 차량의 시동을 걸 수 있을 만큼 시동 열쇠 구멍이 넓었던 거야. 그래서 차량절도범들의 주요 타깃이 됐는데, 얼마나 심했는지 경찰이 해당 제조 업체에 공문도 넣을 정도였대. 코티나의 시동 열쇠 구조를 변경해달라고 말이야.

아무튼 경찰은 목격자들이 봤다는 코티나 차량을 조회해봤어. 그런데 조회가 안 되네? 목격자들이 본 번호판은 가짜 번호판이었던 거야. 곧장 차량 수배를 내렸지.

그런데 얼마 뒤, 경찰에 첩보가 하나 들어와. 박 씨가 사라진 그 시각, 공덕동에서 총격전이 벌어졌대. 그것도 달리는 차 안에서 말이야. 처음엔 몸싸움이 벌어진 듯, 차량이 이리저리 휘청휘청 흔들렸는데, 갑자기 총성이 여러 차례 울리더래. 이때 길을 지나던 아주머니도 팔에 총상을 맞고 쓰러졌는데, 이 차가 어떤 차였는지 알아? '관' 차량 번호판을 단 코티나 차량이었어! 게다가 여기가 어디라고? 공덕동이잖아. 박현우 씨가 실종된 곳은 아현동이었거든. 바로 옆이야. 거리가 약 1km 정도밖에 떨어져 있지 않아. 무슨 상황인지 짐작이 돼? 박 씨를 태우고 달리던 차에서 총격전이 벌어졌을 가능성이 높다는 얘기야. 대체 어떤 놈들이기에 미국도 아닌 우리나라에서 총까지 들고 다니는 걸까?

개머리판 없는 카빈 소총

범인들을 잡기 위해서 먼저 무슨 총을 사용했는지 밝혀야 될 거 아냐. 경찰은 바로 현장 감식에 들어갔어. 그리고 현장에서 탄피 1개와 찌그러진 실탄 2개를 발견하고 국과수에 감식을 맡겼어. 며칠 뒤, 범인들이 쓴 총이 드디어 특정됐어. 어떤 총이냐. 바로 '카빈 소

223
2인조 카빈 연쇄 강도 사건

개머리판 없는 카빈 소총.

총'이었어. 혹시 들어본 적 있어? 예전에 예비군 무기로 쓰이기도 했던 총이야. 군필자라면 어쩌면 접해본 적 있을 수도 있어.

미국에서 1920~1930년대 갱스터들이 기관단총을 들고 밀수를 하거나 은행을 털었다면, 한국에선 1960~1970년대에 은행 강도나 택시 강도들이 이 카빈총을 들고 다니며 사람들을 위협했거든. 근데 들고 다니기엔 너무 커. 그래서 당시 강도들은 총의 뒷부분을 잘라서 들고 다녔대. 이 부분을 개머리판이라고 하는데,사격할 때 반동을 받아내는 역할을 해. 휴대하기 편하게 이 부분을 잘라서 들고 다녔던 거야. 이걸 바로 '개머리판 없는 카빈 소총'이라고 불렀대.

그런데 들고 다니기 편하려면 그냥 권총을 쓰면 될 거 같은데,

왜 카빈 소총을 군이 힘들게 잘라서 들고 다녔을까? 여기에도 이유가 있어. 권총은 구하기가 하늘의 별 따기였는데 카빈 소총은 구하기가 쉬웠대. 바로 어떤 사람 때문이야. 힌트 줄게! 1968년 1·21 사태 때, 북에서 내려온 남파 공작원 31명 중 1명과 연관돼 있어. 그래, 바로 '김신조'야. 당시 박정희 대통령을 암살하고자 이들이 청와대 코앞까지 침투하는 바람에 서울이 발칵 뒤집혔잖아. 이 습격은 실패로 끝났지만 박 대통령은 안보에 위협을 느끼고 그해 4월, 250만 명 규모의 '향토예비군'을 창설했어.

예비군이 뭔지 알지? 슬로건이 '일하면서 싸우고, 싸우면서 일한다'야. 말 그대로, 유사시 소집되는 예비전력이야. 그래서 군대를 제대하고 나서도 일정 기간 예비군으로 활동하면서 매년 훈련을 받아야 돼. 1968년 당시 예비군의 주 무기가 이 카빈 소총이었어. 그런데 예비군은 정식 군인은 아니잖아. 당연히 군기도 부족하고 총기 관리도 잘 안 돼. 그래서 무기고에서 총을 훔쳐 가는 일이 다반사였대.

어느 정도까지 허술했느냐? 1971년 8월, 강원도에 사는 10대 소년 2명이 서울에 올라왔어. 두 사람은 다방을 방문해서 냉커피 등의 음료를 잔뜩 시켜 먹고, 카빈 소총을 무자비하게 난사하는 끔찍한 일을 벌였는데, 그 이유는 황당하게도 '커피 값이 비싸서'였어. 이 사건으로 경찰관과 행인 2명이 사망하고, 4명이 중경상을 입었는

2인조 카빈 연쇄 강도 사건

데, 나중에 붙잡힌 두 소년에게 경찰이 물었어. 대체 어떻게 카빈 소총을 구했냐 그랬더니, 예비군 무기창고에 들어가서 가지고 온 거래. 어떻게 안으로 들어갔냐 하니까 못으로 자물쇠를 그냥 따고 들어갔다는 거야. 얼마나 관리가 허술했는지 알겠지? 그래서 당시에 카빈 소총을 이용한 범죄가 자주 일어났어. 그런데 너무 커서 들고 다니기 불편하니까 개머리판만 잘라서 들고 다녔던 거야.

시작된 수사, 묘연한 행적

이런 혼란 속에, 경찰을 사칭해서 카빈 소총을 들고 강도짓을 하는 2인조가 서울 한복판에 나타난 거지. 불행 중 다행인 건, 훤한 대낮에 벌어진 사건이라 목격자가 많다는 거였어. 목격자들이 본 괴한은 30대 남자 2명이었는데 경찰 복장을 한 남자는 아담한 키에 덩치가 큰 편이었고, 운전석에 있던 또 다른 남자는 호리호리한 체격에 키가 좀 컸대.

경찰은 목격자들의 진술을 토대로 몽타주를 만들고 현상수배 용지 6만 장을 배포했어. 무려 22만 원의 현상금도 걸었지. 얼마 안 돼 보인다고? 당시 자장면 한 그릇이 60원 정도 할 때야. 그러니까

22만 원이면 자장면을 약 3,700그릇을 사 먹을 수 있는 돈이야. 지금으로 쳐도 적은 돈은 아니겠지?

경찰은 이례적으로 공개수사도 진행했어. 사람들의 관심도 무척 뜨거웠는데, 그래서 전화신고 98건, 투서 48건, 구두신고 5건까지, 모두 151건의 신고가 들어왔대. 그런데 놀라지 마. 이 중 82%인 124건이 전혀 근거 없는 거짓신고였어! 남을 모함하고 골탕 먹이려고 한 허위 제보였던 거야. 납치된 사람의 생사가 전혀 가늠이 안 되는 이런 상황에서 장난 전화라니···. 가족들은 얼마나 애가 타고 답답했을까. 결국 경찰들은 제보보다는 사라진 차량의 소재 파악과 함께 실종된 박현우 씨의 주변인물이나 경찰사칭 전과자, 전직 경찰관 등을 중심으로 집중 수사를 시작했어.

그런데 사건 발생 24일째인 10월 5일, 경찰에 연락이 왔어. 봉천동 골목 안에서 수상한 코티나 차량 한 대가 발견됐다는 거야. 직접 가서 확인을 해봤지. 실종된 박현우 씨가 타고 간 바로 그 차량이었어. 차범인들은 이미 차량 번호판을 떼고 도망간 상태였는데, 차적 조회를 해보니 도난 차량이었지. 차 안 곳곳에는 그날의 끔찍한 상황들이 고스란히 남아 있었어. 보조석 창문 유리가 깨져 있고, 시트에 총알이 뚫고 나간 흔적이 선명하게 보였어. 게다가 보조석 발판 아래쪽은 온통 핏자국이 가득해. 이게 무슨 얘기겠어? 보조석에 앉았던 박현우 씨가 총에 맞았을 가능성이 높다는 얘기잖아. 빨리 그 놈들을 찾아야 했어. 그런데 더 이상 단서가 나오지 않는 거야. 경찰의 대대적인 수색 탓인지 놈들이 잠잠해도 너무 잠잠해.

다시 시작된 강도 사건

그러길 1년, 다시 비슷한 범행이 발생했어. 이번에는 구로공단이었어. 1973년 8월 25일 토요일, 오전 11시 30분경. 한 라디오 부품 회사 앞이야. 개머리판 없는 카빈 소총을 손에 든 남자가 이 회사 직원을 총으로 쏘고, 그가 들고 있던 보따리를 빼앗아 사라졌어. 보따리 안에는 뭐가 들어 있었냐. 전 직원의 월급 380여만 원! 이날이 이 회사의 월급날이었거든. 이 남자는 은행에서 직원들의 월급을 인출해서 회사로 오는 길이었어. 그땐 월급을 은행에서 현금으로 뽑아서 누런 봉투에 일일이 담아주던 시절이었으니까. 근데 380만 원이 어느 정도 되는 돈 같아? 아까 이야기한 이병훈 기자 있지? 당시 이 기자의 월급이 2만 원 정도였으니까, 380만 원이면 무려 190개월 치의 월급인 거야. 말 그대로 한 푼도 안 쓰고 거의 16년을 모아야 겨우 만질 수 있는 돈인 거지.

총을 맞은 직원은 다행히 생명을 건졌어. 그런데 이 사건… 1년 전 박현우 씨 사건 때와 수법이 비슷한 것 같지? 은행에서 나오는 사람을 노린 점, 총과 차량을 사용한 점, 대낮에 벌인 대담한 범행이라는 점까지 말이야. 그래, 놈들이 다시 움직이고 있는 거야.

경찰의 추적도 다시 시작됐어. 그리고 그날 저녁, 밤 11시 30분경, 경찰서로 1통의 신고전화가 걸려 왔어. 서대문구 성산동 골목길에 번호판이 없는 수상한 차량 1대가 서 있다는 거야. 바로 바로 출동해서 확인을 했지. 아니나 다를까 도난 차량이야. 차종은 역시나 코티나. 차 안을 수색해봤어. 근데 어라, 이게 뭐야? 놈들이 차 안에 노트를 두고 간 거야. 드디어 단서를 찾은 걸까? 그런데 노트를 본 경찰이 손을 부들부들 떨어. 바로 이런 말이 적혀 있었거든.

지문 채취 열심히 해보슈.

사람을 쏘고 도망간 범인이 경찰을 우롱까지 해! 화가 잔뜩 난 경찰은 차 안에 있는 지문이며, 담배꽁초, 머리카락, 심지어 타이어에 있는 흙까지 샅샅이 채취했어. 그리고 대대적인 탐문 수사에 들어갔지. 차량 정비소는 물론이고, 차량 절도 전과자 343명, 25~35세 사이 운전면허 소지자 1만 3,058명, 서대문 성산동 일대의

4,000여 가구까지 모조리 조사했어. 당시 범인을 잡기 위해 동원된 경찰만 무려 3만여 명이었대. 어마어마하지? 현상금도 더 올렸어. 22만원에서 200만 원으로, 무려 10배나 말이야. 그런데 그 무렵 경찰서로 엽서 1장이 배달돼. 수신인은 수사본부장이었어. 그런데 거기에 뭐라고 적혀 있었는 줄 알아?

필적 감정 열심히 해보슈. ○ 빠지게 됐구나.

-진범으로부터

누가 장난을 친 건지, 진짜 범인이 보낸 건지 모르겠지만, 경찰은 약이 바짝 올랐어. 그래서 너 나 할 것 없이 많은 경찰들이 이곳으로 달려갔대. 어디로 달려갔을까? 힌트, '급전'이 필요한 사람들이 많이 가던 곳이야. 바로 '전당포'! 경찰들이 왜 전당포에 가냐고? 시계 맡기려고. 왜? 당시엔 수사비가 턱없이 부족했거든. 그때 형사 1명당 지급되는 하루 수사비가 190원 정도였대. 그런데 생각해봐. 당시 자장면 값이 얼마라고 했지? 60원이라고 했잖아. 190원이면 자장면 세 그릇 먹을 돈밖에 안 돼. 그런데 수사할 때 밥만 먹으면 돼? 범인들 동선 쫓아야 되지, 잠복수사 해야 되지… 190원으로는 어림도 없어. 그래서 자기 시계라도 저당 잡히고 그 돈을 수사비로 쓴 거야. 그럼 전당포 다음으로 경찰들이 많이 간 곳이 어딜까? 바로 점집이야. '그놈들 어디 가면 잡을 수 있을까요?' 하고 물어보러 간 거였어. 얼마나 미치도록 잡고 싶었으면 그렇게까지 했겠어?

그런데 별별 방법을 써도 범인이 잡힐 기미가 안 보여. 급기야 강경책까지 동원했는데, 뭐냐? '특별야간호구조사'! 경찰뿐만 아니라 방범대원, 예비군, 새마을 지도자, 이장, 동장, 시·군·면 공무원들까지 모조리 동원해서 그 지역 집들을 가가호호 방문하는 거야. 방문해서는 뭘 했겠어. 집 안을 수색하는 거지. 가족이 몇인지, 사라진 사람은 없는지, 집 안, 벽장, 창고를 다 뒤지는 거야. 영장도 없이 집에 들이닥쳐서 밤새도록 조사하는 거야. 그런데 아무리 범인을 잡고 싶어도 그렇지, 증거도 없이 전국에 있는 집들을 새벽 내내 수색하도록 하는 게 말이 돼? 결국 여론의 뭇매를 맞고 이틀 만에 중단돼.

그러던 와중, 용의자로 지목된 사람 중 한 명이 경찰서에서 조사를 받다가 자살하는 사태까지 벌어진 거야. 2인조 카빈 강도의 몽타주와 조금이라도 비슷하게 생기면 죄다 불려가 조사를 받았거든. 그러기를 또다시 1년, 범인들은 전혀 예상치 못한 곳에서 꼬리를 잡혔어.

덜미를 잡힌 납치 강도범

때는 1974년 7월 25일 새벽 3시 50분경, 경기도 화성군 오산역 인근 주차장이야. 택시운전사 강 씨는 영업 준비 중이었어. 그런데 그때 누가 뒤에서 불러. 등산복을 입은 덩치 큰 사내야. 서울 한남동까지 좀 태워다달래. 이 이른 시간에 서울을? 의아했지. 잘 없는 일이니까. 그렇지만 무척 솔깃한 제안이었어. 당시 오산에서 서울까지면 택시비가 4,000~5,000원 정도 나왔거든. 하루 종일 운전해야 겨우 벌 수 있을까 말까 한 돈이었어. 냉큼 출발하자고 했지. 그랬더니 혼자가 아니래. 차가 고장이 나서 세워놨는데, 거기 가서 자기 친구를 태워 가야 한다는 거야. '그래, 좋다. 거기가 어디냐?' 물었지. 그랬더니 글쎄, '죽미고개'라는 거야. 그 순간 느낌이 싸했대. 그곳은 길이 험해서 평소 마을 사람들은 잘 가지 않는 인적 드문 곳이었거든.

강 씨는 고민하기 시작해. 따라갈까, 말까. 그냥 믿고 따라가기에는 어딘가 영 찜찜하고, 그렇다고 귀한 장거리 손님을 두 눈 뜨고 놓치기도 아까워. 그래서 한 가지 묘수를 떠올려. 밤새 잠을 못 자서 피곤하니까 다른 기사 1명을 더 데려가자고 한 거야. 서울까지 가는 길에 피곤해서 졸기라도 하면 큰일 나지 않겠냐고 말이야. 나름 묘안이라고 생각하고 말했는데, 이 남자가 갑자기 정색을 하면서 그건 안 된대. 그러고는 뒤도 돌아보지 않고 가버리는 거야.

> 졸음이 오면 사고가 나는 거니까 두 사람을 데리고 가야겠다고 하니 '당신 차는 안 되겠구먼' 하고 그냥 가더라 이거야. '당신 차론 안 돼', 딱 그러는 거야. 그러니까 '왜 그럴까, 좀 이상한 놈 아닌가…'(했지).
>
> ─ 강 씨(당시 택시 운전기사)

뭐지 싶어서 남자를 보고 있었는데, 저 멀리서 다른 택시를 찾고 있어. 그런데 아무리 봐도 좀 수상해. 생각해봐. 왜 고장 난 차를 고칠 생각은 안 하고 택시만 잡으려고 하지? 차를 거기다 두고 그냥 가겠다는 건가? 이때는 자동차가 굉장히 귀하고 비쌀 때란 말이야. 차가 고장 났으면 차를 고칠 수 있느냐 묻는 게 먼저잖아. 그런데 다짜고짜 서울로 가자고만 하는 게 영 이상했던 거지. 그래서 강 씨는 급히 파출소로 갔어. 마침 그곳에 박 순경이 있어서 붙잡고 얘기를 했지.

저기 저 사람, 택시 잡고 있는 남자 보여? 모자 쓴 사람. 좀 수상해. 확인 좀 해줘.

강 씨는 그 남자를 신고하고 자리를 피했어. 그런데 어떻게 됐나 궁금하잖아. 파출소에 전화를 해봤지. 그런데 박 순경이 하는 말이 면허증이랑 주민등록증을 다 확인했는데 별 이상이 없어서 그냥 보냈다는 거야. 강 씨는 꺼림칙한 마음에, 제대로 확인한 게 맞느냐고 항의를 했지. 박 순경이 그 남자 인적사항도 다 적어놨으니 걱정하지 말래.

그 시각, 다른 택시기사 장 씨(가명)가 그 남자를 만났어. 차가 고장 났는데 한번 봐달라는 거야. 상태가 심각하지 않으면 간단한 건 볼 수 있으니까, 사례는 충분히 하겠지 싶어서 흔쾌히 도와주겠다고 했지. 남자가 가자는 대로 따라갔어. 근데 거기가 어딘 줄 알아? 그래, 죽미고개! 뭐야, 이거 느낌이 뭔가 안 좋아. 하지만 차를 돌릴 수도 없고…. 일단 남자가 말하는 대로 따라갔어.

잠시 후, 차가 도착한 곳은 죽미고개에서 약간 떨어진, 더 험하고 외진 곳이었어. 저만치 멀리 차량 한 대가 서 있는 게 보여. 가까이 다가갔더니 운전석에 호리호리한 체격의 남자가 앉아 있어. 그런데 눈빛이 무척 날카로워. 그래도 차를 보러 왔으니 먼저 반갑게 인사를 했지. 근데 이놈도 뭔가 수상해. 뭐가 수상했냐. 보통 고장난 차를 본다고 하면 같이 내려서 살피기도 하고 대화도 하고 하잖아. 이 남자는 아니야. 계속 운전석에 가만히 앉아 있는 거야. 왜 하필 이런 으슥한 곳까지 차를 끌고 온 걸까. 행동도 뭔가 수상하고…, 이놈들 뭐지, 밀수꾼인가. 잠시 고민하던 장 씨가 기지를 발휘했어.

수리에 필요한 연장을 안 가져왔다고 둘러대고 그곳을 빠져나온 거야. 그러곤 곧장 파출소로 달려갔어. 아까 강 씨가 갔던 그 파출소야. 박 순경을 만나 얘기를 했지. 죽미고개에 수상한 놈들이 있으니 같이 좀 가자고 말이야. 그렇게 택시기사는 박 순경과 다른 순경을 1명 더 데리고 현장으로 다시 올라갔어.

수고하십니다. 차가 고장이 났다면서요? 트렁크 좀 열어주시죠.
검문검색은 지침이라서요.

박 순경은 이리저리 둘러대면서 검문검색 좀 하자고 했지. 그 순간 정적이 흘렀어. 1초, 2초, 3초…. '딸깍'. 운전석 문이 열렸어. 그러곤 남자가 천천히 내리더니 가까이 다가와서 트렁크를 순순히 열어. 봤더니 뭐 별게 없어. 우산, 지도, 카메라… 그리고 야전삽, 마대….

어라? 차 안에 삽이랑 마대가 왜 있지? 흙도 묻어 있어. 장 씨의 눈엔 그게 예사로워 보이지 않더래. 그래서 옆에 있는 순경들에게 속삭였어. 다른 데도 좀 꼼꼼하게 살펴보라고 말이야.

흠흠…, 저… 차 안도 좀 볼 수 있습니까?

순경들이 차 안도 살펴보겠다고 했지. 그러자 두 사람의 눈빛이 묘하게 변하는가 싶더니, 순순히 봐보래. 다시 차근차근 살펴보는데, 뒷좌석에 옷으로 뭔가를 덮어놨어. 뭐지? 슬쩍 걷어봤지. 그런데 거기서 뭐가 나왔을까? 총이야! 얼마나 놀랐겠어. 반사적으로 뒷걸음질 쳤지. 그러자 운전석 쪽에 있던 남자가 '철커덕' 하며 다른 총을 꺼내 장전을 시작했어. 맙소사! 두 순경은 총을 보자마자 잽싸게 도망을 갔지. 놈들이 도망간 순경들에게 사정없이 총을 쏘는 사이, 장 씨도 산속으로 도망쳤어. 정말 다행히도 아무도 다치지 않았어. 그럼 놈들은? 현장에 있던 택시기사의 차를 타고 그곳을 떴어.

트렁크서부터 보고 뒷좌석에서 이제 이렇게 검색을 하다가 보니까 총이 잡혔나 봐. 나는 저 운전대에 그 앞에 가서 서 있었고. 총이 잡히니까 이 순경이 당황한 거야. 그러니까는

(운전석에 있던 놈이) 총을 꺼내면서 실탄을 넣더라고. 손으로 그거 저기 카빈 총알을. 순경들이 (총을 보고) 도망가고 나만 남겨놨다가 나도 도망갔는데, (순경들이 아래쪽으로) 밑으로 그냥 뿌리치고 내려갔는데, 거기다 뻥 하고 (총을) 쏘더라고. 그래서 난 그 당시에 (산속으로) 도망간 거고. 또 내가 도망갈라 그러니까 총을 장전해서 그 산으로 그냥, 도망… 올라갔지. 그때 나는 도망가다 시궁창에 저기 도랑에 빠져갖고, 간신히 올라와가지고 도망을 가고…. (이놈들은) 내 차가 있으니까, 내 차를 갖고 도망간 거예요, 그게.

-당시 신고한 택시기사 장 씨

밝혀진 정체

곧이어 전국에 차량 수배령이 떨어지고, 놈들의 정체도 곧 밝혀졌어. 아까 박 순경이 인적사항을 받아놨잖아. 오산역에서 택시를 찾던 남자의 이름은 '문도석'이었어. 이 이름 기억나? 개봉동 주택가에서 아들과 함께 총에 맞아 죽은 남자, 그 남자의 이름이 바로 문도석이었잖아! 그러면 운전석에 앉아 있었던 남자는 누구였을까?

아마 이미 짐작했을 수도 있어. 그래, 인천 인질극 사건의 범인, 이종대야.

두 사람은 교도소에서 처음 만났어. 이종대가 일곱 살 더 많은 형이라 서로 형님, 동생 하면서 가깝게 지냈나 봐. 이 둘의 인연은 출소한 뒤에도 계속 이어졌어. 비슷한 시기에 결혼도 하고, 애도 낳았거든. 그다음 레퍼토리는 뻔하지. 배운 건 없지, 전과자지…. 하루하루 먹고사는 게 쉽지가 않아. 아이들은 점점 자라는데 돈은 없고…. 매일매일 그렇게 신세한탄을 했대. 못 먹이고 못 입혀서 자기네 애들이 너무 불쌍하다고. 그들이 강도짓에 나선 것도 이런 이유였대. 넌 어떻게 생각해? 남의 돈으로 잘 먹고 잘살면 그 애들은 행복할까?

어쨌든 처음에는 단순히 흉기로 위협만 하고 돈을 뺏는 수준이었어. 그런데 강도짓을 하다 보니 점점 욕심이 생겨. 한탕 크게 하고 나면 남부럽지 않게 애들을 키울 수 있겠다고 생각했던 거지. 그래서 예비군 무기고에서 카빈 소총 3자루와 실탄 60발을 훔쳤어. 2년 동안 전국을 불안에 떨게 만든 2인조 카빈 강도는 그렇게 탄생한 거야.

하지만 이종대와 문도석이 검거되는 건 시간문제야. 그런데 집으로 돌아갈 수는 없잖아. 머지않아 경찰이 들이닥칠 테니까. 그래서 향한 곳이 서울의 이종대 여동생 집이었어. 문도석 부자의 시신이 발

견된 개봉동 집 기억나? 그 집이 바로 이종대의 여동생 집이야. 일단
은 그리로 피신했지만, 경찰의 포위망이 점점 좁혀 오고 있어. 최후
의 순간이 점차 다가오는 거야. 긴장되는 상황에서 문도석이 먼저 입
을 뗐어.

    형님, 다 끝났소. 이제 우리 사나이답게 죽읍시다!

    같이 죽자는 거야. 이종대는 가타부타 답이 없어. 시간을 달래.
잠시 후 문도석이 다시 입을 열었는데, 또 이상한 소리를 해.

    내 애는 내가 데리고 가겠소. 형님은 어쩔 것이오?

    무슨 소리냐. 아이와 같이 죽겠대. 애비 없는 고통 속에 사느니,
강도 살인범의 자식으로 이 더러운 세상을 살아가느니, 차라리 아
무것도 모를 때 죽는 게 더 낫다는 거야. 하지만 이종대는 문도석의
제안을 거절하고 그 집을 나와.

    개봉동 집에 문도석의 아내와 아들이 도착했어. 아들은 아빠를
보더니, '아빠!' 하고 막 뛰어가 안겨. 이제 겨우 일곱 살인 아들은
아빠랑 놀 생각에 마냥 신이 났어. 무슨 일이 벌어지고 있는지 아무

2인조 카빈 연쇄 강도 사건

것도 모르니까. 문도석은 자기 팔에 매달린 아들을 데리고 2층으로 올라갔어. 잠시 후 탕, 탕…, 집 안에서 두 발의 총성이 울려 퍼졌어. 문도석이 아들을 죽이고, 곧이어 자신도 목숨을 끊은 거야. 그래, 이병훈 사진기자가 그날 밤 목격한 참혹한 살인 현장의 범인은 바로 죽은 문도석 자신이었던 거야.

가장 잔혹한 인질극

그 시각, 이종대는 집에 있었어. 아내와 아들 둘이 곤히 자고 있어. 여섯 살 태양이와 세 살 큰별이야. 새벽 2시 30분경. 경찰 기동타격대 200여 명이 그의 집을 포위하기 시작했어. 경찰은 그에게 당장 무기를 버리고 자수할 것을 권유했어. '철커덩'. 대답 대신 들려온 건 이종대가 카빈 소총을 장전하는 소리였어.

가까이 오면 다 죽여버리겠다!! 어차피 죽은 목숨… 내 목숨은 내가 정한다!

그렇게 경찰과 대치가 시작된 거야. 아내와 아이들은? 인질이

인천 인질극 현장을 구경하러 모인 인파. ⓒ조선일보

된 거지. 그러니까 놀랍게도 이종대가 벌인 인천 인질극의 현장은
자기 집이고, 인질들은 범인의 처자식이었던 거야. 그런데 이때만 해
도 그날의 인질극이 그렇게 길어지리라곤 아무도 상상하지 못했대.
정확히 17시간 30분 동안 대치가 이어졌어. 날이 밝으면서 인근 주
민들이 다들 몰려나왔어. 그 수가 무려 2,000여 명이었는데, 혹시
총알이라도 날아올까 싶어서 다들 멀찍이 떨어져서 지켜봤대.

　시간은 점점 흐르는데, 경찰은 섣불리 진입할 수가 없었어. 가족
들이 인질로 붙잡혀 있었으니까. 대신에 창문을 통해 이종대와 계속
얘기를 나눴어. 누구누구를 어디서 어떻게 죽였고, 어디에 암매장했
는지, 왜 이런 짓을 했는지…, 모두 이때 다 털어놓은 거야.

　그렇게 얼마나 지났을까. 탕, 탕, 탕, 탕, 탕! 갑자기 집 안에서 여

러 차례 총성이 울려. 경찰은 '무슨 일이냐', '가족들은 무사하냐' 물었지.

우리 가족 얘기는 하지 마라. 죽이고 살리는 건 내가 결정한다!

내 가족이니까 내가 알아서 알아서 한다는 거야. 더는 묻지도 말래. 바깥에 대기 중인 경찰들은 답답하기만 했어. 결국, 이종대의 가족, 친구, 친한 형까지 모두 와서 그를 설득하기 시작했어. 빨리 자수하라고 말이야. 그렇지만 아무 소용도 없었어. 계속 같은 말만 되풀이해. 자기 마누라고, 자기 자식이니까 마지막은 자기가 알아서 결정하겠대.

아무래도 예감이 좋지 않아. 그때 방 안에서 다시 두 발의 총성이 또 울렸어. 경찰은 이종대에게 갑자기 총은 왜 쏘는 거냐고 물었지. 그런데…!

영구차를 준비하라… 두 아들을 죽였다…

자신이 아들을 죽였다는 거야! 정말일까? 집 안이 쥐죽은 듯 조용해. 숨소리도 들리지 않는 것 같아. 그렇게 어느덧 해가 졌어. 벌써

밤 8시경이야. 그때였어. 집 안에서 '탕' 하고 한 발의 총성이 울려.

> 8시쯤에 총소리가 또 '빵' 하고 난 거예요. '빵' 하고 나니까
> 다들 움츠렸다가, 이제 경찰이 돌멩이를 탁 던져본 거예요.
> 아무 소식이 없는 거예요. 그래서 그때 경찰이 이제 (집 안으
> 로) 들어가고….
>
> -이병훈 씨(당시 조선일보 사진기자)

인기척이 없자 경찰은 집 안으로 조심스럽게 들어갔지. 좁은 방
안엔 이종대와 아내, 두 아이가 총상을 입고 나란히 누워 있었어.
큰아들 태양이는 가슴에 플라스틱 기타를, 둘째 큰별이는 제일 좋
아하던 장난감 자동차를 꼭 끌어안은 채 숨져 있었어. 그렇게 아이
들은 짧은 생을 마감한 거야. 집 안에서는 유서도 한 장 발견됐어.
이종대가 달력 뒷면에 크레파스로 쓴 유서야.

> 태양아, 큰별아. 미안하다. 여보! 당신도 용감했소. 너희들 뒤
> 를 따라간다. 황천에 가서 집을 마련해서 호화롭게 살자. 이
> 냉혹한 세상 미련 없다.
>
> -인천 인질극 범인 이종대의 유서

2인조 카빈 연쇄 강도 사건

가족들이 스스로 죽음을 선택한 것처럼 써놨어. 자기 손으로 죽여놓고서 말이야. 냉혹한 세상, 살아봐야 의미 없으니 저승 가서 행복하게 살자니…. 마지막까지 너무나 이기적인 선택을 한 거야. 자식의 목숨을 거둘 권리가 아버지한테 있기라도 한 것처럼 말이야.

'동반자살'한 아비, '살해'당한 아이들

세상은 이 사건을 가리켜 이렇게 불렀어. 동반자살이라고 말이야. 당시 언론에서 이 사건을 어떻게 평했는지 한번 봐.

> 희대의 카빈 강도 흉악범 이종대와 문도석 (…) 자신들의 죄를 청산하는 마당에서도 '사랑하는 자식들에게까지 고생시킬 수 없다'고 어린 것들을 데리고 동반자살한 잔혹성도 어찌 보면 잔혹하다고만 나무랄 수 없는 개운치 않은 뒷맛을 두고두고 남겼다.
>
> -《중앙일보》1974년 12월 10일 자

'세상이 얼마나 고달팠으면 그런 선택을 했겠느냐'라는 식의, 뭔가를 이해해주려는 뉘앙스가 느껴지지 않아? 그걸 대변하는 단어가 바로 동반자살이야. 철저하게 부모의 관점에서 만들어진 거야. 아이들의 입장은 완전히 배제되어 있어. 아이들은 장난감 갖고 놀다가 영문도 모른 채 살해당했는데 말이야. 단어에만 부모의 입장이 담겨져 있냐. 아니, 법도 그래. 한번 읽어봐.

> ①사람을 살해한 자는 사형, 무기 또는 5년 이상의 징역에 처한다.
> ②자기 또는 배우자의 직계존속을 살해한 자는 사형, 무기 또는 7년 이상의 징역에 처한다.
>
> -형법 제250조(살인, 존속살해)

살인의 최소 형량은 5년이야. 그런데 자식이 부모를 죽이면 '존속살해'라고 해서 형량을 더 높게 줄 수 있어. 최소 형량이 얼마냐. 7년이야. 패륜 범죄라고 해서 가중 처벌 하는 거야. 반대로 부모가 자식을 죽이면 어떠냐. 가중 처벌이 전혀 없어. 일반 살인과 똑같이 취급해. 심지어, '불우한 어린 시절을 보냈다', '육아 스트레스가 심했다' 등의 이유로 형을 깎아주기도 해. 그중 대표적인 게 '동반자살'인데, 생각보다 엄청 많아. 2000년부터 2019년까지, 20년 동안 이런 동반자살 케이스가 무려 247건*이야. 1년에 거의 15건 정도나 돼. 언론에 보도된 것만 이 정도지, 실제로는 더 많을 거야. 그런데 피해 아동 대부분이 아홉 살 이하의 어린아이였어. 생각해봐. 부모에게 아무런 저항도 할 수 없는 나이잖아. 이 중에 스스로 죽음을 선택한 아이가 있을까? 사실은 부모에게 살해당한 거야. 그런데도 다들 이렇게 얘기해. '부모가 자식을 죽이고, 부모도 같이 죽었다' 혹은 '죽으려 했다…, 오죽했으면 부모가 그렇게 했겠느냐'. 그러면서 안타까운 시선으로 바라보지. 이런 시선이 1970년대라는 옛날의 일만은 아니야. 2000년대에 〈SBS 뉴스〉에 보도된 사례를 한번 볼까.

한 집안의 가장이라고 하는 사람들이 분을 삭이지 못하고 가족과 동반자살을 기도한 사건이 오늘 연이어 발생했습니다. '엄마 아빠 없이 마음의 상처 안고 사느니 저승으로 데려가 잘 키우겠다'라는 유서를 남겼습니다.

-〈SBS 뉴스〉 2001년 6월 12일 자

* 출처: 한국형사·법무정책연구원

어린 세 아이와 함께 아파트 15층에 올라간 서른네 살 손모 씨는 살려달라고 애원하는 아이들 때문에 잠시 망설였습니다. 그러나 이내 여덟 살 첫째와 여섯 살 둘째를 계단 창문으로 던지고 자신도 세 살 난 막내딸을 안은 채 몸을 던졌습니다. 손 씨의 생활고는 남편이 3년 전 직장을 잃으면서 시작됐습니다.

-〈SBS 뉴스〉 2003년 7월 18일 자

일가족 4명이 잔혹한 시체로 발견됐습니다. 숨진 지 나흘 만에 발견됐습니다. 유서에는 사업 실패로 궁지에 몰려 가족들과 동반자살할 수밖에 없다는 참담한 심경이 담겼습니다.

-〈SBS 뉴스〉 2003년 11월 8일 자

뉴스를 본 느낌이 어때? 가해 부모의 입장을 고려해서 우호적으로, 혹은 안타깝게 바라보는 시선이 느껴지지 않아? 어쩌면 이러한 뉴스의 시각에는 우리 사회가 동반자살을 바라보고 있는 시각이 반영된 것은 아닐까?

2인조 카빈 연쇄 강도 사건

동반자살이 아니라 피살이다

우리는 살해된 아이의 진술을 들을 수 없다. 동반자살은 가해 부모의 언어다. 아이의 언어로 말한다면 이는 '피살'이다. 법의 언어로 말하더라도 이는 명백한 살인이다. (…) 동반자살이 아니다. (…) 동반자살이라는 단어에 숨겨진 우리 사회의 (…) 잘못된 인식과 온정주의적 시각을 걷어낼 필요가 있다. 참담한 심정으로 애통하게 숨겨간 아이의 이름을 다시 부른다. 이 이름이 (…) 동반자살이라는 명목으로 숨겨간 마지막 이름이기를 희망한다 (…) 얼마나 더 많은 아이들이 죽어야만 그런 세상에 도달할 수 있을까 (…) 얼마나 더 많은 아이들이 살해되어야 하는가. 아직도 숫자가 부족한가 (…) 세상을 일깨우기 위한 희생은 최초의 한 아이만으로도 이미 충분했다. 부족한 건 언제나 행동뿐이다.
- 울산지방법원 2020. 5. 29. 선고 2019고합365 판결 [살인]

아이를 죽이고 자신도 죽으려다 살아남은 어머니를 재판한 사건의 판결문이야. 한번 읽고 생각해봐. 아이가 기억하는 부모의 마지막 말이 "이 약 먹으면 엄청 편안해질 거야", "문 꼭 닫아. 절대 열면 안 돼", "이제 자자… 엄마, 아빠랑 좋은 곳으로 같이 가자…"라면 너무 끔찍하고 슬프지 않아?

'동반자살'이라는 단어를 쓰는 건 우리나라하고 일본 외에는 거의 없다고 해. 서양에서는 '살해 후 자살'이라는 표현을 쓴대. 우리 사회가 아이들을 하나의 인격체로 생각하지 않고 소유물처럼 생각하는 경향이 있잖아. 가해 부모는 아이에 대한 책임감과 사랑 때문에 이런 일을 했다고 생각하는 건데, 이걸 정말 사랑이라고 할 수 있을까? 앞으로는 이 '사랑'에 대한 관점부터 바꿔야 할 것 같아. 그리고 적어도 이 비극에 더 이상 '동반자살'이라는 단어는 써서는 안 될 것 같아.

2인조 카빈 연쇄 강도 사건

우리는 종종 범죄자들이 세상에 내놓는 다양한 말과 행동을 목격한다. 대부분 자신의 죄를 정당화하기 위해서이거나, 짊어질 죄의 무게를 줄이기 위해서이다.

이종대와 문도석은 죗값을 치르지 않는 방법을 선택했다. 그것도 가장 참혹하고 비겁하고 비열한 방식을 선택했다. 세상은 그와 자녀들의 죽음을 '동반자살'이라 불렀다. 구구절절 사연을 풀어내지 않고, 아주 간결하게 그들의 최후를 설명할 수 있는 단어가 동반자살이기 때문이다. 그러는 사이, 우리는 마지막까지 비열했던 그들의 범죄를 단죄할 기회를 잃었는지도 모른다.

우리는 살해된 아이의 진술을 들을 수 없다. 동반자살은 가해 부모의 언어다. 아이의 언어로 말한다면 이는 피살이다. 법의 언어로 말하더라도 이는 명백한 살인이다.

- 울산지방법원 2020. 5. 29. 선고 2019고합365 판결 [살인]

만약 저세상에서 재판이 열리고 아이들이 증언대에 서게 된다면 아이들은 뭐라고 진술을 할까. 영문도 모른 채 살해된 아이들의 증언을 들으며 가해 부모는 그것을 감히 '사랑'이라 말할 수 있을까. 그리고 우리는 그 사실을 '동반자살'이라 말할 수 있을까. 아이들을 위한 길이 아니란 걸 안 이상, 다시는 이런 일이 반복되지 않아야 한다.

언제나 부족한 건 행동뿐이다.

2인조 카빈 연쇄 강도 사건

101호 작전, 흰 장갑의 습격

YH무역 여공 농성 사건

이 암흑적인 정치, 살인 정치를 감행하는 이 정권은 필연코 머지않아서 반드시 쓰러질 것이다. 쓰러지는 방법도 비참하게 쓰러질 것이다.

-김영삼

흰 장갑을 낀 무법자들

인생에 길이 남길 만한 멋진 사진을 '인생샷'이라고 하잖아. 그런데 평생 간직해온 '인생 사진'을 보기만 해도 등골이 서늘해진다는 남자가 있어. 오늘 할 이야기는 우연히 무서운 '인생 사진'을 찍게 된 한 남자의 '그날'에서 시작해.

1979년 8월의 어느 무더운 여름 밤, 박태홍 기자는 철야 근무를 하고 있었어. 박 기자는 신문사의 사진기자였는데, 당시만 해도 신문사의 철야 근무가 그리 힘들지 않았대. 야간통행금지 정책이 시행되던 시절이라 밤늦게 돌아다니는 사람도 많지 않았고, 화재나 교통사고 아니면 한밤중에 달려갈 사건 사고도 없었거든. 그날도 소주 반 병을 반주로 해서 저녁을 먹고 사무실에 들어가 느긋하게 있었어. 그러다 시계를 보니 새벽 1시야. 기분이 싸해.

YH무역 여공 농성 사건

마감 시간 지났는데 김 선배가 왜 안 들어오지?

1970년대니까 인터넷도 없고 필름 카메라를 사용하던 시절이었거든. 그래서 기자가 촬영한 필름을 갖고 들어와서 직접 현상까지 한 뒤 편집부로 넘겨야 해. 평소 같았으면 마감 시간까지 못 오면 차 편으로 필름이라도 보냈을 텐데, 선배가 감감무소식인 거야.

박 기자의 선배는 이렇게 갑자기 연락이 두절될 만한 사람이 아니었어. 혹시 무슨 사고라도 난 건가 걱정이 되기 시작했지. 어느덧 새벽 2시, 불길한 예감이 든 박 기자는 회사 차를 타고 선배가 취재하러 간 장소를 찾아갔어. 공덕동 로터리에 다다랐는데 어쩐 일인지 바리케이드가 세워져 있고 들어가지도 못하게 하는 거야.

의아함을 느끼면서 주변 정황을 살폈지. 차에서 내려서 보니 저쪽에서 젊은 남자 20여 명이 떼로 걸어오고 있어. 사진기자의 본능이랄까? 박기자는 무의식중에 사진을 찍었어. 그때 찍은 사진이 바로 이 사진이야.

사진 속 남자들의 모습이 어떤 것 같아? 어딘지 모르게 분위기가 험악해 보이지 않아? 플래시를 터뜨리자마자 남자들이 일제히 박 기자 쪽으로 고개를 돌렸어. 그러고 나서 무슨 일이 벌어졌을까?

당시 박태홍 기자가 촬영한 사진. ⓒ박태홍

> 몰려오더니 '너 뭐야?' 하면서 어떤 사람이 뒤에서 옷으로
> 제 얼굴을 통째로 덮어씌우고 주먹질, 발길질 막 하더라고
> 요. 주먹에 맞고 땅바닥에 쓰러지면서 카메라 그냥 패대기쳐
> 지고, 스트로보 깨지고, 발길질당하고, 밟히고….
>
> -박태홍 씨(당시 한국일보 사진기자)

이러다 죽겠다 싶었던 박 기자는 비장의 무기를 꺼냈대. 바로
야간통행증, 줄여서 '야통증'이야. 당시는 야간통행금지가 있던 시
절이라 밤 12시부터 새벽 4시까지는 아무도 집 밖을 돌아다닐 수가
없었어. 단속에 걸리면 경찰서 유치장에 갇혀 있다 통금이 풀리는 4
시에야 풀려날 수 있었어. 그런데 이 '야통증'만 있으면 통행금지 시

간에도 밤거리를 자유롭게 누빌 수 있는 거야. 당연히 아무나 가질 수 없는 특권이었고 '야통증'을 가졌다는 건 보통사람이 아니라는 증거야. 박 기자는 기자 신분을 밝히면서 당당히 '야통증'을 내밀었지. 그랬더니 어떻게 됐을까?

기자? 기자 좋아하네.

멈추기는커녕 더 때려. 그런데 기막힌 건 바로 옆에 경찰관이 있는데 못 본 척 가만히 있는 거야. 대체 이 사람들 정체가 뭘까? 깡패나 조폭이라면 경찰이 모른척 할 리가 없잖아. 남자들의 특징은 하나같이 손에 흰 장갑을 끼고 있었다는 거야. 흰 장갑을 낀 무법자들…, 그들은 누구일까? 그런데 놀라운 건 이날 새벽 '흰 장갑'에게 맞은 사람이 박 기자만이 아니었다는 거야.

무려 15명의 기자가 무차별 '집단 테러'를 당했어. 박 기자처럼 다들 신분을 밝혔지만 소용없었어. 그들은 상대가 기자라는 사실을 알면서도 아랑곳하지 않았어. 심지어는 "종군기자라고 생각해!"라고 말하면서 주먹을 마구 날리기까지 했대.

그들은 플래시를 박살 내면 사진을 못 찍는다는 것도 아는지 기자들의 플래시를 보는 족족 박살 냈어. 피투성이가 된 기자들이 길

꼬리에 꼬리를 무는 그날 이야기 2

바닥에 쓰러져 있고 근처 병원은 부상자들로 붐벼서 야전병원 같았어. 기자들이 공포의 '흰 장갑'에게 폭행을 당한 건 새벽 2시, 마포구 도화동의 한 신축 건물이었어.

새벽 2시 반. 흰 장갑의 무차별 폭행이 쓸고 간 마포 거리에 한 남자가 나타났어. 그의 손에는 톱, 망치 같은 연장이 들려 있었어. 남자는 마포에서 건재상을 하고 있었어. 건재상은 유리나 목재 같은 건축자재를 파는, 요즘으로 치면 인테리어 가게 같은 곳이야. 그는 전화를 받고 그곳에 왔어.

새벽 2시 반까지 마포구 도화동 ○○○○건물로 오시오. 동트기 전까지 작업을 끝내야 하오.

새벽 2시 반까지 와라…. 이게 무엇을 의미하는 걸까? 이날 새벽 2시에 있었던 집단폭행이 사전에 계획되어 있었다는 거지. 현장에 도착한 남자는 깜짝 놀랐어. 기자들이 폭행당한 거리는 온통 핏자국이 가득해. 그런데 건물 안에 들어가보니 더 놀라워. 유리창이 깨지고 문이 부서지고 집기가 전부 박살 난 게 전쟁터가 따로 없어. 대체 무슨 일이 있었던 걸까?

정신없이 깨진 유리를 갈아 끼우고 부서진 문을 고치는데 저쪽

도화동 건물 한켠에 쌓여 있던 신발과 플래카드.

꼬리에 꼬리를 무는 그날 이야기 2

구석에 뭔가 이상한 게 잔뜩 쌓여 있어. 뭘까? 다가가서 보니 여자 신발이야, 주인 잃은 운동화, 한 짝만 남은 샌들, 슬리퍼가 100켤레도 넘어. 대체 이 건물에서 무슨 일이 벌어진 걸까? 신발의 주인들은 어떻게 된 걸까?

피땀 어린 가발

사건이 벌어지기 이틀 전으로 돌아가볼게. 1979년 8월 9일 아침 9시 정각, 문제의 도화동 건물 앞이야. 갑자기 골목 여기저기서 여자들이 몰려나오더니 우르르 건물로 뛰어들었어. 건물 안에 있던 사람은 깜짝 놀랐어. 얼핏 봐도 100명이 넘는 여자들이 갈 곳이 없다면서 들이닥쳤는데 안 놀라고 배기겠어? 특이한 건 하나같이 손에 목욕 바구니를 들고 있었다는 거야. 건물에서 나온 사람은 처음에는 당연히 이 사람들이 못 들어가도록 막아섰어. 그런데 안에서 이런 목소리가 들려오는 거야.

총재님이 들여보내라고 하십니다.

총재? 총재가 누굴까? 여자들을 들여보내라고 지시한 그 사람은 바로 김영삼 전 대통령이었어. 1979년 당시에는 제1야당이었던 신민당˙의 총재, 지금으로 치면 당대표였어. 여자들이 뛰어든 곳은 신민당사 건물이었던 거지. 몇 명인가 세어보니 무려 187명이야. 187명의 여자들이 목욕바구니를 들고 야당 당사로 뛰어든 이유가 뭘까? 그들은 눈물을 흘리며 김영삼 총재에게 이곳까지 오게 된 사정을 설명했어.

그들은 모두 한 회사에 다니는 직원이야. 바로 면목동에 있는 'YH무역'이라는 회사였지. 그들이 신민당사로 모여들기 이틀 전인 8월 7일 아침. 여느 때처럼 출근했는데 회사 문이 굳게 닫혀 있고 폐업 공고가 붙어 있었어. 갑자기 회사가 문을 닫는다는 거야.

187명의 여자들은 모두 이곳에서 일하던 여공들이야. YH무역은 가발을 만들어 수출하는 회사인데 1965년에 자본금 100만 원, 직원 10명으로 시작해서 불과 5년 만에 직원 4,000명을 거느린 국내 최대의 가발업체가 됐어. 직원 수만 보면 5년 동안 무려 400배 성장한 거야. 이 '폭풍 성장'의 비결이 뭘까?

˙   1960~1970년대 박정희 정권의 여당인 민주공화당과 대립한 야당. 1970년을 전후해 '40대 기수론'을 타고 기성정치권의 새바람으로 김영삼과 김대중이 급부상한다. 1971년 대통령 선거에서 김대중이 근소한 표 차로 낙선하자 신민당은 박정희 정권의 대항마라는 이미지를 얻게 되었다.

YH무역의 창립자는 장 회장이라는 사람인데 미국에서 시장조사를 하다가 번뜩이는 사업아이디어가 떠올랐어. 미국에서 가발이 엄청 잘 팔리는데, 그 원료인 머리카락을 한국에서 수입해 오는 거야. 당시 한국은 임금이 쌌으니까, 원료만 수출할 게 아니라 한국에서 가발을 직접 만들어 완성품까지 수출하면 큰돈을 벌 수 있겠다 싶었던 거지.

마침 시기도 절묘했어. 당시 미국 가발 시장을 홍콩과 일본이 장악하고 있었는데, 갑자기 미국 재무성이 '이제부터 공산국가의 머리칼로 만든 가발은 수입을 금지한다'라는 폭탄선언을 한 거야. 당시 원료로 중국산 머리카락을 사용하던 홍콩과 일본은 갑자기 수출길이 막혔어.

장 회장은 곧바로 한국으로 들어와 동서와 함께 왕십리의 한 콩나물 공장을 빌려 가발공장을 차렸어. 결과는 그야말로 대박이었지! 경쟁자가 사라진 미국 시장에서 한국 가발은 날개 돋친 듯 팔렸어. 가발 수출이 폭발적으로 증가하면서 원료인 머리칼 가격도 4배가 껑충 뛰어서 '머리 한 번 끊으면 곗돈이 나온다'라고 할 정도였대.

오죽하면 이런 신조어까지 생겼겠어? 군에서 휴가 나온 아들에게 머리카락을 잘라 팔아 쌀밥을 먹인 어머니의 '삭발 모정', 노모의 입원비를 마련하기 위해 머리카락을 잘라 판 '삭발 효녀'. 이렇게 '삭

YH무역 여공 농성 사건

발 미담'이 생길 정도로 전국에 '삭발 붐'이 일었어. 미담만 있었던 건 아니야. 신종범죄가 기승을 부렸는데 뭔지 알아? 바로 '삭발 도둑'. 이게 뭔지 당시 신문기사를 읽어볼까?

14일 오후 3시경 고○○ 씨의 2녀 ○○ 양(7)이 집 앞 골목에서 놀다 15세가량 된 소년으로부터 머리에 붙은 껌을 떼어준다는 꼬임에 빠져 가위로 머리를 잘리었다.

(…)

머리털 값은 시가로 2, 3천 원 정도인데 경찰은 가발 해외 수출 붐을 타고 이와 같이 부쩍 늘어나고 있는 삭발 도둑을 검거하기 위해 특별수사를 전개하고 있다.

-《경향신문》1966년 2월 16일 자

머리카락을 자르려고 어린이를 유인했다가 반항하자 살해한 사건까지 벌어졌어. 중고등학교 여학생들을 대상으로 '머리 기르기 애국 운동'을 벌이자고 했다가 분개한 학부모들이 "우리 딸이 앙고라 토끼냐!" 하고 항의하는 바람에 접는 해프닝이 벌어질 정도로 온 나라가 가발 수출에 목을 맸어.

YH무역은 이 붐을 타고 국내 최대 가발업체로 성장했고 4년 만에 면목동에 대지 4,400평, 건평 2,700평 5층짜리 공장을 세웠어. 그런데 이 수출 효자 상품인 가발을 실제로 만든 건 누구일까? 바로 여공들이었어. 대부분 시골에서 상경한 10대 소녀들이었지. 가발 하나를 만들려면 14단계나 되는 공정을 거쳐야 하는데 손으로 하는 작업이 대부분이야. 섬세하면서 값싼 노동력이 필요했던 거야. 당시 한 여공이 실제로 받은 월급을 보면 1만 5,028원. 당시 근로자 평균 월급이 3만 6,000원이었으니까 반도 안 됐던 거야. 임금이 싸니까 여공이 많을수록 회사는 수익이 많이 났어.

> 그때는 노동자들 데리고 오면 휴가를 줬어요. 며칠간 휴가를 주고 이러니까 시골에 가면 동생들도 데려오고 친구도 데려오고 노동자 하나하나가 다 돈이었죠. 연장근로 수당도 없고 퇴직금도 없고 한 달에 2번 정도 놀았어요.
>
> ─ 최순영 씨(당시 YH무역 노조지부장)

시골에서 올라온 어린 소녀들은 회사 앞 기숙사에서 생활했어. 비좁은 방에 10명씩, 만세를 해야 겨우 누워서 잘 수 있을 정도였대. 수출품을 배에 싣는 선적 일자가 다가오면 며칠씩 철야 근무를 하느라 졸다가 미싱 바늘로 손가락을 박는 일도 다반사였어. 퇴근 시간이 되면 기숙사로 가서 밥을 먹고 다시 야근하러 오고, 연장근로 수당도 없이 그냥 야근을 시키고…. 그야말로 소녀들의 노동력을 '갈아서' 한 땀 한 땀 가발을 만들어 판 거야.

YH무역은 승승장구했어. 1970년에는 수출액 1,000만 달러를 돌파했고 수출의 날 기념식에서 박정희 대통령은 장 회장의 가슴에 철탑산업훈장을 달아줬어. 1972년에는 장 회장과 부사장인 동서가 종합소득세 고액납세자 순위 8, 9위에 나란히 오르기도 했지.

수출기업에게는 파격적인 특혜도 주어졌어. 일반대출 금리의 4분의 1밖에 안 되는 낮은 이자로 돈을 빌려주고 세금도 감면해줬어. '수출만이 살길이다'라는 구호가 있을 정도로 온 나라가 수출에 목을 매던 시절이었거든.

근대화의 역군을 윤락가로 내몰지 말라

1970년 장 회장은 동서를 사장으로 앉히고 미국으로 건너가 백화점을 차렸습니다. (…) 장 회장에게 1975년까지 받기로 하고 300만 불(15억 원) 상당의 상품을 외상으로 수출했는데 그 돈이 오지 않았습니다. (…) 또한 (동서인) 진 사장은 국내에 YH 해운을 설립했으며 그 자본은 물론 YH무역으로부터 나갔던 것입니다. 이렇게 국외와 국내로 자본을 빼앗긴 YH무역은 1971년을 전성기로 점점 시들어가고 있었습니다.

-여공들의 호소문 중

그런데 그렇게 잘나가던 회사가 왜 문을 닫게 된 걸까? 여공들은 "정부와 은행은 근대화의 역군을 윤락가로 내몰지 말라"라는 말로 시작하는 호소문에서 그 이유를 이렇게 밝혔어. 장 회장은 상품을 가져가 대금을 결제하지 않는 방식으로 회사 돈을 빼돌린 후 미국에서 호화생활을 하고 있고, 한국의 경영진은 무리한 투자와 방만한 경영으로 빚만 늘렸다는 거야. YH무역은 빚더미에 올랐고 주거래은행으로부터 거래정지까지 당했어.

월급이 밀리고 휴업이 반복되면서 견디다 못한 여공들은 하나둘 공장을 떠났어. 고향 집의 생활비와 동생들 학비를 거를 수 없는 그들은 열악한 하청 공장을 전전하다 근처 '방석집'으로 흘러가기도 했어. 그런데 이제 회사 문을 닫을 테니 남은 여공들도 떠

* 방석이 깔려 있는 집이라는 뜻으로, '요정' 또는 '기생집'을 이르는 말.

YH무역 여공 농성 사건

나라는 거야. 잠 못 자고 미싱에 손가락을 박아가며 일군 회사잖아. 여공들도 더 이상 가만히 있지 않았어. 노동조합을 만들고 자신들의 목소리를 내기 시작했어. 호소문을 들고 관계부처와 방송국을 찾아다녔어. 그런데 울면서 매달려도 들어주는 사람이 없었어. 왜였을까?

당시 여공들은 가난하고 못 배우고 나이도 어린 데다 여자. 우리 사회에서 가장 힘없고 무시해도 좋은 존재로 여겨졌어. 당시에 이런 여공들을 가리키는 말이 있었어. 한 번쯤은 들어본 적이 있을 거야. '공순이'. 여공을 얕잡아서 부르는 말이야. 공장에서는 관리자들이 여공들을 이름 대신 번호로 불렀어. 반말은 기본이고 욕설도 비일비재했대. 공장 밖에서는 나이 어린 남학생들까지 조롱을 일삼았어.

어이 공순이, 오늘은 일찍 끝났네. 데이트 하러 가?

수출 100억 달러를 돌파한 1977년 '공순이'는 73만 명(여성 노동자의 80%)에 달했고, 그중 70%가 18~22세의 어린 여성이었어. 학력은 대부분 중졸 이하였고, 노동시간은 가장 길지만 임금은 가장 적었어. 남성 노동자 임금의 약 40% 정도야.

20여 년이 지난 1991년에도 '공순이'에 대한 사회적 푸대접은

변하지 않았어. 1991년 12월 6일, 한 여성 노동자가 건물 옥상 난간에서 몸을 던졌어. 그는 부산에 있는 한 신발제조업체에서 일했는데, 이 회사는 작업목표를 채우지 못하면 반장, 계장 등 관리직 사원들이 정신교육과 강제 잔업을 시켰대. 또한 노동자들을 이름이 아니라 '권공순' 등으로 부르며 비인간적으로 대했다는 거야. 권미경 씨는 이런 비인간적이고 살인적인 노동 현실에 항거해 투신했어. 그렇게 사망한 23살 권 씨의 왼팔에는 '내 이름은 공순이가 아니라 미경이다!'라는 글이 볼펜으로 새겨져 있었지.

다시 그날 이야기로 돌아가보자. 여공들이 여기저기 호소도 하고 매달렸지만 결국 YH무역은 문을 닫았어. 굳게 잠긴 문 앞에서 망연자실 서 있던 여공들은 기숙사로 돌아왔어. 그런데 기숙사에는 '기숙사를 폐쇄한다. 고향으로 돌아가라' 하는 사내방송이 계속 흘러나와. 이 방송을 들은 여공들은 짐을 챙겨 고향으로 돌아가는 대신 기숙사에서 농성을 시작했어.

장 회장을 소환하고 생계대책을 세워달라!

그런데 무시무시한 소문이 돌아. '경찰이 들이닥쳐서 전부 끌어낼 거다', '회사가 깡패를 동원한단다' 등등. 뜬소문이 아니었어. 경찰이 모여들더니 기숙사를 포위했어. 여공들은 식탁과 의자를 끌어다 기숙사 정문을 막았지. 그랬더니 회사 측은 기숙사 건물의 물과 전기를 끊고 식당도 폐쇄했어. 한여름에 물도 전기도 끊긴 기숙사에서 얼마나 버틸 수 있을까? 밤이 되니 기숙사 안은 캄캄해. 여공들 몇 명은 불침번을 서고 나머지는 쪽잠을 잤어. 그런데 갑자기 불침번을 서던 여공들이 '비상! 비상!' 하고 날카롭게 소리를 질러.

달려가서 확인해보니 기숙사 철문이 반쯤 뜯겨 있었어. 드디어 올 게 온 거야. 이대로 가만있다간 강제로 끌려 나갈 게 뻔한 상황이야. 이제 어떡해야 하지? 그때 여공들 중 1명이 의견을 내놓았어. 신민당사로 가자는 거야. 설마 경찰이 국회의원들이 있는 정당 당사까지 쳐들어오겠냐 싶었던 거지. 거기다가 당사라면 언제나 기자들이 있는 곳이잖아. 사람들에게 지금 자신들에게 일어나고 있는 문제를 알리기도 쉬울 거라는 생각이었어.

'좋은 생각 같긴 한데 국회의원들이 있는 당사라니.' 어쩐지 두렵고 생소해. 하지만 달리 선택의 여지가 없어. 가보는 수밖에. 그런데 한 가지 문제가 남았어. 밖에 경찰이 지키고 있는데 이 많은 사람이 어떻게 빠져나가지?

270

꼬리에 꼬리를 무는 그날 이야기 2

목욕바구니와 흰 장갑

다음 날 새벽 5시, 손에 목욕바구니를 든 여공들이 기숙사를 빠져나왔어. 혹시라도 들키면 "물이 안 나와서 목욕탕에 가요"라고 둘러댈 작정이었지. 수백 명이 한 번에 기숙사를 나오면 당연히 눈에 띌 테니까 4명이 한 조를 이뤄서 조금씩 빠져나왔어. 슬쩍 내다보니 경찰들 태반이 졸고 있어. '지금이야!'

이들은 새벽 6시에 마포 도화동에 도착했어. 그들은 골목 어귀나 빌딩 계단에 숨어서 무려 3시간 동안이나 기다렸어. 혹시라도 경찰 눈에 띌까 봐 흩어져서 대기하다가 9시 땡 하면 동시에 들어가기로 했어. 당시 스물네 살인 권순갑 씨도 그날 그곳에 있었어. 순갑 씨는 골목에 몸을 숨기고 손목시계만 계속 들여다봤어. 이윽고 8시 55분! 작전 개시 5분 전이야. 그런데 이상해. 조용해도 너무 조용한 거야.

기숙사를 빠져나오다가 발각돼 잡혀버린 걸까? 불길한 생각이 들지만 휴대폰은커녕 삐삐도 없던 시절이라 확인할 방법이 없었어. 드디어 3분 전! 길가로 고개를 빼꼼 내밀었어. 아무도 안 보여. 경찰들만 왔다 갔다 해. 덜컥 겁이 났어. 무서워서 다들 포기해버렸나?

마침내 10초 전! 심장이 콩닥콩닥 미친 듯이 뛰기 시작해. 5, 4,

3, 2, 1, 9시 정각! 믿을 수 없는 광경이 펼쳐졌어. 여기저기서 여공들이 튀어나오는 거야. 수백 명이 이 골목 저 골목, 골목이란 골목에서 다 튀어나왔어. 손에는 목욕바구니를 들고! 여공들은 있는 힘을 다해 신민당사로 뛰어 들어갔어.

얼마나 감격스러웠을까? 4층 강당까지 단숨에 뛰어 올라간 여공들은 서로 얼싸안고 바닥에 주저앉아 엉엉 울었어. 모두 187명, 1명도 포기하지 않고 온 거야. 너무 긴장한 나머지 쓰러진 사람도 있었어. 여공들의 호소를 들은 김영삼 총재는 이렇게 말했어.

여러분이 갈 곳이 없어 마지막으로 신민당을 찾아준 데 대해 책임을 느낍니다. 억울한 사정을 해결해줄 테니 용기를 가져주십시오. 내가 보건사회부 장관과 노동청장을 오게 해서 여러분과 대화할 수 있도록 하겠습니다.

여공들은 목욕바구니에 숨겨 온 머리띠를 꺼내 두르고 플래카드를 펼쳐 들었어. 플래카드에는 이렇게 쓰여 있었어.

우리를 나가라면 어디로 가란 말이냐.
배고파서 못 살겠다. 먹을 것을 달라.

농성 중인 여공들. ⓒ조선일보

　기자들이 몰려들어 사진을 찍고 여공들을 취재했어. 그날 저녁, 석간신문에 기사가 실렸어. 사진도 큼지막하게 실렸지. 여공들은 그 신문을 받아들고 환호성을 질렀어. 이제 사람들이 자신들의 이야기를 알게 될 거라고 생각한 거야. '이제 곧 해결책이 나올 거야' 하는 희망에 부풀었어.

　다음 날 오전 10시, YH 여공들에 대한 대책회의가 청와대에서 열렸어. 엄청 빠르지? 언론보도 덕분일까, 역시 신민당의 힘이 컸던 걸까? 이제 해결은 시간문제인 걸까? 회의 참석자는 대통령 비서실 그리고 중앙정보부야. 그런데 회의 내용이 심상치 않아.

장관이나 노동청장이 신민당사에 가서 사과하는 식으로 문제를 해결하면 전례가 됩니다. 오늘 중으로 경찰을 투입해서 강제해산시켜야 합니다!

강경 진압 방침이 정해진 거야. 중앙정보부와 경찰이 발 빠르게 움직여서 긴급작전을 세웠어. 이름하여 '101호 작전'이야. '101'은 사람을 양쪽에서 잡고 끌고 가는 모양이야. 통상적으로 연행 작전을 '101호 작전'이라고 부른다고 해.

작전 개시 시각은 다음 날 새벽 2시였어. 여공들이 신민당사에 들어온 지 채 이틀도 안 돼서 진압할 계획을 세운 거야. 고가사다리차 2대와 물탱크차 2대, 서치라이트를 장착한 소방차 2대가 동원되고 무려 1,200명의 경찰을 투입하기로 했어. 그중엔 사복 요원들도 있었어. 혹시 아까 이야기한 '공포의 흰 장갑' 기억 나? 바로 이들이야. 흰 장갑은 '아군'을 구분하기 위한 표식이 아니었을까?

그날 오후 경찰에서 중정으로 다급한 연락이 왔어. 아무래도 작전을 연기해야 할 것 같대. 신민당사에 창문이 많아서 강경 진압을 할 때 추락 위험성이 높은데, 소방서에서 동원할 수 있는 안전망이 2개밖에 없다는 거야. 이대로 강행했다가는 인명 사고가 날 수 있는 상황이야. 이 말을 들은 중정의 방침은 어땠을까? 대답은 '예정대로 강행'이었어. 이미 '상부'에 보고했으니까 그대로 실행해야 한다는 거지. 그렇게 작전은 시작됐어.

여공 김경숙

그날 저녁 신민당사. 창밖을 내다보던 여공들이 술렁이기 시작했어. 회색 와이셔츠를 입은 남자들이 골목에 진을 치기 시작했거든. 사복경찰들이야. 바깥 공기에 민감한 여공들이 술렁대기 시작했어. 높은 사람의 지시가 내려와서 오늘 밤 경찰이 여공들을 끌어낼거라는 소문이 돌았대. 여공들은 마지막 결의를 다지는 결의대회를 열기로 했어.

동해물과 백두산이 마르고 닳도록….

애국가를 부르기 시작하자 여기저기서 흐느끼는 소리가 들려. 고향에 계신 부모님을 향해 큰절을 올릴 때는 울음바다가 됐어. 바로 그때였어. 여공 하나가 나와서 결의문을 읽기 시작했어.

거리에 내쫓겨 올 데 갈 데 없는 우리들은 정상화가 아니면 죽음이라는 구호를 외치며 다음과 같이 결의한다!

쩌렁쩌렁한 목소리와 달리 앳된 얼굴의 여공이었어. 지켜보던 여공들도 깜짝 놀랐어. 지금까지 앞에 나서는 일이 없는 아이였거든. 이름은 김경숙, 올해 스물한 살. 경숙은 늘 묵묵히 일만 했고, 날마다 일기를 썼어.

> 한 달 동안 고생했던 돈을 적금을 부쳤다. 알뜰한 생활 속에 저축하며 남들 맛있게 먹는 호떡 사 먹지 않고 돈을 아껴 집에 한 푼이라도 부쳐주리라 열심히 모으고 있다. 가게 하나라도 마련하여 어머님 고생을 더하지 않도록 하고 준곤이 동생을 가르쳐 동생만은 성공시키리라. 나의 가장 큰 소망이라고 말할 수 있다.
>
> -김경숙 씨의 1978년 1월 24일 일기

일기에 등장하는 준곤이는 경숙의 세 살 아래 남동생이야. 경숙이는 시골에 생활비를 보내고 남동생의 학비를 대는 실질적인 가장이었어. 여덟 살 때 아버지가 돌아가시자, 홀로 된 어머니는 떡 장사를 시작했고 남동생을 돌보는 건 어린 경숙의 몫이었어. 그러느라 초등학교도 남들보다 1년 늦은 아홉 살에야 입학했어. 경숙이는 초등학교 때부터 꼬박꼬박 일기를 썼는데, 초등학생의 일기가 육성회비 걱정으로 가득했어. 집은 점점 더 어려워져서 경숙이는 6학년 겨울방학 때부터 집 근처 누에고치 공장에서 일을 했어. 그러다 결국 중학교 진학을 포기하고 돈을 벌기 시작했어. 지금은 상상하기 힘들지만 당시에는 아들은 공부시키고 딸은 돈을 벌어 남자 형제의 학비를 대는 게 흔한 풍경이었어.

열다섯 살이 되던 해 경숙은 돈을 더 많이 벌 수 있다는 말에 연고도 없는 서울로 올라와서 청량리 한 봉제공장에 '시다'로 들어갔어. 시다가 무슨 뜻일까? '시다した'는 일본어로 '아래下', '아랫사람'이란 뜻이야. 공장에서는 '견습공'을 '시다' 혹은 '시다공'이라고 불렀어. 공장 노동자 중에서 가장 밑바닥, 대우도 가장 열악해. 전태일 열사 알지? 1970년 평화시장에서 "근로기준법을 준수하라!", "우리는 기계가 아니다!" 목청 높여 외치고 분신한 전태일. 그가 박정희 대통령에게 남긴 편지에는 당시 시다들의 비참한 삶이 잘 그려져 있어.

존경하는 대통령 각하. 저는 스물두 살 재단사입니다. 저의 직장은 동대문구 평화시장으로써 종업원은 2만여 명이 됩니다. 2만여 명 종업원의 90% 이상이 평균연령 18세의 여성입니다. 또한 이들 중 40%를 차지하는 시다공들은 평균연령 15세의 어린이들로서 육체적, 정신적으로 성장기에 있는 이들은 하루에 90원 내지 100원의 급료를 받으며 하루 16시간, 일주일 98시간의 고된 작업에 시달립니다.

-전태일 열사가 박정희 대통령에게 보내려던 편지

평균연령 15세, 하루 90~100원의 급료, 하루 16시간, 일주일에 98시간 작업. 경숙이는 '시다'로 하청공장을 전전했어. 자신은 5원짜리 풀빵으로 배고픔을 달래면서도 시골집에는 월급의 거의 전부를 보냈어. 그러다 3년 만에 처음으로 이력서를 쓰고 입사한 곳이 바로 YH무역이야.

난생처음 사원증도 받고 학교도 다닐 수 있게 됐어. 회사 안에 산업체 야간학교가 있었거든. 경숙이는 이때가 제일 행복했대. 고된 일을 마치고 그야말로 날듯이 달려 야간학교로 향할 정도로. 그런데 겨우 하루에 2시간 수업인데도 그마저 못 가는 날이 많았어. 당시 YH무역에서 야근은 기본이고 철야 작업도 많았거든.

코에서 피가 펑펑 쏟아졌다. 나는 정신을 잃었다. 겨우 일어나 화장실에 가서 거울을 보니 나의 얼굴이 아니었다. 아침 7시까지 일하고 아침을 먹고 또 근무를 하여야 한다. 나의 몸은 지쳐 비틀대고 숙소에 들어와 밥을 먹는데 밥이 먹히지 않는다.

-김경숙 씨의 1978년 3월 17일 일기

이렇게 일하면서 경숙과 여공들은 계까지 들었대. 무슨 계냐고? 이름하여 '빵계'. 야근하면 간식으로 빵을 하나씩 줬는데 그 빵을 10명이서 한 사람에게 몰아주는 계를 만든 거야. 한창 배고플 나이니, 빵 10개를 한꺼번에 다 먹고 싶어서 그랬던 걸까? 아니야. 달콤한 빵을 먹을 때마다 고향에 있는 남동생이 눈에 밟혔던 거야. 그래서 보내주고 싶은데 하나씩 보내줄 수도 없고, 그렇다고 모아뒀다 부치면 상하잖아. 그래서 계를 해서 한 명에게 몰아주고 빵 10개씩을 시골로 부친 거야.

경숙은 동료들이 고향에 가는 명절에도 집에 가지 못했어. 집안 형편은 나아진 게 없고 고등학생인 남동생 학비를 대려면 고향 가는 차비라도 아껴야 했어. 월급을 받자마자 우체국으로 달려가 송금하는 게 유일한 기쁨이고 낙이었어.

그런데 경숙이 입사한 해 YH무역은 이미 내리막길을 걷고 있었어. 그러더니 이윽고 입사 3년 만에 회사 문을 닫고 기숙사에서도 쫓겨나 신민당사로 오게 된 거야. 경숙이는 더 이상 갈 곳이 없다고 생각했어. 결의문을 읽는 경숙의 목소리가 더 높아졌어.

관계부처는 이 문제를 즉각 해결하라!
정부당국은 장 회장을 즉각 소환시켜라!
우리의 정당하고도 정의로운 요구가 관철되지 않는 한
이 자리에서 한 발자국도 물러설 수 없다!

여공들은 서로 부둥켜안고 울기 시작했어. 지켜보던 국회의원들과 기자들도 눈물을 흘렸어.

흰 장갑의 습격

밤 11시 30분. 상황은 더욱 심각해졌어. 건물 밖 도로 위에 바리케이드가 설치되고 경찰차가 속속 몰려들고 전투경찰들이 쫙 깔렸어. 여공들은 흥분하기 시작했어. 이대로 경찰이 들이닥치면 무슨 일이 벌어질지 모르는 상황이야.

김영삼 총재가 여공들을 진정시켰어. 그리고 신민당 당직자가 경찰에 전화를 걸었어. 제발 기동경찰을 철수시켜달라고. 저 여공들을 다 죽일 거냐며, 피도 눈물도 없냐고 읍소했어. 다행히 경찰차가 하나둘 빠지는 것 같았어. 밤 12시 4층 강당. 여공들은 책상, 의자 같은 집기들을 모아 강당 문을 막고 바닥에 누웠어. 서로 떨어지지 않도록 팔짱을 단단히 끼고 불안한 잠에 빠져들었어.

그때 2층에서는 국회원들과 당직자, 그리고 기자들이 비상대기를 하고 있었어. 이성춘 기자도 그 시각 2층에 있었지. 지금은 팔순이 된 그가 충격적인 그 밤의 이야기를 이렇게 회고했어.

사무총장실 책상을 다 치우고 거기서 나랑 신민당 당직자, 둘이 런닝하고 빤스 바람으로 드러누운 거야. 더워가지고 10시 반쯤부터 드러누워서 잡담하고 이런저런 얘기 하는데 12시가 지나니까 조용하단 말이야. 그래서 둘이 깜박 잠이 들었어요. 어디서 부스럭부스럭 소리가 나가지고 '여봐, 무슨 소리 안 들려?'. 위에서 갑자기 그냥 '야~' 쳐들어온다고 그러고, 여성들이 발을 구르는 거야.

- 이성춘 씨(당시 한국일보 정치부 기자)

그 소리를 듣고 '쳐들어왔구나!' 싶었던 이 기자는 벌떡 일어나서 어둠 속에서 허겁지겁 옷을 입었어. 다른 방에 있던 기자, 국회의원, 당직자들도 헐레벌떡 뛰쳐나왔고 그중에는 김영삼 총재도 있었어. 그런데 대책을 의논하려는 찰나 갑자기 벽에서 쿵! 손이 나왔어! 흰 장갑이야! 흰 장갑을 낀 수십 개의 주먹이 사무실 가벽을 뚫고 나온 거야. 그 자리에 있던 사람들은 공포에 휩싸였어.

무력을 써서 야당 당사로 밀고 들어온 경찰에게 김영삼 총재는 당연히 분노를 터뜨렸어. 하지만 경찰은 꿈쩍도 하지 않았어. 청년 당원들이 나서서 항의했지. 그 순간 경찰 간부가 눈짓을 했어. 그러자 '흰 장갑' 하나가 곤봉으로 청년 당원의 머리를 내려쳐버린 거야. 그러자 영화에서처럼 얼굴에 피가 주르륵 흘러내렸어.

머리를 치고 딱 여기가 갈라지더라고. 쫙 갈라지고 피투성이가 돼. 푹 주저앉으니까 그걸로 옆에 양쪽을 치고 펄쩍펄쩍 2명 다 그대로 엎어졌어요.

－이성춘 씨(당시 한국일보 정치부 기자)

저항하던 당직자들에게도 무차별 폭행이 가해졌어. 대변인은 얼굴이 피범벅이 됐고 다리가 부러진 국회의원도 있었어. 그 자리에 있던 사람들은 공포와 무력감을 느꼈어.

　자, 다들 보셨죠? 말을 안 들으면 이렇게 되는 겁니다. 얌전하게 시키는 대로 따라주십시오. 총재님 먼저 나오시고 국회의원, 당 간부들, 기자들 순서로 나오십시오. 조금이라도 저항하는 사람 은 방금처럼 응징을 가할 겁니다.

　김영삼 총재가 먼저 나가고 국회의원, 당직자, 기자들이 줄지어 사무실을 나갔어. 이들은 마치 전쟁포로처럼 머리에 손을 얹고 계 단을 내려가야 했어. 고개를 들거나 말 한마디만 해도 가차 없이 곤 봉 세례가 쏟아졌거든. 국회의원과 기자들에게 이 정도로 폭행을 가할 정도였으니 여공들은 어떻게 되었을까?

경숙의 죽음

　4층 강당은 말 그대로 아수라장이었어. 사방에서 비명 소리가 들리고 유리는 와장창 깨지고…. 여공들은 서로 떨어지지 않으려고 팔짱을 낀 팔에 힘을 꽉 줬어. 하지만 속수무책이었어. '흰 장갑'들은 여공들을 닥치는 대로 구타했어. 심지어 진압봉을 거꾸로 잡고 손잡이 부분으로 가격하기까지 했대. 손잡이 부분은 울퉁불퉁해서 잘못 맞으면 골절상을 입을 정도로 치명적인데 진압봉 끝으로 머리를 내려찍기도 했다는 거야.

전투경찰들이 말리다가 서로 다툼이 벌어지기까지 했대. 당시 전투경찰들 사이에는 '경찰이 저렇게까지 과격하고 거칠 수 있을까?', '저 사람들, 어디 다른 데 소속인 거 아니야?' 하는 이야기까지 오갔대. 자기네들끼리는 '사복경찰'이 아니라 '사복들'이라고 불렀다는 거야. 왜 이렇게까지 무자비했을까? 당시 현장에 투입된 전투경찰 1명이 훗날 이렇게 고백했어.

여공들이 신민당사에서 강제로 끌려나오고 있다. ⓒ조선일보

사복들처럼 과격하지는 않아도 저희 전경 기동대원들 중에서도 여공들을 떼어내는 것을 도우면서 머리채를 잡거나 젖가슴을 부여잡거나 하였습니다. (…) 당시 대학생들의 시위는 강경하게 진압하지 않았고 안전을 많이 생각했는데 그 이유는 대학생들이 시위 과정에서 다치거나 하면 국민들에게 파급을 줄 수 있다고 하여 위에서도 특별히 안전을 강조하였기 때문입니다. 그런데 YH 여공들의 농성 같은 경우는 닥치는 대로 진압을 해도 좋다는 그런 분위기였습니다. 그렇게 하여도 국민들에게 파급되지 않는다고 생각하였기 때문입니다.

-당시 투입된 전투경찰의 진술
(진실화해를 위한 과거사 정리위원회)

여공 1명에 경찰 4명이 붙어서 사지를 번쩍 들어 당사 밖으로 끌어냈어. 그렇게 끌려간 여성들은 그대로 경찰호송차에 태워졌어.

사람이 떨어졌다!

바로 그때, 비명과 함께 '쿵' 하는 소리가 들렸어. 황급히 달려가

보니 여자가 쓰러져 있어. 경숙이야. 병원으로 옮겼지만 이미 사망했어. 경숙에게 대체 무슨 일이 벌어진 걸까? 그런데 더욱 이상한 건 사망 후 일어난 일들이야. 9시간 뒤인 오전 11시. 경숙의 남동생 준곤이가 집에 있는데 낯선 남자가 찾아왔어.

어머니는 어디 계시나? 어서 모시고 와라. 너희 누나가 죽었다.
　　누나가 죽었다고요? 누나가 왜요?
자세한 얘기는 가면서 하고. 당장 서울로 올라가야 하니 서둘러라.

얼마나 놀랐겠어? 부랴부랴 행상 나간 어머니를 모시고 약속장소로 갔더니 형사가 기다리고 있어. 그런데 빨리 가야 한다던 사람이 출발을 안 하고 시간을 끄는 거야. 저녁 8시가 넘어서야 출발한 차는 밤늦게 어딘가에 도착했어. 그런데 내려보니 병원이 아니야. 심지어 서울도 아니고 수원의 한 여관이었어. 누나는 어디 있냐고 물어도, 지금 바로 볼 수 있는 상황이 아니니 자고 내일 가자는 대답밖에 돌아오지 않았어.

이상하잖아. 하지만 별다른 수가 없었어. 가난한 형편 때문에 서울에 가본 적도 없었고 누나가 있는 병원이 어디인지도 몰라. '내일은 데려다주겠거니' 싶었어. 그런데 다음 날 아침, 다시 서울로 출발했지만 이번에도 도착한 곳은 어느 여관이었어. 여전히 '아직 볼 상황이 아니다'라는 말뿐이야. 더 이상한 건 여관을 계속 옮겨 다녔다는 점이야. 마치 위치가 노출되지 않기를 바라는 사람처럼…. 그렇게 외부와 차단된 채 여관방에만 있었어. 누나가 어떻게 죽었는지 자세한 설명도 해주지 않았어. 지금은 때가 아니라는 말만 계속했어.

결국 준곤이와 어머니가 경숙의 시신이 있는 병원에 도착한 건 8월 13일 오후 3시가 되어서였어. 광주 집에서 출발한 지 이틀만이었고 이미 부검도 끝난 상태였지. 그런데 더 이상한 건 그렇게 시간을 끌던 경찰이 이번에는 '빨리 화장을 해야 한다'라고 하면서 엄청 재촉하는 거야. 바로 화장터로 출발했어. 장례식도 없었고 애도할 시간도 주어지지 않았어. 화장이 끝난 후 위로금이라며 돈 봉투를 쥐어줬어.

경찰 발표 '자해 후 투신'(8월 13일)

바로 그날 경숙의 사망원인에 대한 경찰의 발표가 있었어. "김경숙은 평소 성격이 예민하고 과격해서 자주 흥분했다. 그날도 함께 투신하자고 여공들을 선동하면서 유리 조각으로 손목을 긋더니 경찰이 진입하기 30분 전 뛰어내렸다. 따라서 김경숙의 죽음과 경찰의 진압은 관련이 없다." 당시 경찰의 발표에 의문을 제기할 사람은 아무도 없었어. 노조 간부들은 다 구속되거나 지명수배를 받고 쫓기는 신세였고, 다른 여공들은 경찰 조사가 끝난 후 버스에 실려 강제로 귀향했어.

남동생 준곤 씨는 그날 이후 죄책감을 안고 살았어. 누나는 자신을 공부시키려고 어린 나이에 여공이 돼서 고생만 하다 결국 목숨까지 잃었는데 자신은 경찰의 말만 믿고 제대로 대처하지 못했다는 자책감이었어.

> 모든 게 다 후회되죠. 확실하게 할 건 다 하고 가야 되는데, 지금 같으면 그렇게 안 하죠. 장례식도 안 하고 무조건 '화장하자' 그래서 화장하고…. 나중에 여공 누나들이 와서 왜 화장했냐고 제일 먼저 그걸 저한테 묻었지 않습니까. (자리에서 일어나 퇴장하며 눈물)
>
> -김준곤 씨(김경숙 씨 남동생)

지난 2008년 '진실화해를 위한 과거사 정리위원회'가 김경숙

사망 사건을 재조사하면서 1979년 당시 부검기록을 재검토한 결과, 경숙의 왼쪽 손목에 난 상처는 자해 흔적으로 보기 어렵고, 오히려 뒷머리에 난 찍힌 상처로 보아 뭔가에 가격당했을 가능성이 있대. 결론은 김경숙은 사복경찰들이 강당에 투입된 직후 이들의 폭력을 피하는 과정에서 추락해 사망했을 가능성이 높다는 거지.

닭의 목을 비틀어도 새벽은 온다

경숙의 죽음은 엄청난 파장을 일으켰어. 경찰이 YH 여공들의 농성을 무자비하게 진압한 후 김영삼 총재는 박정희 정권과의 정면 대결을 선언했어. 여공들이 농성하던 4층 강당에서 신민당 국회의원들과 항의농성을 시작했고 기자회견에서 박정희 정권을 거침없이 비판했어.

나는 박정희 씨의 하야를 강력하게 요구한다. 심야에 신민당사를 습격하여 여공들을 강제로 끌어내다가 김경숙 양을 죽인 불법, 무법정권이 박 정권임을 다시 한번 지적한다.
-1979년 9월 10일 기자회견

발언의 수위가 굉장히 높지? 때는 1979년 유신 말기야. 박정희 대통령에게 '하야하라', '불법정권', 이런 말을 한다는 건 상상하기 힘든 때였어. 그런데 거기서 그치지 않고 김영삼 총재는 《뉴욕타임스》와의 인터뷰에서 미국의 카터(당시 미국 대통령, 제임스 카터) 행정부를 향해 당당하게 이런 요구까지 남겨. 박정희 대통령의 독재정권에 대한 지지를 중단하라고, 국민과 유리되고 있는 정권과 민주주의를 열망하는 대다수 사람들 중에서 한쪽을 택하라고 말이야. 이렇게 되자 여당이 국회에 김영삼 총재의 징계동의안을 제출했어. 김영삼 총재를 제명한다는 거야. 국회의원직을 박탈한다는 거지. 김영삼 총재의 반응은 어땠을까?

오늘 죽는 것 같지만 영원히 살 수도 있는 것이며 지금 살려고 하면 영원히 죽을 수도 있는 것이다. 제명이 아니라 구속을 한다 해도 나는 정정당당히 대도大道를 걸을 것이다.

10월 4일, 김영삼 총재의 의원직 제명안이 통과됐어. 신민당 의원들이 단상을 점거하고 몸으로 막자 국회의장은 의사봉도 치지 않고 손만 흔들어서 안을 처리했어. 꼼짝 않고 의석에 앉아 이 광경을 지켜본 김영삼 총재는 이렇게 말했어.

아무리 닭의 목을 비틀지라도 새벽은 옵니다!

그런데 마치 예언처럼 이 말이 실현된 거야. 10월 15일 부산대학교 법대생 1명이 같은 학교 학생들에게 이런 유인물을 나눠줬어.

> 모든 경제적 모순과 실정을 근로자의 불순으로 뒤집어씌우고 협박, 공포, 폭력으로 짓눌러왔음을 YH 사건에서 단적으로 보여주고 있고 저들의 입으로나마 나불대던 민주공화국의 형식논리마저도 이제는 부정함을 야당의 파괴 음모에서 깨닫게 하여주었다. (…) 학우여! 동지여! 독재자의 논리를 박차고 일어서서 모여 대열을 짓고 나서자!
>
> -〈민주투쟁선언문〉*

유신철폐! 독재타도!

다음 날인 10월 16일 학생들은 어깨를 걸고 구호를 외치며 교문을 나서 시내로 진출했어. 다음 날엔 넥타이를 맨 회사원부터 노

---

* 1979년 10월 15일 부산대 법대 신재식이 작성·배포.

동자, 상인, 식당 종업원까지 합세해 시위는 더욱 격렬해져. 성난 시위대는 파출소를 부수고 경찰차를 불태우고 방송국도 파괴했어.

그날 밤 임시국무회의가 열렸고 18일 0시 부산에 비상계엄이 선포돼. 부산 시내에는 탱크까지 등장했지. 그러나 시민들은 물러서지 않았고 시위는 마산으로까지 번졌어. 이 사건이 바로 부마민주항쟁이야. 계엄령이 선포된 직후 김재규 중앙정보부장이 부산으로 내려갔어. 헬기를 타고 시위 현장을 둘러본 그는 시민들이 대학생들에게 음료수를 건네고 함께 구호를 외치는 모습을 보고 상황이 심각하다는 판단을 내리게 돼.

본인이 확인한 바로는 불순세력이나 정치세력의 배후조종이나 사주로 일어난 것이 아니라 순수한 일반 시민에 의한 민중봉기로서 시민이 데모대에게 음료수와 맥주를 날라다 주고 피신처를 제공하여주는 등 데모하는 사람과 시민이 완전히 의기투합하여 한 덩어리가 되어 있었고 수십 대의 경찰차와 수십 개소의 파출소를 파괴하였을 정도로 심각한 것이었습니다. 그것은 체제에 대한 반항, 정책에 대한 불신, 물가고 및 조세저항이 복합된 문자 그대로 민란이었습니다. 이러한 사태는 본인이 당시에 갖고 있던 정보에 의하면 서울을 비롯한 전국 5대 도시로 확산되어 연쇄적으로 일어나게 되어 있었습니다. 국민들의 유신체제에 대한 저항은 일촉즉발의 한계점에 와 있었던 것입니다.

- 김재규, 〈항소이유보충서〉

유신의 마침표

김재규는 곧바로 서울로 올라가 대통령에게 보고했어. 상황이 심각하니 근본적인 대책을 강구해야 한다고. 그랬더니 이 말을 들을 박 대통령이 버럭 화를 내면서 귀를 의심하게 하는 말을 했대.

부산에 계엄이 있지 않습니까? (…) 그 이후에 대통령하고 같이 식사를 했어요. 내무장관 최인규가 발포 명령을 해가지고, **예, 다 죽었지요.** 나는 그런 짓 안 한다. 나는 내가 직접 한다. 나를 사형까지 시키겠느냐? 아, 발포 명령을 자기가 하겠다고 그래요? 내가 직접 발포 명령한다.

-1979년 11월 30일,
김재규 남한산성 육군교도소 면회 녹취(류택형 변호사)

YH무역 여공 농성 사건

옆에 있던 차지철 경호실장은 한술 더 떴다고 해. 캄보디아에서는 300만 명을 죽이고도 까딱없었는데, 자기네들이 데모대원 100만~200만 명 정도 죽인다고 해서 별일 있겠냐는 거야. 이 말을 들은 김재규는 말만으로 끝나지 않을 거라고 생각했대. 그는 부마항쟁 열흘 뒤 궁정동 안가에서 열린 연회 자리에서 총을 꺼내 들었어.

각하, 정치를 좀 대국적으로 하십시오!

그리고 탕! 이 때가 바로 10월 26일이었어. 경호실장 차지철과 박정희 대통령이 김재규에 의해 사망한 이 사건이 바로 10·26 사건이야. 유신정권에 종지부를 찍은 사건이지. 현대사에서 YH 사건은 유신정권을 무너뜨린 도화선이라고 평가받고 있어.

신민당사에서의 농성이 강제 해산된 후 서러운 강제 귀향길에 오른 여공들은 고향에 돌아간 후에도 수 개월간 철저한 감시를 받고 살았어. 관할 파출소 순경이 집 앞에서 보초를 서는가 하면 선보는 자리까지 따라 나왔다고 해. 블랙리스트에 올라 취업도 어려웠고 취직했다가도 YH 출신인 게 알려지면 해고당하기까지 했어. 순영 씨와 순갑 씨를 포함한 노조 간부들은 형사 처벌을 받았지만 2017년 재심에서 무죄를 선고받았어.

한편 경숙의 남동생 준곤씨는 누나의 바람대로 대학까지 마쳤어. 40년이 넘는 시간이 흘렀지만 그에겐 잊히지 않는 누나의 당부가 있다고 해. 마지막으로 고향 집을 찾은 날, 경숙은 동생에게 이런 말을 남겼어.

신문을 볼 때 큰 타이틀의 기사만 보지 말고 저 밑에 있는 조그만 뉴스거리를 한번 눈여겨봐라. 그 얘길 하더라고요. 밑에 있는 것이 큰 기사일 수도 있는데 그거를 신문에선 너무 작게 보도를 하니까 그런 걸 눈여겨보라고. 조그맣게 실린 기사를 눈여겨보면 거기에 진짜가, 숨은 진짜가 있다….

-김준곤 씨(김경숙 씨 남동생)

끼이이익!

커다란 SUV를 타고 온 '그녀들'은 주차 솜씨부터 남달랐다. 흰 머리를 휘날리며 내리는 순간! 나도 모르게 90도로 허리가 숙여진다.

안녕하세요!

YH 여공 분들이다.

아니, 다 지난 일을 뭘 그렇게 듣고 싶어서 그래요?

당돌하게 인터뷰를 시작한 그녀들이 꺼내어 놓은 '그날 이야기'는 상상하고 싶지도 않은, 참혹함과 충격 그 자체였다. 장장 5시간동안 그 고통의 순간들을 덤덤히 꺼내어놓고 그녀들은 마지막에 이런 말을 남겼다.

그래도, 다시 돌아가도 우린 그렇게 살 거예요. 그치?

그리고 껄껄껄 호탕하게 웃는 게 아닌가! 도무지 이해가 되지 않았다. 질문을 던졌다.

그때의 기억이, 어떻게 보면 여성으로서, 한 개인으로서 비참했을 수도 있는데 어떻게 이렇게 웃으면서 이야기하실 수 있는 걸까요?

예상외의 답변이 돌아왔다.

우린 한 번도 그 순간을 비참하다고 생각한 적이 없어요.

머리를 한 대 얻어맞은 것 같았다. 편견이 와장창 깨지는 순간. 나도 모르게 여공분들에 대한 연민이 있었으리라. 착취당하고 불쌍한 소녀들이라는 생각이 어렴풋이 자리하고 있었으리라. 순간 나 자신이 부끄러웠다. 그녀들의 기억 속의 'YH사건'은 내 인식과는 180도 달랐다. 그건 아마 승리의 기억이자, 승리의 역사였을 것이다. 그 기억을 시청자들과 꼭 나누고 싶었다.

즐거웠어요. 언젠가 또다시 만나요!

언니들(?)의 이 당당하고 호탕한 웃음이 지금처럼 영원히 계속되기를, 한 사람의 팬으로서 마음 깊이 응원한다.

그림이 그려지는
그늘 이야기

일곱 번째 이야기 ✦ 이해연

피의 일요일

아웅산 묘소 폭탄 테러 사건

전쟁은 위대한 서사시와 위대한 영웅을 남기는 게 아니라, 욕심과 자만에서 탄생되며 눈물과 고통, 피만 남게 되는 비참한 것임을 우리는 깨달아야 한다.

-클라우제비츠

대한민국을 충격에 빠뜨린 '그날'

1983년, 한 방송사의 카메라 기자는 특종 중의 특종이 될 만한 장면을 촬영하고도 그 화면을 방송에 내보낼 수가 없었어. 너무 충격적이니 방송을 하지 말라는 정부 지시 때문이었대. 사건이 발생하고 1년이 지난 후에야 겨우 방송할 수 있었다는 거야. 이른바 '피의 일요일'! 이 이야기는 이 영상을 촬영하기 28분 전인 1983년 10월 9일 한 호텔에서 시작돼. 바로 미얀마 양곤의 평화로운 호숫가에 자리 잡은 인야레이크 호텔이야. 오전 10시가 되자 세련된 정장 차림의 남자들이 로비에 나타났어.

간밤에 잘 잤나?

장관님은 잘 주무셨습니까?

서글서글한 목소리로 기자들에게 인사를 건네는 사람은 외무부 장관이야. 그 옆에는 부총리, 그 옆에는 상공부 장관, 동자부 장관…. 대한민국 행정부를 그대로 옮겨놓았나 싶을 정도로 화려해. 뒤이어 등장한 사람은 무더운 날씨에도 정복을 갖춰 입고 입을 꾹 다문 채, 독보적인 아우라를 풍겼어. 가슴에는 훈장이 주렁주렁, 어깨에는 별이 4개야. 소위 말하는 포스타, 우리나라 군 서열 1위 이기백 합참의장이야. 그의 뒤에는 군기가 바짝 든 스물여섯 살의 부관 전인범 중위가 있었어.

> 이기백 장군님은 별이 4개고 저는 중위였어요. 장교의 계급은 소위에서부터 시작합니다. 소위, 중위 순이고, 이분은 군인 계급 중에선 제일 정상에 계셨고…. 그런 차이였어요. 쫄았죠. 저는 의장님 그림자도 안 밟았어요.
>
> - 전인범 씨(당시 이기백 합참의장 부관)

슬슬 모일 사람들이 다 나오고, 모두들 대기하고 있던 승용차에 올랐어. 그날 현장에 있었던 당시 MBC 카메라 기자 이재은 씨도 육중한 장비를 어깨에 메고 선배 기자와 함께 취재 버스에 타고 출발했어. 호텔에서 출발한 차량들은 숲이 우거진 2차선 도로를 달렸

어. 도로 양쪽에는 양곤 시민들이 나와서 태극기를 흔들며 이렇게
외쳤지.

잔마바지, 찬따바지!

무슨 말일까? 미얀마어로 '건강하세요. 행운을 빕니다'라는 말
이래. 무슨 상황인지 알겠어? 차에 탄 사람들은 대통령의 해외 순
방에 함께한 수행원들이었어. 이름하여 '서남아-대양주 6개국 순
방'. 1983년 당시 대통령이었던 전두환 대통령이 장관들뿐 아니라
사기업 총수들까지 대동하고 17박 18일 일정으로 떠난 해외순방길
이었어. 첫 방문국이 당시 '버마'라 불리던 미얀마였던 거야.

그러면 전두환 대통령은 어디에 있었을까? 대통령은 영빈관에
서 출발해서 행사시간에 맞춰 도착하기로 했어. 오전 10시 18분. 호
텔에서 출발한 수행원들은 목적지인 아웅산 묘소에 도착했어. '아
웅산 묘소'가 어떤 곳인지 알아?

미얀마는 1824년부터 1948년까지 영국의 식민지였어. 그때는
'영국령 버마'라고 불렸지. 미얀마의 독립을 이끌어낸 독립영웅이
바로 아웅산 장군인데, 미얀마 국가고문 아웅산 수치 여사의 아버
지이기도 해. 아웅산 묘소는 아웅산 장군을 포함한 9명의 순국열사

를 모신 국립묘지로, 우리나라로 치면 현충원 같은 곳이야. 벽이 없고 지붕과 기둥만으로 된 개방형 구조의 건축물이었어. 미얀마를 방문하는 해외귀빈이라면 반드시 들르는 곳이야. 전두환 대통령도 이날 10시 30분에 이곳에서 헌화하기로 돼 있었어. 부총리가 먼저 계단을 올라가자 다른 수행원들도 자리를 잡았어.

앞줄에는 장관급, 뒷줄에는 차관과 비서관, 이런 식으로 2열 횡대를 이루어 섰어. 이기백 합참의장은 앞줄 맨 왼쪽에 자리를 잡았지. 대통령이 도착하기 전이라 수행원들은 자유롭게 이야기를 나누고 있었어. 반면 이재은 기자는 바빴어. 대통령이 도착하기 전에 묘소 안팎을 스케치해둬야 하니까 선배 카메라 기자와 함께 이리저리 움직였어.

그리고 또 한 사람 전인범 중위도 무척 분주했어. 합참의장님이 자리는 잘 잡으셨는지 불편한 점은 없는지 살피고 부관으로서 가장 중요한 임무에 착수해야 했거든. 바로 사진 촬영이야. 당시 처음 출시된 자동카메라도 챙겨 왔고 필름도 100통이나 사 왔어. 그런데 이거 어떡해? 배터리가 방전된 거야. 시계를 봤더니 10시 25분이야. 행사가 시작하기까지 5분밖에 안 남았어. 전두환 대통령이 도착하기 전에 빨리 챙겨 와야지 싶어서 마음이 급해졌어. 그래서 주차장으로 막 뛰어가는데, 갑자기 묘소 입구가 술렁이는 거야.

원래는 (배터리) 하나만 넣으면 (필름) 두세 통은 그대로 찍을 수 있는 건데 두세 장만 찍으면 배터리가 죽는 거예요. 큰일 났구나, 이거. 배터리를 가지러 밖으로 나가서 넓은 데로 가고 있는데 갑자기 입구 쪽에서 싸이카 오토바이 경호 경찰 2명하고 세단 2대가 들어오더라고요. 세단에 태극기하고 버마기가 있고 그래서 대통령인 줄 알았어요. 저는 시간이 다 됐으니까 굉장히 긴장해서 경례를 붙이고 '아, 이제 사진 찍기는 틀렸구나…'.

- 전인범 씨(당시 이기백 합참의장 부관)

세단 2대가 들어오는데 차에는 태극기가 휘날리고 앞뒤로는 오토바이를 탄 경찰이 에스코트를 하고 있어. 선팅을 짙게 해서 차량 안은 잘 보이지 않았지만 대통령이라고 생각했어. 도열해 있던 수행원들도 복장과 자세를 가다듬었고 입구 쪽으로 시선이 쏠렸어.

진혼 나팔과 함께 터진 비극

각하께서 곧 도착하십니다.

소란하던 장내가 일순 조용해졌고 잠시 후 진혼 나팔 소리가 울렸어. 그때였어.

콰아앙!!

엄청난 굉음과 함께 지붕이 무너져 내리고 회오리바람 같은 폭풍이 일더니 흙먼지 때문에 앞이 안 보여. 여기저기서 고통스러운 신음 소리가 들려. 무너진 건물 더미에 사람들이 깔려 있어. 걸어 나오는 사람은 얼굴이 피투성이야. 잿더미를 뒤집어쓴 시신들이 엉켜있어. 조금 전까지 줄 서 있던 장관들이야. 무슨 일이 벌어진 걸까?

영문 모를 폭발에 현장은 아비규환이었어. 폭발음이 어찌나 큰지, 당시 현장에 있었던 이재은 기자는 귀가 찢어질 것 같은 고통을 느꼈대. 폭발이 일어난 와중에도 이재은 기자와 선배 기자는 무의식적으로 촬영을 계속했어. 현장을 기록해야 한다는 기자정신 때문이었어. 그런데 폭발 현장의 모습이 너무 처참하고 가슴 아파서 촬

폭발이 일어난 후 현장의 모습. ⓒe영상역사관

아웅산 묘소 폭탄 테러 사건

폭탄 테러 수 초 전 고故 최금영 기자가 촬영한 사진. ⓒ연합뉴스

영을 끝까지 할 수가 없었대. 선배가 촬영을 계속하는 동안 이재은

기자도 부상자들을 실어 날랐어.

　당시 중상을 입고 쓰러져 있던 사진기자가 있었는데 나중에 그

의 카메라를 인화했더니 이 사진이 나왔어. 사진 아랫부분의 얼룩

은 카메라에 기자의 피가 스며들어서 생긴 거래. 불과 몇 초 후에

닥칠 죽음을 알지 못한 채 태평하게 서 있는 모습이 그대로 담겼어.

그런데 합참의장의 부관인 전인범 중위는 어떻게 됐을까?

　경호원들이 무전기에 대고 권총을 뽑아 들고 "A 지점에서

　폭파! 폭파!" 막 소리를 지르더라고요. 화약 냄새가 나기 시

작하는데 그때부터는 발이 움직이지 않는 거예요. 당시에는 누가 로켓을 쐈는지 포를 쐈는지 알 수가 없지 않습니까? 또 터질 것 같더라고요. (폭파 장소로) 들어갈까 말까 들어갈까 말까 이런 생각이 막 드는 거예요.

-전인범 씨(당시 이기백 합참의장 부관)

전인범 중위는 배터리를 가지러 간 덕분에 목숨을 건졌어. 그는 두려웠지만 합참의장을 찾으러 폭발현장으로 달려갔어. 무너진 목재 더미 아래 의장이 있었어. 그런데 부상이 너무 심해서 눈을 뜨고 볼 수가 없어. 급히 들것에 실어 현장을 벗어났지. 아무 차나 잡아서 타고 병원으로 향했어. 그런데 어떡해…. 차 바닥에 피가 흥건히 고여.

빨리요, 빨리! 시간이 없습니다.

겨우겨우 병원에 왔는데 병원의 시설이 너무 열악해. 거기다 하필 일요일이라 근무하고 있는 건 당직자 몇 명뿐이었어. 그런데 한꺼번에 부상자가 몰리니까 의료진은 패닉 상태야. 피범벅이 된 부상자들이 병원 바닥 여기저기 눕혀지고 뒤늦게 연락을 받고 의사와 간호사들이 도착했어. 다행히 전 중위는 영어를 잘했어. 합참의장의 상태를 설명하고 치료를 시작했어. 그런데 치료를 못 받고 방치된 사람들이 너무 많아.

옆에서 어떤 사람은 죽고 어떤 사람은 소리를 막 지르고 아비규환이었어요. 제가 지금도 마음에 걸리는 게 있다면 그 당시에 옆에 있는 사람이 죽는 것 같은데 그 사람 친구가 저보고 도와달라 그러더라고요. 제가 그럴 수가 없잖아요. 조금 있으니까 그분이 돌아가시더라고요. 제가 지금까지도 참 그분한테 미안한데, 저로서는 저희 의장님 상태를 알 수 없었기 때문에 어쩔 수가 없었고….

-전인범 씨(당시 이기백 합참의장 부관)

의료진도 부족했지만 더 심각한 건 약품과 의료기기가 부족한 거였어. 소독약품이 없어서 물로 상처를 씻어야 했고 제대로 된 인공호흡기도 없었어. 현지 한국 대사관과 상사 직원 가족들이 집에 있던 구급약을 가져왔고 환자들을 밤새 간호했어. 이계철 주미얀마 대사의 부인은 병원에서 부상자들을 돌보다가 뒤늦게 자신의 남편이 사망한 사실을 알고 오열하기도 했어.

혼란과 공포의 6시간

대체 누가 왜 이런 짓을 벌인 것일까? 대통령의 헌화가 예정돼 있던 시간에 정확히 수행원들이 도열한 지점에서 폭발이 일어났어. 누구를 노린 걸까? 전두환 대통령. 대통령을 노린 폭탄 테러야. 그렇다면 대통령은 무사했을까? 폭발이 일어난 시간은 10시 28분. 그 시각 대통령을 태운 차량은 도로를 달리고 있었어. 아웅산 묘소까지 1.5km 남겨둔 지점이었어. 갑자기 경호원의 무전으로 긴급보고가 들어왔어.

폭발! 몰살! 모두 사망한 것 같다!

아웅산 묘소 현장의 경호원이 보낸 무전이야. 차 안에서 무전을 받은 경호원이 소리쳤어!

폭발이다! 정지! 정지! 테러 발생! 차 돌려!

대통령을 태운 차량과 경호 차량이 급하게 차를 돌렸어. 대통령 일행의 숙소인 영빈관으로 향했어. 그런데 이대로 대통령의 숙소로 갈 수는 없는 노릇이야. 테러범들이 대통령이 살아 있다는 걸 알면 다시 공격해 올 가능성이 높았으니까. 상황 파악도 제대로 안 되는 데다 2차, 3차 공격이 있을 거라는 첩보가 들어오고 있었어.

경호원들은 일단 대통령을 별관의 수행원 방으로 데려갔어. 그리고 2차 공격에 대비해 기관단총을 빼 들었지. 누가 이런 짓을 저지른 걸까? 설마 미얀마 정부가 손님을 초대해놓고 우리를 다 죽이려는 걸까?

미얀마 경호원들 다 내보내!

한국 경호팀은 영빈관 안에 있던 미얀마 경호원들을 밖으로 내보냈어. 아무도 믿을 수가 없었어. 경호를 위해 들고 있던 총을 언제 대통령 일행에게 겨눌지 몰랐으니까.

누가 범인인지 모르잖아. 지금 아직 범인들 체포도 안 된 거고. 그러니까 우리가 의심할 수 있는 것은 미얀마의 누군가 맹동분자들이 했을 가능성도 있기 때문에, 누구든 미얀마 사람들은 접근 못 하게 했어요.

－장기붕 씨(당시 대통령 경호원)

전두환 대통령의 의전을 담당한 미얀마 외무장관이 얼굴이 사색이 돼서 나타났어. 그런데 경호원들이 외무장관의 멱살을 잡았대.

지금 당장 당신 나라 대통령 데려와!

평소라면 상상할 수 없는 일이지만 외교상의 결례 같은 걸 따질 여유가 없었어. 생존의 위협을 느끼는 상황이었거든. 대통령은 그제 야 테러 현장에서 달려온 경호원들로부터 경위보고를 받을 수 있었 어. 사망 17명, 부상자는 14명. 함께 해외순방길에 올랐던 장관과 차관들, 기자, 경호원까지 거의 다 사망한 상황이야. 잠시 고민하던 대통령이 지시를 내렸어.

해외 순방을 중단하고 당장 서울로 돌아간다! 호텔에 묵고 있는 경제인들과 살아남은 사람들은 지금 즉시 전용기로 대피시켜!

주인이 없는 짐은 필수적인 것만 챙기고 나머지는 모두 폐기처 분했어. 주인을 잃은 여행 가방에서 고추장, 김, 멸치 같은 반찬이 많이 나왔어. 모두 외국에 나가면 음식이 입에 안 맞을까 정성스레 집에서 싸 보낸 것들이었어.

아웅산 묘소 폭탄 테러 사건

공항에 도착한 사람들은 간단한 가방만 들고 전용기에 탔어. 짐 가방은 폭탄이 들어 있을까 봐 싣지 못했어. 기내식도 싣지 않았어. 미얀마에서 제공한 음식은 물도 싣지 않았어. 혹시 독극물이 들어 있을까 봐. 허겁지겁 비행기에 탄 사람들은 안도의 한숨을 내쉬었을까? 아니, 기내엔 무서운 침묵이 흘렀어. 비행기가 안전하게 이륙할 수 없을 것만 같다는 공포감 때문이었어.

테러 발생 6시간 후인 오후 4시 30분. 드디어 특별기가 이륙했어. 17박 18일을 예정하고 떠난 순방길인데 만 24시간 만에 한국으로 돌아가게 된 거야. 떠날 때는 꽉 차 있던 자리가 여기저기 비어 있었어. 살아남은 사람들은 눈물만 삼켜야 했지. 특별기는 다음 날인 10월 10일 새벽 3시 김포공항에 도착했어.

긴급뉴스로 참사 소식을 전해 들은 국민들은 큰 충격을 받았어. 한 국가의 각료가 한꺼번에 참변을 당한, 세계 역사상 유례가 없는 사태였으니까. 각 방송사는 뉴스 이외의 모든 정규방송을 중단하고 '애도' 자막과 음악만을 내보냈어.

범인을 찾아라

그런데 이런 끔찍한 테러를 저지른 범인은 누구일까? 한국에서 진상조사단을 미얀마에 파견했어. 미얀마와 한국이 합동으로 조사를 시작했어. 아웅산 묘소에서 폭탄 3개가 발견됐어. 그중 1개만 터지고 나머지 2개는 불발된 거야.

불발된 2개 중 하나는 흔히 '크레모아'라고 부르는 '클레이모어 Claymore식 고성능 폭탄, 안에 쇠구슬이 가득 들어 있는데 폭발하면 이 쇠구슬이 퍼지면서 인명피해를 크게 만들도록 제작된 거야. 보통 크레모아는 2kg 정도인데 현장에서 발견된 건 무려 5kg이었어. 살상력을 높이려고 특수제작된 거야.

나머지 하나는 소이탄이었어. 소이탄은 증거인멸용 폭탄이야. 폭발하면서 섭씨 2,000도의 고열을 발생시켜서 주변이 모두 불타거나 녹아내려. 만일 불발된 폭탄 2개가 터졌으면 현장은 불바다가 됐을 거고, 생존자가 1명도 없었을지도 몰라. 범인들은 이 폭탄들을 아웅산 묘소 천장과 지붕 사이 공간에 설치했어. 그런데 어떻게 대통령이 도착하는 시각에 맞춰 폭탄이 작동한 걸까? 현장에서는 원격조종장치가 발견됐어. 작동 가능한 거리는 반경 약 1km 정도야. 그러니까 범인은 폭발 당시 근처 어딘가에 있었던 거지. 유추해보면 범인은 아웅산 묘소 근처에서 차량들이 들어가는 걸 지켜보면서 스위치를 눌렀을 거야. 자, 이제부터 범인들을 추적할 거야. 잘 들어.

이 범인들을 잡고 싶은 건 한국 정부만이 아니었어. 테러 사건 당일 미얀마의 실권자인 네윈 의장이 전두환 대통령을 찾아왔어. 네윈은 쿠데타로 정권을 잡고 당시 장기집권 중인 인물이였어.

무엇으로 각하의 나라가 입은 피해를 보상할 수 있겠습니까? 이번 사건의 책임이 우리에게 있음을 솔직히 시인합니다. 우리는 최근에 국가정보국 간부를 숙청했고 그래서 경호에 차질이 생겼습니다. 범인을 꼭 잡아내도록 하겠습니다. 문제는 어떤 파벌의 소행이냐 이게 복잡합니다. 어쨌든 제가 각하께 사죄합니다.

그는 미얀마 내 반정부 세력을 의심했어. 당시 미얀마의 상황은 지금과 비슷했어. 군 출신인 네윈은 쿠데타로 권력을 잡았고 군부독재에 저항하는 소수민족 반군들의 무장투쟁이 끊이지 않았어. 그는 이번 일도 그들 중 누군가가 자신에게 타격을 주려고 저지른 짓이라 생각했어. 하지만 네윈의 말대로 그 많은 소수민족 중 어느 파벌의 소행일지… 가려내기는 쉽지 않아 보였어.

그런데 용의자는 뜻밖에 빨리 모습을 드러냈어. 테러가 일어난 다음 날 강가에 있던 주민들이 수상한 광경을 목격했어. 한밤중에 웬 남자가 강에서 헤엄을 치고 있는 거야. 더군다나 비가 많이 오는 바람에 강물도 많이 불어 있는 상황이었거든. 누가 봐도 수상한 모습이잖아. 테러 직후라 수상한 사람을 보면 신고하라는 지침도 내려와 있었어. 주민들은 일단 신고하고, 수영하는 남자를 향해 나오라고 외쳤어. 그랬더니 남자는 계속 헤엄을 치면서 엉뚱한 인사만 하는 거야.

굿나잇, 굿나잇.

미얀마어를 못 알아들은 거야. 너무 수상하지? 주민들과 경찰이 그를 쫓아 강변을 따라갔어. 남자는 헤엄치기를 멈추고 물이 허리쯤 차는 곳에서 일어섰어. 사람들이 그를 붙잡으려고 에워쌌어. 그런데 바로 그때! 이 남자가 가방에서 뭔가 꺼내는데… 수류탄이야! 곧이어 쾅! 수류탄이 남자의 손에서 폭발했어. 손목 하나가 잘려 나갔어. 부상이 심각해서 바로 병원으로 옮겨졌어.

수상한 사람은 또 있었어. 10월 10일 새벽 5시. 이번에도 강변이야. 어부 2명이 고기를 잡으러 가다 낯선 남자 2명을 만났어. 그들이 돈을 보여주며 손짓으로 강 하구로 데려다달라고 했대. 어부들은 그들을 배에 태우고 노를 저었어. 그런데 얼마나 갔을까, 갑자기 어부 1명이 배를 움켜쥐었어.

아이고, 배야. 나 먼저 내려서 약이라도 사 먹어야겠어.

배가 아프다며 마을 어귀에 먼저 내린 어부는 경찰서로 뛰어갔어. 남은 어부 1명이 마을 중심의 부두로 노를 저어 갔고 부두에 도착하자 경찰이 기다리고 있었어. 그런데 경찰이 가방을 검사하려 하자 남자가 강하게 거부하는 거야. 강제로 가방을 뺏으려니까 자기가 열겠다고 하더니, 권총을 꺼내서 쐈어! 총격전이 벌어졌고 남자 1명은 그 자리에서 사살되고 나머지 1명은 도주했어. 군과 경찰, 마을 사람들이 다 출동해서 도주한 남자를 추격했지.

이 남자는 다음 날 강가의 쓰레기장에서 그 모습을 다시 드러냈어. 경찰과 군인들이 그에게 접근해 투항 권고를 했지. 그런데 바로 그때, 남자가 왼손을 치켜들어. 그리고 그 손에는? 수류탄이 들려 있었던 거야!

폭탄이다! 모두 엎드려!

마을 사람들과 군인이 땅에 엎드렸어. 다음 순간 들린 건 폭발음과 남자의 비명 소리였어. 군인이 달려들어 남자를 제압했지. 그런데 그의 왼팔을 보니, 손목 아래가 날아가고 없어. 먼저 체포된 남자와 똑같이 한쪽 손목이 날아간 거야. 우연치고는 너무 공교롭지 않아? 이 사실은 앞으로 밝혀질 이들의 정체와도 깊은 관련이 있는 일이었어. 아무튼 이 세 사람이 바로 범인이야. 3인조 중 1명은 사살되었고, 2명은 부상당한 채로 생포됐어.

범인은 'Korean'

체포된 코리안들로부터 압류된 수신기 및 송신기와 폭발현장에서 발견된 수신기들에 사용된, 같은 타입의 프린트 배선 및 콘덴서의 파편에 대한 전문가들의 조사는 아웅산 묘소의 폭탄이 원격조종에 의해 폭파되었음을 가리키고 있다. 이상과 같은 증거는 생포된 2명의 코리안과 사살된 자가 동일한 집단에 속하는 것임을 말해주고 있으며 이들이 10월 9일 아침 아웅산 묘소 폭발사건을 저지른 범인들로 확신된다.

　　　　　　　　　　　　　-10월 17일 미얀마 수사당국 발표 자료 중

범인이 체포되고 며칠 지난 10월 17일, 미얀마 수사당국에서 발표한 중간 수사결과가 사람들을 패닉에 빠뜨렸어. 코리안! 대한민국 대통령을 암살하려고 한 테러리스트가 한국인이라는 거야! 말도 안 되잖아. 우리 조사단이 용의자들을 직접 심문하겠다고 미얀마 수사 당국에 수차례 요구했지만 미얀마 측은 거절했어. 둘 다 체포 과정에서 중상을 입어서 심문이 불가능하다는 거야. 일주일이 지나서야 겨우 면담 기회를 얻었어. 그런데 단 10분간, 그것도 3m의 거리를 두고 해야 한다는 거야.

우리 조사단이 용의자들을 만나러 갔어. 두 사람은 침대에 누워 있었고, 20대 후반으로 보였어. 얼핏 봐도 그들의 부상 정도는 심각해 보였어. 1명은 오른쪽 손목과 왼쪽 손가락 4개가 절단됐고 시력을 잃었어. 수류탄이 터지면서 파편에 입은 부상이야. 그런데 "이름이 뭔가" 물어도 대답이 없어. 어떤 질문에도 반응이 없었어. 다른 1명은 왼편 팔꿈치 이하가 절단됐고 복부 수술을 받아 오물 주머니를 매달고 있었어. 그는 큰 목소리로 당당하게 답했어.

이름은 강민철, 나이는 스물여덟. 서울 영등포에 살고 있다.

직업은?

대학생! 서울대에 다닌다.

테러범이 서울대생이라고? 바로 한국에 연락해서 서울대 학적부와 졸업생 명부를 뒤졌어. 그랬더니 졸업생 중에 딱 1명, 강민철이 있었어. 그런데 찾아가보니 그는 남한 국내에 버젓이 거주하고 있었던 거야. 이번에는 전국의 강민철을 다 찾아봤지. 모두 60명이 나와. 그들을 일일이 확인한 결과 모두 한국이나 해외의 다른 나라에 거주 중이었어. 그럼 미얀마의 병원에 있는 강민철, 이 사람은 대체 누구란 말이야?

하지만 더 이상의 조사는 불가능했어. 미얀마 측이 우리 조사단이 수사에 개입하지 못하도록 막았거든. 공동수사도, 공동심문도 다 안 된대. 수사는 미얀마 수사당국이 할 거니까 그 결과를 기다리라는 거야. 게다가 더 황당한 일도 있었어. 미얀마 수사당국이 우리 외교관과 경호팀에게 출국금지 조치를 걸었대. 처음엔 백배사죄하던 미얀마의 태도가 이렇게 달라진 이유가 뭘까? 놀랍게도 폭탄테러가 '한국이 벌인 자작극'이라고 의심하고 있었던 거야. 그것도 아주 강력하게.

이번 사건은 한국의 '테러 자작극'이다!

미얀마 측의 입장은 이런 거였어. 일단 한국의 당시 상황을 보면 '동기'가 충분하다. 전두환 정권은 쿠데타로 정권을 장악해서 지지기반이 약한 데다가, 그로부터 3년 전인 1980년 5·18 광주 민주화 운동 때는 국민을 총칼로 학살했어. 국민들의 분노가 활활 타오른 데다, 순방 당시에는 나라가 휘청할 정도의 대형 금융사기 사건, 즉 장영자, 이철희 어음사기 사건의 배후가 청와대라는 의심까지 받고 있는 상황이었어. 이런 정권의 위기를 모면하기 위해 '테러 자작극'을 벌인 게 아니냐는 거였지. 심증만 있는 게 아니라 나름 구체적인 근거도 있대. 미얀마가 제시한 근거는 총 세 가지야.

첫 번째 근거는 바로 '4분'이라는 시간이었어. 예정보다 4분 늦게 출발해서 대통령만 화를 면한 게 수상하다는 거야. 원래 일정대로라면 폭발이 있던 순간 대통령도 현장에 있어야 했는데 대통령을 태운 차량은 길 위에 있었어. 공식행사에 대통령이 지각한다는 게 외교 관례상 말이 안 되는 일이잖아. 그러니 사전에 계획된 게 아니냐는 거지. 전두환 전 대통령은 왜 지각을 한 걸까? 시간을 10월 9일 오전 10시 15분으로 되돌려볼게. 이때 영빈관 2층에서 준비를 마친 전두한 대통령은 예정대로 1층으로 내려왔어. 그런데 경호팀과 의전팀이 안절부절 사색이 됐어.

시간 됐는데 출발 안 하나?

그게… 미얀마 외무부 장관이 아직 도착하지 않았습니다.

이게 무슨 소리야? 10시 15분에 미얀마 외무부 장관이 영빈관에 와서 대통령과 함께 20분에 묘소로 출발하기로 약속했는데, 10시 17분이 되도 나타나질 않는 거야. 겨우 2분 아니냐고? 외교 관례상 있을 수 없는 일이래. 대통령은 몹시 언짢은 표정으로 다시 2층으로 올라갔어. 외무부 장관이 도착한 건 10시 19분이었어. 딱 4분 지각한 거야. 물어보니 시간을 착각했대. 미얀마 외무부 장관이 늦긴 했지만 원래 출발 예정 시간이 20분이었으니까 바로 출발했다면 대통령은 행사에 늦지 않았을 거야. 그런데 왜 늦었을까?

말하자면 오기를 부린 거죠. 그래서 4분 늦게 내려간 거예요. "좀 기다리라고 그래." 전두환 대통령은 경호실 출신이 잖아요. 시간에 굉장히 민감한 분이죠. 그래서 4분 늦게 영빈관을 출발한 거죠.

-최병효 씨(당시 외무부 서남아과 서기관)

전두환 대통령은 예정보다 4분 늦게 출발했고 이 4분이 대통령의 목숨을 구한 셈이야.

한국의 자작극을 의심하는 두 번째 근거는 바로 '나팔'이었어. 기억나? 폭발 직전에 울려 퍼진 나팔 소리! 나팔 소리가 들리고 바로 폭발이 일어났잖아. 대통령이 도착하지도 않았고, 행사도 시작 전인데 나팔을 불다니? 혹시 나팔 소리가 폭발 스위치를 누르라는 신호였나? 미얀마 수사당국은 나팔수들을 강도 높게 심문했어.

헌화 행사는 시작도 안 했는데 왜 나팔을 분 건가?

저는 시키는 대로 했을 뿐입니다.

나팔을 불라고 시켰다고? 누가?

한국 경호원이 불라고 했습니다.

나팔을 불라고 한 사람은 청와대 경호처장이었어. 청와대에서 폭발 사인을 준게 아니냐? 그런데 경호팀은 왜 행사도 시작되지 않았는데 나팔을 불라고 한 걸까?

그때 경호 최고 책임자가 원로 선배님이신데 "야, 저거 나팔 소리나 나겠냐?" 물어보시더라고. 그때 의장대들이 갖고 있던 악기가 다 녹슬고 찌그러지고 그랬어요. "소리 한번 내봐라." '뿌뿌뿌~' 이렇게 소리가 났어요. 나팔 소리가 동시에.

-장기봉 씨(당시 대통령 경호원)

마지막 세 번째 근거는 '국화'야. 대통령 해외 순방은 비밀리에 추진해야 하니까 암호를 정해. 그리고 이번 해외 순방의 암호가 바로 '국화 프로젝트'였어. 그런데 '국화' 하면 뭐가 떠올라? 흔히 장례식장의 조화를 떠올리잖아. 폭탄 테러 사건이 벌어지고 나니 사람들은 그렇게 말했대. 왜 하필 '국화 프로젝트'라고 이름을 붙였을까? 뒤에 밝혀진 바에 따르면 별거 없는 이유야. 순방 관련 회의를 하는데 당시 반기문 보좌관이 "10월이면 가을인데, '국화' 어때요?" 그러니까 다들 "그거 좋겠네" 해서 정해졌다는 거야.

그런데 '국화 프로젝트'에는 애초에 미얀마는 포함되지 않았대. 원래는 인도, 스리랑카, 호주, 뉴질랜드에 홍콩을 경유해서 귀국하는 일정이었어. 그런데 외무부 장관이 결재를 받으러 갔는데 대통령이 갑자기 미얀마를 추가하라는 거야.

325

아웅산 묘소 폭탄 테러 사건

이범석 외무부 장관이 그 문서를 가지고 전두환 대통령한테 결재를 받으러 갔는데, (사전에) 다 합의가 된 사항이거든요. 당연히 결재를 그냥 할 줄 알았는데 결재를 안 하고 '미얀마를 추가하라' 이렇게 얘기하니까, 돌아와서 화가 나가지고 그 서류를 땅바닥에 던졌다는 거예요. '어떤 놈이 대통령한테 미얀마를 가자고 했느냐' 너무 화가 난 거죠. 거기는 가서는 안 되는 나라인데.

-최병효 씨(당시 외무부 서남아과 서기관)

외무부 직원들은 당혹스러웠대. 당시 미얀마는 남한보다 북한과 훨씬 친밀한 나라였고 북한의 서남아시아 거점이기도 했어. 장관, 차관도 가본 적 없는 나라인데 대통령 해외 순방을 가려니 불안하기만 했대. 하지만 대통령이 간다는데 어떡해. 부랴부랴 미얀마측에 우리 대통령이 방문하려는데 국빈으로 영접해줄 수 있는지 타진하고 순방을 추진했어.

그럼 대통령은 왜 미얀마에 가려고 한 걸까? 당시는 냉전 시대야. 미국을 중심으로 한 자유 진영과 소련을 중심으로 한 공산 진영으로 나뉘어서 싸우던 때야. 그런데 어느 편도 들지 않는 이른바 '비동맹주의'를 택한 나라들이 있었어. '비동맹 국가'는 주로 제3세계

국가들이었고 미얀마도 그중 하나였어. '국화 프로젝트'의 목표는 '비동맹 국가'와의 외교전에서 북한을 이기는 거였던 거지.

> 아프리카, 아시아…, 이런 나라하고 협력관계 강화하겠다고 하면 예산을 안 줍니다. 그런데 '북한을 이겨야 하니까 비동맹 국가에 가서 무슨 일을 하겠다' 하면 예산과 인원을 쉽게 줘요. 제가 보기엔 쓸데없는 목표인데 그런 목표를 만들어놓으니까 외교의 본질은 사라지고 허수아비만 남은 거죠. 허수아비 외교의 희생이라고 볼 수 있죠, 미얀마 사건은.
>
> -최병효 씨(당시 외무부 서남아과 서기관)

'서울대생 강민철'의 자백

한편 미얀마 수사당국은 계속 한국의 자작극을 의심하고 있었어. 미얀마에 진출한 한국 기업의 근로자들까지 전부 출국을 금지시켰어. 용의자들은 여전히 침묵을 지키고 있었고 한국 조사단은 수사에 전혀 참여할 수가 없었어. 용의자를 검거하고도 사건이 미궁으로 빠지는 것 아닐까 답답하던 그때…, 스스로를 '서울대생 강민철'이라고 했던 용의자가 입을 열었어. 모든 걸 털어놓겠대.

그가 심경의 변화를 일으킨 이유는 무엇일까? 그건 수류탄 때문이었어. 경찰들에게 포위되었을 때 수류탄을 던지려고 했잖아. 그런데 어딘가 이상하지 않았어? 강민철도 그렇고, 다른 1명도 그렇고…, 왜 수류탄을 던지려다 자기 손목이 날아간 걸까? 안전핀을 뽑고 던지려던 찰나, 수류탄이 손안에서 터졌기 때문이야. 수류탄은 보통 안전핀을 제거한 후 안전손잡이를 놓으면 5초 후에 폭발하게 돼 있어. 그런데 왜 두 용의자가 가지고 있던 수류탄은 모두 손안에서 터진 걸까? 그 답은 미얀마 재판소의 판결문에 나와.

동 수류탄의 형태는 노리쇠 시한장치 투척용 수류탄이다. 폭발된 수류탄의 파편들을 보면 시한장치는 이미 해체되어 있었다. 폭발한 수류탄은 정상적인 수준보다 시한장치가 단축된 것이었다.

-미얀마 재판소 판결문 중

두 테러리스트가 갖고 있던 수류탄은 공격용이 아니라 자폭용이었던 거야. 상황이 잘못돼 체포되면 증거를 인멸하려고! 그런데 정작 두 용의자는 그런 사실을 전혀 몰랐어. 이들이 수류탄을 무기로 쓰려고 하면 오히려 스스로 목숨을 끊게 되게끔 함정을 판 거지. 강민철은 엄청난 배신감을 느꼈고, 자백을 결심한 거야. 그들을 사지로 보내고 죽이려고까지 한 비정한 배후는 누구일까?

강민철. 스물여덟 살. 군번은 9970. 북한 육군 상위다.

아웅산 테러는 북한의 짓이었던 거야! 강민철은 북한의 최정예 특수부대인 인민무력부 산하 정찰국의 특공부대 소속이었어. 강민철은 아웅산 테러 사건 한 달 전인 9월 9일. 배를 타고 북한 원산항을 떠났어. 그가 탄 배는 '동건 애국호'. 화물 운송선이지만 북한은 그 배를 공작선으로 이용하고 있었어.

3명의 테러리스트는 배에서 처음 만났대. 체포과정에서 사망한 신기철, 수류탄이 터져 시력을 잃은 진 모, 그는 끝내 입을 열지 않아서 이름도 몰라. 그래서 진 모 씨야. 동건 애국호는 6일간의 항해 끝에 미얀마에 도착했어.

임무를 마치고 강가로 오면 쾌속정이 기다리고 있을 거다. 그걸 타고 다시 동건 애국호로 오면 된다.

그들은 잠시 외출하는 선원인 것처럼 입국 절차도 거치지 않고 양곤에 잠입했어. 세 사람은 시내의 북한 대사관 직원들이 함께 생활하는 집에서 숨어 지냈어. 이틀 후 그들에게 뭔가가 왔어. 파우치, 외교행낭이야. 재외공관과 본국 사이에 문서나 물품을 넣어 운반하는 주머니 말이야. 국가의 비밀을 요하는 외교문서를 발송할 때 쓰기 때문에 상대국이 개봉할 수 없고 세관검색도 받지 않아. 북한은 그 외교행낭에 아웅산 묘소에 설치할 폭탄을 넣어 보낸 거야. 디데이는 아웅산 묘소 참배일로 정했어.

디데이 3일 전인 10월 6일. 3명의 테러리스트가 집을 나섰어. 그들은 미얀마 전통의상을 입고 관광객 행세를 하면서 아웅산 묘소 주변을 답사했어. 그리고 밤이 되자 근처 숲속에 숨어서 때를 기다렸지. 새벽 2시, 아웅산 묘소에 잠입해서 지붕에 올라가 폭탄을 설치했어. 폭탄을 설치한 후에도 모기가 들끓는 덤불 속에서 이틀 밤이나 노숙을 했대. 전두환 대통령 일행의 행사 일정이 변경될 수도 있으니까.

이윽고 10월 9일 디데이, 그들은 아웅산 묘소로 가는 도로변 환영인파 속에 몸을 숨겼어. 잠시 후 첫 번째 차량 행렬이 나타났어. 장관과 차관들의 차량이야. 뒤이어 두 번째 차량 행렬이 나타났어. 고급차량이야. 선팅이 짙게 돼 있어서 내부는 잘 보이지 않지만, 미얀마 경찰이 에스코트를 하고 차에는 태극기가 달려 있어.

차 안에는 미얀마 주재 한국대사가 타고 있었지만 테러리스트들은 그 안에 대통령이 타고 있다고 확신했어. 아웅산 묘소가 멀어서 잘 보이지는 않아. 차량이 지나간 후 동선을 머릿속으로 그리며 스위치를 누를 시간을 가늠했어. 잠시 후 묘소에서 진혼 나팔 소리가 들렸어. 나팔 소리가 폭발의 신호 아니었냐고 의심했던 미얀마 정부의 추측은 어떤 의미로 적중했어. 이 나팔 소리를 들은 테러리스트들은 헌화 행사가 시작됐다고 생각했거든. 그게 10시 28분이었어. 원격조종장치의 버튼을 누르고 폭발을 일으킨 3명의 테러리스트는 허겁지겁 강으로 향했지. 이제 배만 타면 끝이야.

뭐야? 배가 어디 있는 거지?

그들을 기다리기로 한 배가 보이질 않아. 무슨 착오가 생긴 걸까? 한 달 전 3인조를 내려준 배는 그들이 내린 직후 떠나버렸어. 그것도 모르고 세 사람은 필사적으로 항구를 향해 강을 따라 내려가다가, 1명은 죽고 두 사람은 자폭용 수류탄에 심각한 부상을 입은 거야.

아웅산 묘소 폭탄 테러 사건

북한의 발뺌과 국민적 공분

강민철의 자백으로 폭탄 테러가 북한의 소행임이 드러났어. 그런데 북한의 반응은 어땠을까?

이 사건은 북한과는 아무런 관계가 없다.

-11월 5일 북한 외교부 공식 성명 중

버마는 자국에서 발생한 사건에 대한 체면치레와 책임전가를 위해 허위발표를 한 것이고 버마 사건은 전두환이 대내적 어려움을 피하기 위해 조작해낸 것이다.

-11월 7일 한시해 주유엔대표부 대사 기자회견 중

북한은 테러리스트를 보낸 적이 없다는 거야. 그럼 손목이 잘리고 시력을 잃은 채 병원에 누워 있는 두 사람은 대체 어디서 온, 누구란 말이야? 이 두 사람에게는 사건 발생 두 달 만인 12월 9일, 사형이 선고됐어. 당시 기사를 읽어보면 재판 분위기를 알 수 있어.

범인 강민철은 재판장을 똑바로 응시하다 이따금 수건으로 이마의 식은땀을 닦기도 했으나 진 모는 시종일관 고개를 한쪽으로 떨군 채 앉아 있었다 … 이날 선고 공판에서 사형 선고 내용은 한국어로 통역해주지 않아 두 범인은 자신들에게 떨어진 형량이 무엇인지도 모르고 선 채 별다른 표정을 짓지 않아 북괴가 만들어 보낸 기계인간의 말로가 무엇인가를 말해주는 듯 했다.

-《경향신문》 1983년 12월 10일 자

아웅산 묘소에서 사망한 17명의 장례는 국민장으로 치러졌어. 비가 부슬부슬 내렸지만 운구 행렬이 지나는 길에는 시민들이 가득했어. 아버지가 사망했다는 사실을 실감하지 못하는 아이들의 천진한 표정과 자식들의 손을 잡고 조용히 눈물을 삼키는 아내들의 모습이 보는 사람들까지 울렸어. 사망한 사람들은 '황금내각'이라는 평을 들을 정도로 유능하고 아까운 인재들이었어. '국화 프로젝트'는 암호명 그대로 하얀 국화로 장식된 영결식으로 마무리됐어.

이 세상에서 가장 가까운 사람이 하루아침에 그냥 없어진 거니까 그건 말로 표현할 수 있다면 다 거짓말이에요.

-이순자 씨(고 김재익 청와대 경제수석 배우자)

아웅산 묘소 폭발사건 순국 외교사절 합동 국민장을 위해 운구하고 있는
장병들의 모습. ⓒe영상역사관

서울 여의도 광장에서 열린 합동 국민장에 몰린 인파. ⓒ서울특별시

해외 순방지까지 쫓아가서 끔찍한 테러를 저지른 북한에 대해
국민들은 충격과 분노를 느꼈어. 전국에서 북한의 만행을 규탄하는
궐기대회가 열렸어. 그뿐이 아니야. 군 지휘관들이 주도해서 북한에
대한 보복작전을 계획했어.

이번 행위는 선전포고나 다름없다. 북한을 즉각 응징하자!

이름하여 '벌초계획'! 벌초하듯 싹 쓸어버리자는 거야. 극비리에
추진했으니 정확한 내용은 확인할 수 없지만, '패러글라이더를 이
용해 특수부대를 평양으로 파견해 주석궁을 폭파하고 김일성 주석
을 사살한 뒤 돌아온다!' 식으로 구체적인 작전을 세우고 극비훈련
까지 했다는 거야. 하지만 실행에 옮기지는 않았어. 전두환 대통령
이 말렸대. 자기 명령 없이 단 한 사람이라도 움직였다가는 반역으
로 간주하겠다는 거였어. 보복에 나서는 순간 남한과 북한 사이의
전면전으로 번질 수도 있는 거잖아.

북한에 대한 무력보복은 무산됐어. 그럼 그대로 넘어가기로 한
걸까? 아니, 대신 새로운 보복계획을 세웠어. 이른바 '늑대사냥'! 북
한을 국제적으로 고립시키는 외교적 응징대책이야. 세계 각국에 대
통령 특사를 파견해서 북한에 대한 응징을 촉구했어.

'늑대사냥'은 대성공을 거뒀어. 세계 각국이 북한에 대한 규탄 성명을 발표했고 60개국이 북한과의 교류를 축소하거나 중단했고 세 나라가 북한과 외교 관계를 단절했고 남한과 외교 관계가 없던 나라가 우리와 수교한 경우도 있었어. 가장 단호한 건 북한과 '부부 외교'라고 할만큼 친밀했던 미얀마였어.

미얀마 정부는 북한과의 모든 외교관계를 단절한다. 북한 외교 사절은 48시간 내에 버마를 떠나라!

북한 외교관과 가족들은 허둥지둥 짐을 싸서 미얀마를 떠나야 했어. 혹시 '국화 프로젝트'의 목표가 뭐였는지 기억나? 외교전에서 북한을 이긴다! 순방은 하지도 못했고 참혹한 테러까지 당했는데 아이러니하게도 국화프로젝트의 목표는 100%, 아니 200% 달성한 셈이야. 이 사건에서 발생한 희생들을 생각하면 너무 씁쓸한 일이지.

잊힌 사건, 잊힌 테러리스트

아웅산 묘소 폭탄 테러 사건 2주기 추도식이 열리기 한 달 전인

1985년 9월. 전두환 대통령은 김일성의 친서를 들고 온 북한 특사 2명을 은밀히 만났어. 한 달 후엔 장세동 안기부장이 전 대통령의 친서를 들고 군사분계선을 넘어 평양에 갔어. 전 대통령과 김일성 주석은 극비리에 남북 정상회담을 추진하고 있었어. 아웅산 사건이 벌어진 지 불과 2년 만에 남북한 관계엔 훈풍이 불고 있었어. 북한은 아웅산 테러 사건으로 국제사회에서 고립된 상황을 피하고 싶었을 테고 전두환 정권은 88올림픽을 앞두고 남북관계의 긴장감이 높아지기를 원치 않았을 거야.

사건 발생 다음 해인 1984년 4월. 테러리스트 진 모에 대한 교수형이 집행됐어. 자백을 한 강민철은 형 집행이 보류됐고 25년간 환경이 열악하기로 악명 높은 미얀마의 인세인 감옥에 수감돼 있었어. 수감생활 중 그를 가장 괴롭힌 건 이런 질문이었대. '나는 누구인가, 나는 왜 낯선 나라에서 이상한 존재로 살아가고 있는가.'

그를 테러리스트로 보낸 북한은 그의 존재 자체를 부인했고, 남북이 화해 분위기로 돌아서면서 그는 남북한 모두에게 껄끄러운 존재였어. 2007년 미얀마도 북한과 다시 수교했어. 존재 자체가 잊히고 만 테러리스트는 2008년 감옥에서 사망했고 장례식도 없었어.

'이 자리 꼭 맡아놔!' 하고 한 발자국 뗐는데 쾅! 1초도 안 되는 찰나에 나는 살고, 옆에 있는 후배는 죽고…, 지옥의 시공간이었죠. 너무 비참하니까 차마 눈 뜨고 볼 수가 없으니까…. 나는 그날 죽었다, 나는 덤으로 살고 있다. 그동안 그런 마음으로 살았어요. 그날은 나를 완전히 바꿔놓은 아주 이상한 우연의 날이었어요.

                                        – 이재은 씨(당시 MBC 카메라 기자)

'그날'을 이재은 기자와 임채헌 기자가 테이프에 기록했다. 무의식이 찍어야 한다고 강제했다고 한다. 이재은 기자는 목숨과도 같은 촬영 테이프를 들고 택시를 붙잡았고, 수많은 미얀마 군인들을 뚫고 탈출하듯 본부로 향했다. 빼앗길 걸 염려하여 가방 속 공테이프들과 섞어 제일 깊숙한 곳에 밀어 넣었다. 어디를 다쳤는지, 어느 곳에서 피가 흐르는지는 중요하지 않았다. 알려야 했다. 본부에 도착하자마자 촬영 테이프를 카피했다. 그리고 한국 방송사에 특보를 요청했다. 하지만 돌아온 답은 방송 불가! 너무 잔인하다는 이유였다.

38년이 지났다. 올해로 칠순인 선배 언론인, 이재은 기자를 1993년생인 담당 PD가 만났다. 그날의 원본 테이프를 건네받는 순간, 테이프가 한없이 무겁게 느껴졌다. 전하지 못했던 그날 이야기, 그날의 역사를 온전히 전해야 한다는 사명감이 들었다.

테이프에 담긴 영상은 끔찍한 테러 장면으로, 남북관계의 현실을 적나라하게 담고 있다. 무고한 17명이 목숨을 잃었고, 14명이 부상을 입었다. 북한의 공작원 3명 또한 그들의 조국으로부터 배신당한 채 죽음을 맞았다. 인간에 대한 최소한의 배려도 없이 소모품처럼 쓰였고, 버려졌다.

인간은 누구나 죽는다. 질병으로 혹은 불의의 사고로 때를 가리지 않고 죽음은 찾아온다. 하지만 무언가를 얻기 위해 누군가를 죽일 계획을 세운다는 것은 도저히 용납할 수 없는 죄악이다. 그렇게 관철된 이념, 실현된 이익이 후대에 어떤 모습으로 기억될지는 자명한 일이다.

무엇이 이토록 잔인한 테러를 일으키게 한 것일까. 방송을 마치며 다시 한 번, 스스로에게 질문을 던져본다. 분단의 비극. 흔히 듣지만 한 번도 고민하지 않았던 그 단어가 29년 만에 처음으로 내 마음에 들어왔다. '그날'이 다시는 반복되지 않도록 함께 답을 찾아야 한다. 더 이상 무고한 희생은 없어야 한다.

아웅산 묘소 폭탄 테러 사건

그녀는 그녀의 마음을
그 남은 이야기 1

여덟 번째 이야기 * 이수진

죽은 자의 생존 신고
국군 포로 장무환 구출 작전

인간에게 있어서 최고의 의무는 타인을 기억하는 데 있다.

-빅토르 위고

저승에서 걸려 온 전화

누구에게나 정말 받기 싫은 전화가 있을 거야. 휴일에 회사에서 걸려온 전화라거나 즐겁게 놀고 있을 때 귀가를 독촉하는 전화 같은 거…. 요즘은 보이스 피싱이나 광고 전화는 발신 번호만 보고 '선택'해서 거부할 수 있는 시대가 되었지. 그런데 2000년 이전까지만 해도 이 발신 번호 표시 서비스가 없었던 것 알아? 지금은 당연한 일상이 그때는 획기적인 신기술이었던 거지. 그런데 만약 이 서비스가 몇 년만 더 일찍 시작되었다면 '운명적인 전화'를 놓칠 뻔한 남자가 있었어. 누군가의 생사가 걸려 있던 그 기이한 전화는 '그날' 아주 낯선 목소리로 남자를 찾아왔어.

1998년 8월, 경북 포항에 살던 장영욱 씨는 아내와 두 자녀가 있는 평범한 직장인이었어. 그때 영욱 씨는 제철소에서 중장비 기사

국군 포로 장무환 구출 작전

로 일하고 있었는데, 근무 중 핸드폰으로 전화 한 통이 걸려 온 거야. 발신 번호 표시가 안 되던 시절이니 누구인지도 모르고 일단 전화를 받았어. 상대방은 처음 듣는 목소리의 여성이었는데, 어라? 말투가 좀 특이한 거야.

웨이, 웨이. 여보세요, 장영욱 씨 되십니까?

'웨이喂, Wéi', 중국어로 '여보세요'라는 뜻이야. 중국어와 한국어가 섞인 말투보다 특이한 건 그녀가 꺼낸 이야기였어. 영욱 씨가 제철소에 근무하고 있다는 것도, 가족 관계가 어떻게 되는지도 다 알고 있었거든. 자기가 누군지는 밝히지도 않고 전화가 도청될 수도 있다는 무서운 말까지 하는 거야. 가장 황당한 얘기는 바로 이거였어.

여긴 중국입니다. 당신 아버지를 우리가 보호하고 있소.
아버지를 만나고 싶다면 일주일 내로 여기로 오십시오.

만약 요즘 네가 그런 전화를 받았다면 어떻게 하겠어? 해외에서 걸려 온 보이스 피싱이라고 생각하고 바로 끊어버리지 않았을까? 영욱 씨도 처음엔 장난 전화라고 생각했대.

예, 예, 알겠습니다. 그러면 거기가 바로 하늘나라겠네요.

어머니에게도 이 전화에 대해 얘기했더니 어머니는 더 황당해하셨어. 귀신 씻나락 까먹는 소리이고 사기 전화가 틀림없다는 거야. 영욱 씨 모자의 이 단호한 반응에는 사실 그럴 만한 이유가 있었어.

영욱 씨가 태어나고 자란 고향은 경북 울진의 시골 마을인데 고향집 앞에는 아버지의 산소가 있었거든. 아버지 장무환 씨는 영욱 씨가 태어나 돌도 지나지 않았을 때 돌아가신 분이야. 수십 년 동안 벌초도 하고 제사도 지냈던 터라 당연히 장난 전화라고 생각한 거지. 그런데 문제는 이 장난 전화가 며칠 후 또 걸려 왔단 거야.

내 얘기를 못 믿겠습니까? 당신 아버지를 바꿔주면 그때는 믿겠어요?

장난 전화치고는 상대방이 너무도 절박해 보였어. 당시는 국제 전화비도 굉장히 비싸던 시절인데 이렇게 여러 번 끈질기게 전화를 걸어 오는 것도 어딘가 이상하지 않아? 그리고 며칠 후 또다시 전화가 걸려 왔지. 이번엔 정말 영욱 씨의 아버지라면서 한 남자를 바꿔 줬어.

조선족 아줌마인데 우리나라 말도 잘 못하더라니까. 그냥 기
다리래. 아버지를 데리고 오겠다고 하면서 기다리라 하더라
고. 바꿔준다는 사람과 상당히 거리가 먼 것 같아. 기다리고
있다가 보니 그쪽에서 또 끊어버려. 그러다가 서너 번 만에
'아버지'라는 사람이 나타났어요. 딱 처음에 전화를 접했을
때 아, 이 사람이 낯이, 아니 진짜 말이 익은 말이라… 어느
날 그렇게 전화가 오니까 이거는 뭐 꿈같은 진짜 전화가 오
니까 진짜 황당하잖아요.

-장영욱 씨(장무환 씨 아들)

평생 돌아가신 줄로만 알고 있었던 아버지라니…. 그런데 영욱
씨는 남자의 음성을 직접 들은 후 왠지 알 수 없는 기분에 휩싸였
대. 흑백 사진 속에서만 봐왔던 아버지가 정말 살아 있거나 아니면
드라마에나 나오는 '출생의 비밀' 같은 게 있는 걸까 싶었던 거지.
왠지 꺼림칙한 기분 때문에 사촌 형에게 도움을 청하기로 해. 영욱
씨보다 열 살 위인 사촌형 장영웅 씨는 어렸을 때 삼촌인 장무환 씨
와 함께 놀고 대화도 나눴던 사이거든. 영욱 씨의 아버지이자 죽은
삼촌이라고 주장하는 남자에게 사촌형은 단도직입적으로 증거를
대보라고 당당하게 말했어. 어떻게 되었을까?

우리집은 경북 울진군 원남면 신흥2리 ○○번지였고 큰형님 집은 ○○번지였어. 둘째 형님 집 앞에는 계곡이 있었지. 형님들과 함께 너희 할아버지 산소를 이장했단다.

전화 속 남자가 울진 고향 마을 풍경을 설명하는데, 거의 풍경을 눈으로 보고 말하는 것 같고 가족들 기억에서도 희미해진 집안 대소사를 다 기억하고 있었어. 또 9남매나 되는 아버지 형제들의 이름과 나이까지, 온 집안 족보를 줄줄 읊는 거야.

그렇게 바꿔주는데 첫 마디가 딱, 예감이라는 게 그렇더라고, 사람 예감이. 내 느낌에 '아, 우리 삼촌이구나'. 원남면 신흥2리 몇 번지에 어떻게 살았냐 물어보니까 나보다 더 잘 알아. 나는 옛날 우리 삼촌 살던 집 번지수를 잘 몰라. 어디는 몇 번지고 어디는 누구 집에 있고 어디 계곡을 어떻게 아는지 훤해. 자기 친형 네 분 쫙, 그다음에 누나들, 우리 고모들 이름 쫙~ 우리 막내 고모, 우리 막내 삼촌 이름… 야, 이렇게 깨알과 같이 알면 100%인데….

-장영웅 씨(장무환 씨 조카)

이게 사실이라면 '장무환 씨'가 아직 죽지 않고 중국에 살아 있다는 건데, 가족들은 뭔가 심상치 않은 사건이 시작됐다는 직감이 들기 시작했대. 그런데 스스로 장무환이라 주장하는 그가 한 가지 요구사항을 꺼내놓았어. 혹시 이제야 사기꾼의 본색을 드러내는 걸까?

나를 집으로 좀 데리고 가주겠어? 일주일밖에 시간이 없어. 일주일 안으로 꼭 와주었으면 좋겠어.

고작 통화 몇 번 했을 뿐인데 중국으로 와서 자신을 한국에 데리고 가달라는 거야. 게다가 일주일 안으로 와달라니 가족들로선 상당히 난감한 요구였지. 낯선 땅에 가서 시간 쓰고 돈 쓰고, 혹시나 위험한 일이라도 당하면 어쩌나 걱정이 이만저만이 아니었어. 그래서 가족들은 한 단계 더 검증 작업을 거치기로 계획을 세워. 영욱 씨 친척 중에 중국을 왕래하며 사업을 하는 이가 있었거든. 전화 속 남자가 알려주는 주소로 찾아가서 먼저 얼굴을 확인해보라고 한 거야. 장무환 씨의 큰형님인 영욱 씨 큰아버지가 한 가지 비밀 정보도 알려주셨대.

영욱이 애비라면 오른쪽 옆구리에 큰 흉터가 있을 거야. 어려서 큰 종기가 났다가 아문 자리거든. 그걸 꼭 확인해봐!

친척이 중국으로 떠나고 가족들은 떨리는 마음으로 소식을 기다렸지. 얼마 후 기다리던 전화가 걸려 왔어.

있어, 있어! 오른쪽 옆구리에 정말 큰 종기 자국이 있어! 그리고 얼굴이… 영욱이 너랑 똑같아. 완전 붕어빵이야.

그 남자 얼굴이 영욱 씨와 빼다 박은 데다 큰아버지가 말한 옆구리의 종기 자국도 실제로 있었다는 거야. 오래전 돌아가신 줄 알았던 아버지가 정말 살아 있었던 걸까? 그런데 대체 왜 몇십 년이나 지난 지금, 한국도 아닌 중국에서 연락이 온 걸까?

오빠가 왜 살았어요?

이 미스터리한 남자의 정체는 대체 뭘까? 사건의 실마리는 의외의 곳에서 풀리기 시작했어. 그 남자 말고도 영욱 씨 가족에게 연락을 해 온 사람이 또 1명 있었거든. 바로 1998년 당시 SBS 〈그것이 알고 싶다〉 제작팀에 있던 박종성 PD였어. 박종성 PD는 중국 취재를 수십 번 이상 다녀온 베테랑 PD였는데, 실은 중국에 있는 정보원을 통해 그 남자에 관한 정보를 훨씬 먼저 입수한 상태였어. 그의 사연을 처음 들었을 때 박 PD는 생각했대. 이건 특종이다!

정보가 흘러나왔을 때부터 개입을 했었으니까 초기부터죠. 그리고 이제 연락은 이게 어떻게 진행될지 모르니까 이게 정말 방송에서 할 수 있는 일인지, 이걸 굉장히 터부시하고 금기시했었던 시기였고.

-박종성 PD(당시 SBS 〈그것이 알고 싶다〉 제작팀 소속)

돌아가신 아버지 장무환 씨와 중국의 그 남자는 정말 동일인일까? 45년 만에 '죽은 자'로부터 걸려 온 이 전화의 비밀은 무엇일까? 그때부터 〈그것이 알고 싶다〉 제작진과 영욱 씨 가족의 추적이 시작됐어. 일단 남자의 신상을 확인하기 위해 SBS 제작진 2명이 중국으로 건너갔어. 비밀리에 시작된 취재라서 인원도 최소화하고 촬영 장비도 눈에 크게 띄지 않는 소형 장비들로 준비를 했대. 그 남자를 만나기 위해선 거쳐야 할 단계가 많았는데 일단 중간에 끼어 있는 사람이 많았어. 처음에 영욱 씨에게 전화가 걸려 왔을 때도, 아버지라는 남자보다 중국어를 쓰는 여성이 먼저 전화를 했다고 했잖아? 이 사람을 만나면 저 사람을 만나라, 저 사람을 만나면 저 집으로 가라, 또 저 집으로 가라…, 이런 식으로 그를 만나는 과정이 굉장히 조심스럽고 복잡했던 거야. 여러 집과 안내원들을 거친 후 그 남자가 있다는 허름한 주택 앞에 도착했어. 박종성 피디는 카메라의 녹화 버튼을 눌렀지. 미스터리한 남자의 모습이 처음으로 기록되기 시작한 순간! 건넌방에서 한 남자가 끼이익~ 문을 열고 모습을 드러냈어. 깡마른 몸에 까무잡잡한 얼굴, 머리는 하얗게 새어 있는 노인.

복잡한 과정을 거쳐 겨우 만나게 된 장무환 씨.
SBS 〈꼬리에 꼬리를 무는 그날 이야기〉 자료 화면.

국군 포로 장무환 구출 작전

박종성 PD 눈에도 그 노인의 외모는 한국에 있는 장영욱 씨와 빼다 박은 것처럼 닮아 보였어. 노인은 긴장된 얼굴로 박 PD에게 말을 건넸지.

영욱이는? 우리 영욱이 동무야?
      아니, 그렇진 않고요. 제가 일을 대신 보러 왔습니다.
고맙소.

영욱 씨 모습이 보이지 않자 적잖이 실망하는 눈치였지만 자신을 도와주러 왔다는 말에 눈물을 글썽였어. 그와 몇 시간 동안 대화를 나눈 후 박 피디는 이 사람이 경북 울진 출신의 영욱 씨 아버지 장무환 씨가 틀림없다는 생각이 들었대. 어떻게 확신할 수 있었냐고? 45년 전 장무환이란 사람이 왜 '죽은 사람'이 되어야 했는지, 가족들이 산소에 제사까지 지내는 동안 그가 어디에 있었는지, 오랜 비밀을 듣게 됐기 때문이야.

우선은 그가 장무환 씨가 틀림없다는 소식을 고향에 있는 가족들에게 전하는 게 급선무였어. 45년 만의 가족 상봉은 우선 전화로 이뤄졌는데 장무환 씨가 사라지기 전 그렇게나 예뻐했다는 막내 여동생 장옥란 씨가 먼저 통화를 하기로 했어. 죽은 줄 알았던 오빠가 살아 있다니…, 옥란 씨는 너무 떨리고 긴장이 되어서 몸이 덜덜덜 떨릴 지경이었어.

여보세요. 오빠예요? 오빠? 오빠요. 오빠 어찌 살아 있었어요. 오빠 언제 만나노….

　　너 옥란이 아니냐, 옥란이….

오빠가 왜 살았어요? 오빠 빨리 와야 될 건데.

　　응, 간다.

그래, 오빠. 거기 있다가 어찌 고생하고 살아 있었어요?

　　그래, 나는 살아 있다. 옥란아, 오빠 자꾸 눈물 나서… 울지 마라, 울지 마라.

'잘 지냈어요?'도 아니라 '오빠가 왜 살았어요?'라는 거야. 가족들도 이 상황이 너무도 황당했던 거지. 그렇게 눈물 콧물 쏟는 옥란 씨 곁에는 입을 꾹 다물고 우두커니 앉아 있는 한 여인이 있었어. 옥란 씨처럼 울지도, 떨지도 않고 담담하게 먼 산만 바라보는 여인. 장무환 씨의 아내이자 영욱 씨의 어머니인 박순남 씨야.

이 당시 예순여덟 살이었던 박순남 씨가 남편 장무환 씨의 사망 소식을 들은 게 언제였는지 알아? 그녀 나이 스물세 살이었고 그

장무환 씨와 상봉한 박순남 씨의 모습.
SBS 〈꼬리에 꼬리를 무는 그날 이야기〉 자료 화면.

홀몸으로 아이를 키운 박순남 씨와 아들 장영욱 씨의 과거 사진.

때 아들 영욱 씨는 태어나 돌도 지나지 않았을 때였어. 의지하던 남편이 어느 날 갑자기 사망한 후 순남 씨는 홀로 외아들을 키우며 45년 세월을 엄청 독하게 건너왔어. 요즘은 큰일 날 소리지만 예전에는 남편이 먼저 세상을 뜬 것도 여자 팔자가 사나워서 그렇다는 모진 말을 하던 시절이었거든. 아버지 없는 그늘이 아들 영욱 씨에게 드리워질까, 누구보다 엄하게 아들을 키웠던 분이 박순남 씨야. 워낙 젊은 나이에 홀로되다 보니 주변에서는 재혼하라는 권유도 많았는데, 그럴 때마다 순남 씨는 고개를 저었대.

죽어서 영욱 아버지 만나면 떳떳하고 싶어요. 젊은 나이에 죽은 남편한테 내가 해줄 게 그것뿐인데요

당신 인생에 지아비는 장무환 씨 한 사람뿐이고 홀로된 것 역시 자신의 운명이라고 받아들였던 거야. 그 눈물겨운 세월을 지나 이제는 백발이 성성한 노인이 되었는데 죽은 줄로만 알았던 남편이 45년 만에 나타난 거지. 대체 남편 장무환 씨는 그동안 어디 있다가 이제야 나타난 걸까?

북녘에서 온 남자

나는 두만강을 건너왔어.

그의 대답은 45년의 세월만큼이나 황당했어. 두만강을 건너 중국에 왔다는 게 무슨 뜻이겠어? 알고 보니 장무환 씨는 북한에서 두만강을 건너 탈북을 했던 거야. 그리고 탈북 직후 중국 동북 3성 지역의 국경 마을에 몸을 숨기고 있는 거였어. 탈북자 신분으로 잠시 은신처에 숨어 있었기 때문에 한국에 있는 영욱 씨에게 빠른 시간 안에 와서 자신을 데리고 가달라고 부탁한 거야.

> 두만강 건너올 적에 내가 그랬죠. 내가 이제는 북한에 가도 안 된다. 재들한테 걸리면 안 되지, 죽지 뭐. 그래서 큰마음 먹었지. 하여간 고향에 가서 죽는다, 고향에….
>
> —장무환 씨

대부분의 탈북자가 두만강이나 압록강을 건너는데, 강물도 강물이지만 그 이상으로 위험한 게 바로 국경을 지키는 북한군이야. 적발되면 정보기관이나 수용소에 끌려가기도 하고 심한 경우 현장에서 사살되기도 해. 그야말로 목숨을 건 탈출인 거지. 그럼에도 불구하고 자유를 찾아 탈북을 감행하는 북한 주민들이 흔히 준비물로 챙기는 것들이 몇 가지 있대. 바로 수면제와 쥐약이야. 수면제는 어린아이들과 탈북을 시도할 경우, 칭얼거리거나 보채는 소리 때문에 수비대에게 걸릴 걸 대비하는 거야. 아이를 재워서 들쳐 업고 강을 건넌다는 거지. 쥐약의 용도는 좀 더 끔찍해. 바로 탈북 과정에서 경비대에게 걸렸을 경우 차라리 그 자리에서 목숨을 끊을 용도로 준비하는 거야. 탈북은 살기 위해서 죽음을 각오해야 하는 선택인 셈이야.

장무환 씨 역시 머릿속에 '내 총살당하더라도 이번에는 저 강을 넘어야 한다, 지금 실패하면 영영 고향엔 돌아가지 못할 거야' 하

탈북민의 인권 문제를 다룬 영화 〈48m〉에서 탈북민들이
겨울철 압록강을 건너려고 시도하는 장면.

는 생각뿐이었대. 당시가 8월이니 한여름이지만 강물은 이가 덜덜 떨릴 만큼 차가웠고 먹은 게 없어서 기력도 없었대. 강이 원체 깊어서 건널 곳을 찾기도 쉽지 않았어. 더군다나 장무환 씨의 나이는 일흔두 살의 고령이었거든. 최대한 수위가 얕은 곳을 골라 도하를 시도했지만 한 발 한 발 들어갈수록 물살이 점점 세지는 바람에 두 번이나 큰 물살에 휩쓸려 떠내려갈 뻔했어. 그렇게 미끄러지고 넘어지고 연거푸 물을 먹어가면서 사투를 벌인 끝에 두만강 건너는 데 성공했지.

장무환 씨가 일주일밖에 시간이 없다고 한 건 왜였을까? 아무리 은신처에 숨어 있다고 해도 북한군이 중국 국경 마을까지 넘어와서 탈북자를 색출해 잡아간다는 거야. 그래서 중국 교포나 인권단체 사람들이 한국에 사는 가족들을 수소문해서 연결해주는 일을 하고 있었어. 어느 날 갑자기 아들 영욱 씨에게 전화가 걸어 온 것도 다 그런 연유였어. 하지만 가족들이 외면하거나 시간이 지체되면 국경에서 발각되어 다시 북송될 위험이 커져. 이런 사정을 알게 된 가족들은 마음이 조급해졌지. 하루라도 빨리 중국으로 가서 장무환 씨를 데리고 와야겠구나 싶었어.

경북 울진을 출발한 모자는 김포공항, 중국의 모 도시 그리고 또 차를 타고 두만강과 접경한 중국의 한 마을까지 이틀이 걸려 도착했어. 그리고 마침내 장무환 씨가 은신해 있는 그 집을 찾아냈지. 스물셋, 스물일곱 살이었던 부부는 이제 예순여덟, 일흔두 살의 노인이 되어 상봉하게 됐어. 이런 상황을 겪는 부부가 이 세상에 과연 몇이나 될까? 한두 마디 말로는 설명할 수 없는 복잡하고 벅찬 기분이었을 거야.

〈그것이 알고 싶다〉의 박종성 PD 역시 이 순간이 두 부부의 하이라이트 장면이 될 줄 알았대. 수십 년 만에 만난 부부가 감격과 환희의 눈물을 쏟을 거라고 생각한 거지. 그런데 말이야, 예상치 못한 상황이 벌어졌어. 현장의 분위기가 박 PD의 상상과는 달라도 너무 달랐던 거야. 등에서 식은땀이 흐를 정도였어. 왜냐고? 아내 박순남 씨가 장무환 씨를 보고도 화난 사람처럼 한마디도 하지 않는 거야. 장무환 씨도 박순남 씨의 모습에 당황한 눈치였어. 무려 40분 동안 입도 뻥끗하지 않던 아내 순남 씨가 드디어 입을 열었는데 그녀의 첫마디는 상상치도 못한 질문이었어.

북한 거기 당신 자식이나 뭐 있습니까? 거짓말하지 말고 솔직히 말하세요. 내가 별나졌습니다. 당신 자식은 안 낳았습니까?

일동 당황. '북한에 당신의 자식이 있느냐', 이건 다시 말해 무슨 뜻 같아? 북한에서 결혼도 하고 자손도 봤느냐는 거야. 장무환 씨는 잔뜩 긴장한 표정으로 대답했어.

북에서… 결혼을 하긴 했어. 그런데 내 핏줄은 없어. 하루도 당신 이랑 영욱이 잊은 날이 없었어.

재혼을 했다는 말에 순남 씨는 좀 실망한 것 같았어. 45년간 자신은 장무환 씨 한 사람만 바라보고 살았으니까… 대신 자신과 아들 영욱 씨를 생각해 자식은 갖지 않았다는 말에는 데면데면하던 표정이 좀 풀어졌어. 이제 살짝 미소도 짓고 남편에게 슬쩍 손도 내주셨지.

세 번 입대한 남자

이 가족은 대체 왜 45년 만에 이토록 황당한 상봉을 해야 했고, 또 아내는 왜 멀쩡히 살아 있는 남편의 묘를 쓰고 제사까지 지내왔던 걸까? 여기엔 가족 누구의 잘못도 아닌 그 시절의 참혹한 비극이 숨어 있었어. 젊은 시절의 무환 씨가 순남 씨에게 입이 닳도록 하던 얘기가 하나 있었대. 참 지루하고 뻔하고 딱딱한 그 이야기, 바로 군대 얘기야. 본인이나 가족 중 누군가 군대에 가면 누구든 애국자가되기 마련이지? 그런데 제아무리 힘든 군생활을 한 사람이라도 장무환 씨 사연 앞에선 무릎을 꿇게 될 거야. 왜냐면 장무환 씨는 군대를 세 번이나 갔거든. 어쩌면 지금까지도 전무후무한 입대 경력아닐까 싶은데, 그 사연은 바로 이래.

장무환 씨의 첫 번째 입대는 1948년 총각 시절이었어. 그때 입대한 곳은 '국방경비대'*라는 이름이었어. 요즘 대부분의 사람들에게는 아마 굉장히 낯선 이름일 거야. 대한민국 국군이 정식으로 창설되기 이전에 모체가 되었던 군대거든. 60만 장병의 조상님 격이지. 지금 군대와는 많은 게 달랐지만 가장 결정적으로 달랐던 부분이 하나 있어. 뭘까? 의무 병역제가 아닌 지원제였다는 거야. 그렇다보니 신문에 광고도 하고 거리에서 가판대를 놓고 군인 모집을 하기도 했대.

병역이 의무가 아니었으니 갈 생각조차 않는 사람이 더 많았지만 의외로 지원서를 내는 이들이 있긴 있었어. 장무환 씨도 그중 1명이었지. 왜냐면 집이 너무 가난했거든. 울진 산골 마을에서 농사지

---

* 1946년 해방 이후 미군정 체제하에 창설된 군사조직으로, 당시는 국방보다는 주로 군정 수행을 위한 치안 활동을 위주로 했다. 1948년 8월 대한민국 정부 수립 이후 국군으로 편입되었다.

국군 포로 장무환 구출 작전

어 먹고사는데 9남매에 어린 조카들까지 줄줄이⋯ 군대 가면 밥도 먹여주고 조금이나마 월급도 주니까, 가족들 생각해서 입이라도 하나 덜자 싶었던 거야. 그렇게 입대해서 그 힘든 군사훈련 다 받고 강원도 강릉 해안가에서 복무를 시작했는데 군대 체질이 아니었던 건지 건강에 문제가 생겼어. 폐 질환이 생기는 바람에 무환 씨는 8개월 만에 의병 전역을 하고 고향으로 돌아오게 됐지.

첫 번째 입대가 1948년이었다면 두 번째 입대는 언제였을 것 같아? 혹시 떠오르는 날짜 없어? 맞아, 대한민국의 운명을 바꾸었던 '그날'⋯ 한국전쟁이 터진 1950년 6월 25일이야. 남한 주민들은 물론 군인들도 모두 잠들어 있던 일요일 새벽 4시, 북한이 불법 남침을 하며 한국전쟁의 서막이 열렸지. 나라에 전쟁이 터졌으니 장무환 씨도 두 번째 입대를 하게 됐어. 어디로 소집이 되었을까? 논산 육군훈련소? 아니야. 상상도 못 할 곳이야. 바로 인민군!

소련, 중국의 지원을 받으며 전쟁을 오래 준비해왔던 북한은 기습 공격을 시작하고 단 사흘 만에 수도 서울을 함락했어. 마산, 대구, 경주 등 낙동강 일대까지 밀고 내려가는 데는 불과 두 달 정도밖에 걸리지 않았고. 경북 울진에 있던 무환 씨의 마을에도 따발총과 수류탄으로 무장한 북한 인민군들이 들어온 거야. 인민군들은 여자, 남자 안 가리고 10대, 20대 청년들을 불러모으더니 호구 조사를 시작했어.

동무! 나와보라우. 동무 아버지는 뭘 하시나?

벼농사 지으십니다… 몇 마지기 안됩니다. 그것도 남의 땅인데요…

좋아, 합격!

이게 인민군의 현장 징집 방식이었어. 병사를 늘리고 세를 더 키우기 위해서 인민군에 입대할 자원병도 모집하고 어떤 마을에서는 강제로 징집을 하기도 했어. 가족들 다치게 하고 싶지 않으면 협조하라는 거지. 특히 주된 타깃이 바로 자기 땅 한 뼘 없이 소작 농사를 짓는 빈농의 자식들이었어. 가진 것 없는 청년들은 부르주아 계급에 맞서 전사가 되라는 거야.

이런 식으로 한국전쟁 때 남한에서 징집된 군인들을 '인민 의용군'이라고 불렀는데 장무환 씨도 거기에 뽑혔던 거야. 몇 개월 전까지만 해도 대한민국 국군이었던 무환 씨가 이제는 적의 총을 들게 된 거지. 안타깝게도 이런 식으로 강제 징집된 남한의 청년들은 최전방에서 총알받이를 하는 등 위험한 곳에 투입이 됐어. 장무환 씨도 인민군복을 입고 북한 금강산까지 끌려갔는데 몇 개월 후 극적

363

국군 포로 장무환 구출 작전

인 탈출을 감행했어. 고향에 가족들을 남겨두고 도저히 인민군으로 살 수는 없었던 거야. 금강산부터 경북 울진까지 수백 km를 산 넘고 물 건너 겨우 고향에 도착했어.

죽다 살아온 장무환 씨를 보고 가족들은 무환 씨의 결혼을 서둘렀어. 가정이라도 꾸리면 혹시나 또다시 징집되는 일을 피할 수 있지 않을까 싶었던 거지. 그렇게 장무환 씨는 옆 마을에 살던 박순남 씨와 부부의 연을 맺게 되었어. 순남 씨는 무환 씨가 참 마음에 들었대. 일단 얼굴이 미남이고 또 성격도 참 다정다감했거든.

내 가진 건 없어도 평생 한눈 안 팔고 순남 씨 지켜줄게.

전쟁통이었고 보잘것없는 살림이었지만 결혼한 후 첫딸을 얻었어. 하지만 첫딸은 안타깝게 얼마 살지 못하고 병들어 죽었고 결혼 4년 만에 어렵게 태어난 아이가 바로 아들 영욱 씨였어. 아버지 무환 씨는 아들에게 길 영永, 빛날 욱煜 자를 써서 영원히 빛나는 사람이 되라는 뜻의 이름을 직접 지어주었어. 하지만 무환 씨가 몇 번 입대했다고 했지? 세 번이라고 했잖아. 그에겐 마지막 입대가 기다리고 있었어. 국방경비대에, 인민군까지 끌려갔다 왔지만 한국전쟁은 여전히 계속되고 있었거든.

1952년 11월, 이번엔 정식으로 대한민국 국군의 입대 영장이 날아왔어. 군대를 세 번이나 가는 게 억울했지만 실제 전시 상황이었잖아. 젊은 아내와 태어난 지 얼마 안 된 아들을 두고 전쟁터로 나가는 심정이 어땠을까? 다정했던 무환 씨는 입대가 결정된 이후엔 순남 씨 눈을 자꾸 피하고 말도 섞기 싫어하고 잠도 다른 방에서 자곤 했대.

그 대신 입대 전까지 여기저기 무너지고 허물어진 흙집 보수하는 데만 몰두했어. 아내와는 애써 정을 떼려고 했고, 자신이 떠난 후에라도 가족들이 따뜻한 방에서 지내기를 바랐던 거야. 하지만 흙집 수리를 채 다 마치지도 못하고 전장으로 떠나야 했어. 비록 세 번째 입대였지만 또 한 번 신병 교육을 받고 부산 근방으로 자대배치가 되었어. 그래도 후방 지역이어서 다행이었지.

한국전쟁이 몇 년간 벌어졌는지 알아? 무려 3년 1개월 2일이야. 요즘으로 치면 군대를 두 번은 갔다 올 시간이지. 1950년 6월 25일 전쟁이 시작되어, 정전이 된 것은 1953년 7월 27일 오전 10시. 장무환 씨가 입대한 게 1952년 12월경이니 사실 전쟁은 막바지를 향하고 있었던 때야. 그런데 운명은 참 가혹하게 장무환 씨를 괴롭혔어.

국군 포로 장무환 구출 작전

마지막 전투, 마지막 포로

그가 입대하고 반년이 지난 1953년 7월 초, 유엔군과 공산군의 정전 협상도 거의 코앞에 와 있었어. 협정문에 사인만 하면 전쟁을 끝낼 수 있었던 시기야. 그런데 장무환 씨 부대에 어느날 갑자기 이런 명령이 내려져.

부대 전원, 동부전선으로 이동한다!

동부전선은 지금의 강원도 철원, 화천 쪽인데 지금도 최전방 지역인 것 알지? 정전을 코앞에 뒀던 1953년 7월에 최전방으로 이동하라는 건 무얼 뜻하는 걸까? 서로 피해를 최소화하면서 끝내면 좋을 텐데 정치인들의 생각은 달랐던 것 같아. 왜였을까? 끝날 때까지 끝난 게 아니다, 일종의 '땅따먹기' 때문이었어.

지금은 북한 땅인 개성시가 한국전쟁이 일어나기 전에는 남한 영토였다는 것 알고 있어? 어떻게 된 것인지 알려줄게. 일단 삼팔선과 휴전선이 서로 다른 '선'이라는 건 알지? 2차 세계대전에서 미국과 소련이 주축이 되어 일본을 패망시켰고 우리는 해방을 맞았지. 한반도에서 일본이 물러갔지만 대신 전후 처리를 명분으로 미국과 소련이 남게 되었어. 자유민주주의와 공산주의를 표방하는 두 나라가 북위 38도선을 기준으로 한반도를 양분해서 신탁통치를 하게 됐어. '삼팔선' 시절엔 강원도 철원, 연천, 인제, 백령도가 북한의 영토였고 황해도 연백군과 개성시가 남한의 영토였어. 그런데 한국전쟁이 발발하면서 영토를 차지하려는 전투가 밤낮없이 벌어졌어. 그리고 그 영토 쟁탈전은 정전 협상 조인을 앞두고 절정에 달해. 마지막까지 차지하고 있는 곳이 정전 이후 우리의 영토가 될 수 있으니까. 끝낼 때 끝내더라도 '한 뼘의 땅'이라도 더 차지하고 끝내야 한다. 장무환 일병이 갑작스럽게 동부전선으로 이동하게 된 이유야.

장무환 일병은 강원도 철원 동쪽에 위치한 김화 지구에 배치된 상태였는데, 그날은 모처럼 부대에 건빵, 사탕, 모포 같은 보급품이 들어왔어. 이 정도면 부대원들이 며칠은 든든하게 먹고 잘 수 있겠다며 다들 좋아했지. 장 일병은 그날 밤 보급품 지키는 임무를 받았고 나머지 부대원들과 소대장은 경계 근무를 나갔어. 그런데 얼마나 지났을까. 천지를 울리는 포탄 소리와 함께 전투가 시작됐어, 1953년 7월 13일부터 일주일간 강원도 김화, 철원, 화천 일대에서 중공군 12개 사단과 국군과 연합군 5개 사단이 격돌한 일명 '7·13 대공세', 금성지구전투가 시작된 거야. 마지막 영토 분쟁을 위해 일주일간 밤낮으로 이어진 이 전투에서, 무려 1만 명의 젊은이들이 죽거나 큰

국군 포로 장무환 구출 작전

부상을 당했어.

거기는 다시 말해서 6·25 마감 전투입니다. 스물한 살에 입
대해서 그때는 내 나이가 스물네 살이 됐어. 1953년도 7월
14일 저녁부터 포탄이 야포가 날아오는데 먼 데서 언덕에
집중 포탄이 떨어지고 그런데 (…) 문을 비스듬히 하고 있었
단 말이야. 한·사람 빨리 올라타라고… 그런데 수류탄이 탱
크 안에 들어온 거야. 쾅 하고 터졌네. 그래서 손이랑… 옷
벗으면 난 전부 파편 자국입니다. 그래서 그날 저녁에 중상
을 입었어요. 나는 완전히 기절했어. 탱크 안에서 터졌으니
어떻게 되겠어요. 손이 다 잘렸지.

-이선우 씨(금성지구전투 참전 용사)

장무환 일병처럼 그날 금성지구전투에 참전했던 이선우 씨는
탱크 안으로 수류탄이 떨어지는 바람에 손가락 세 개가 잘려 나가
고 온몸에 파편상까지 입었어. 장무환 일병의 비극도 바로 이날 시
작된 거야. 7월 19일까지 전우들과 함께 죽을힘을 다해 싸우던 장
일병 옆에서 갑자기 펑! 수류탄이 터졌어. 정신을 잃었다가 한참 만
에 극심한 통증을 느끼며 눈을 떴는데…!

삐에 똥 不许动, bùxǔ dòng! 삐에 똥!

낯선 중국어, 관자놀이를 겨눈 차가운 총구…. 이게 '꼼짝 마'라는 뜻인 줄 모르더라도 도저히 손 하나 꼼짝할 엄두도 못 냈을 거야. 그날 장무환 일병은 부상당한 몸으로 중공군에게 포로로 끌려갔어. 그리고 이날로부터 8일 후, 1953년 7월 27일 3년간의 한국전쟁이 드디어 끝났지. 며칠만 무사히 버텼다면 가족들 곁으로 돌아갔을 그가 북으로, 북으로… 전쟁포로의 몸이 되어 북한으로 끌려간 거야. 그리고 얼마 뒤, 경북 울진에서 남편이 무사히 돌아오기만을 고대하던 아내 박순남 씨에겐 이런 소식이 전해지지.

군번 9287057 육군 일병 장무환. 1953년 7월 19일. 전사.

무환 씨가 생포되어 포로로 끌려간 사실도 모른 채 국방부에선 가족들에게 전사 통보를 했던 거야. 시신은커녕 군번줄 같은 유품도 하나 받지 못한 상태에서 말이야. 비록 유해는 받지 못했지만 아내 순남 씨는 남편이 저세상에서라도 편히 쉴 수 있게 제대로 산소를 꾸며주고 싶었대. 없는 돈을 긁어모아 커다란 비석도 세우고 남편의 생일에 맞춰 수십 년간 제사도 지냈지. 그랬으니 무려 45년 만에 중국에서 걸려 온 전화를 어떻게 가족들이 바로 믿었겠어?

장무환 일병 구하기

그런데 말이야. 진짜 문제는 여기서부터 일어나. 한국전쟁 때 북한에 끌려간 우리 국군 병사가 수십 년을 북한에 억류되어 있다가 스스로 탈출을 했다면 이제 어떻게 해야겠어? 고국으로 얼른 모시고 와야지. 그런데 박종성 PD나 무환 씨 가족들은 다 민간인이잖아. 비행기 티켓 한 장 끊는다고 되는 일이 아닌 거야. 일단 장무환 씨는 45년간 북한 주민으로 살다가 탈북한 사람이기 때문에 신원을 증명할 여권이나 주민등록증이 없잖아. 게다가 한국에서는 법적으로 그는 이미 사망한 사람이야. 그렇다면 누구에게 도움을 요청해야 할 것 같아? 제일 먼저 떠오른 게 바로 현지에 있는 한국 대사관이었어! 박 PD와 장무환 씨는 주중대한민국대사관에 전화를 걸어 도움을 청하기로 했지. 그런데 정말 깜짝 놀랄 만한 일이 벌어져. 무환 씨 가족과 제작진 누구의 시나리오에도 없던 상황이었어. 너무나 어이없는 전화 통화가 이어지는데 어떤 내용이었는지 잘 봐.

여보세요, 말씀하세요.

　　…내 다른 게 아니라…, 내… 국군 포로 장무환인데….

네, 근데요?

　　거기서 좀 도와줬으면 좋겠습니다. 다른 게 아니라…

여보세요? 무슨 일로 전화하셨죠?

　　…한국 대사관 아닙니까?

맞는데요?

　　맞는데…, 그런데 다른 게 아니라 내가 ○○에 지금 와 있는
데 좀 도와줄 수 없는가 이래서 묻습니다.

허… 없죠!

　　북한 사람인데 내가…

아, 없어요. (뚝)

　　국군 포론데…

군대를 세 번 간 남자, 한국전쟁에 참전해 목숨 걸고 싸우다 포
로가 되어 무려 45년의 세월 동안 북한에 갇혀 살았던 우리 국군
병사 그리고 죽기 전 고향 땅을 밟고 싶다는 일념으로 일흔두 살의
나이에 두만강을 건넌 장무환 씨의 전화를 대사관 직원은 너무도
냉담하게 끊어버렸어. 45년간 그토록 그리던 조국에 처음으로 도움

을 청한 건데 이렇게 단칼에 거절당한 거야.

그날 전화를 받았던 대사관 직원 개인의 문제였을까? 아니야. 사실 박종성 PD 역시 중국에 가기 전부터 장무환 씨를 모셔 오기 위해 정부 부처를 찾아다니며 백방으로 방법을 문의했거든. 그런데 돌아온 답은 '도와줄 수 없다'였대. 왜냐면 장무환 씨는 법적으로 북한 주민이라서 정부가 섣불리 개입해 그를 데려왔다가는 외교 문제가 발생할 수 있다는 거야. 가족들은 이 말이 납득이 되었을까?

장무환 씨와 가족 모두 큰 충격을 받았지만 지금 더 급한 건 바로 이곳에서 벗어나는 일이었어. 은신처는 두만강에서 불과 100m 밖에 떨어지지 않은 곳이라 숨어 있는 시간이 길어질수록 누군가의 눈에 띄거나 말이 새어나갈 위험이 커지는 거야. 즉, 무사히 한국으로 돌아가지 못할 수도 있다는 거지.

결국 국가의 도움도 보호도 받지 못한 채, 가족들과 〈그것이 알고 싶다〉 제작팀의 작전이 시작됐어. 일명 장무환 일병 구출 작전! 우선은 지금 있는 은신처를 벗어나 안전한 도시로 이동해야 해. 짐을 챙겨 은신처를 나서려는 순간 또 한 번 믿지 못할 일이 벌어져. 그동안 장무환 씨를 숨겨주었던 집주인이 갑자기 캠코더를 꺼내더니 장무환 씨 모습을 막 촬영하기 시작하는 거야.

여기 이 사람이 한국에서 온 박 PD, 여기가 아들, 이 사람이 북한에서 탈북한 장무환 씨. 이거 다 증거물이요.

이어서 품속에서 꺼낸 또 하나의 물건은 바로 접이식 칼이었어.

이 아바이 데꼬 가려면 만 딸라, 만 딸라 내놓으시라요. 안 그러면 내 공안에 밀고를 하갔어.

지금까지는 장무환 씨를 숨겨주고 가족들을 찾는 데 도움을 준 분들인데 갑자기 태도가 돌변해서 협박을 하는 거야. 처음엔 1만 달러를 요구했는데, 당시 환율로 무려 1,400만 원이나 되는 거금이었어. 당장 그런 큰돈을 구할 길도 없는 데다 여기서 정말 신고라도 하면 모두가 위험해지는 상황이야. 장무환 씨만 아니라, 동행한 가족들이나 SBS 제작진들까지 그야말로 목숨을 걸어야 했어.

다행히 중간에서 도와준 분이 밤새 설득을 한 끝에 금액을 좀 깎을 수 있었고, 그 돈은 아내 박순남 씨가 나서서 급한 대로 현지에서 빌리기로 했어. 어떻게 만난 남편인데 이대로 포기할 수는 없잖아. 우여곡절 끝에 은신처를 빠져나올 때 다들 얼마나 떨렸을까? 제발 앞으로는 별일이 없기만을 바랐지. 장무환 씨의 탈출 계획은 이랬어. 국경도시에서 안전한 도시로 먼저 이동한 후 그곳에서 기차를 타고 국제선이 오가는 항구도시로 또 한 번 이동을 하는 거야. 그리고 그곳에서 한국행 배에 오르기로 했어. 가족들은 미리 준비해둔 택시에 급히 올라타고 일단 이동을 시작했어.

그런데 차로 이동하는 것도 여간 일이 아니었어. 북에 사는 동안 긴 시간 차를 타고 이동해본 적이 없던 장무환 씨가 계속 심한 차멀미를 했거든. 가다 서다를 반복하며 겨우겨우 다음 도시까지는 도착했는데 이제 더 위험한 단계가 기다리고 있었어. 국제항이 있는 도시로 가기 위해선 기차를 14시간 이상 타야 하거든. 문제는 기차역이야.

지금까지는 남들 시선 피해서 조용히 움직였지만 기차역에는 공안들이 쫙 깔려 있었거든. 공안들은 행색이 수상하거나 탈북자처럼 보이는 사람은 불심 검문을 해서 그 자리에서 잡아가기도 한다는 거야. 그래서 작전을 짰지. 일단 기차가 출발할 시간에 임박해서 도착한 후에 역에서 지체하는 시간을 최소화하고 바로 열차에 올라탄다! 예매해둔 표는 오후 4시, ○○행 열차. 가족들은 한국에서 준비해온 옷과 중절모 등으로 장무환 씨를 관광객으로 위장시키며 한 가지 신신당부를 했어.

꼬리에 꼬리를 무는 그날 이야기 2

누가 와서 말을 걸거든 듣지도 못하고, 말도 못 하는 사람인 척 하세요! 한국말이든 북한말이든 절대 입 밖에 내면 안 돼요.

기차역에 도착한 시각이 3시 55분. 역사 여기저기 정말 공안들이 많이 깔려 있어. 박종성 PD와 가족들이 장무환 씨를 에워싸고 열차 플랫폼을 향해 바삐 걷기 시작했어. 공안들이 이쪽을 쳐다보는 것 같아서 등에선 땀이 주르륵, 침만 꼴깍 삼키며 다들 엄청 긴장한 얼굴이었어. 4시에 출발하는 열차는 벌써 도착한 상태야. 1분, 2분…, 시간은 흐르고 기차가 출발을 알리는 경적음까지 울렸어. 출발이 임박한 거지. 3시 59분, 드디어 열차 앞에 도착한 장무환 씨. 이제 올라타기만 하면 돼! 그런데 그때 갑자기 저쪽에 서 있던 공안이 장무환 씨 일행을 향해 걸어오기 시작했어. 고개를 갸웃거리며 다가오던 공안은 일행을 향해 손을 치켜드는 거야. 어느새 가족들 곁으로 다가온 공안은 갑자기 일행이 들고 있던 짐가방을 홱 낚아챘어. 걸렸구나 싶었던 그때, 공안이 짐가방을 열차 위로 들어줬어. 다행히도 별다른 검문이나 수색은 하지 않고 그냥 짐가방 올리는 걸 도와줬대.

그렇게 피가 마르는 긴장감 속에 열차에 오른 장무환 씨와 가족들. 드디어 4시 정각 열차는 출발했어. 장무환 씨 평생 두 번째로 타

국군 포로 장무환 구출 작전

본 기차였는데 정말 머나먼 여정에 오른 거야. 실감이 되지 않았어. '내가 정말 북한을 떠나 고향에 무사히 도착할 수 있을까?'

국군 포로의 45년

중국 대륙이 워낙 크다 보니 목적지까지는 무려 18시간을 달려야 했어. 다행히 별도의 공간이 마련된 1등석 객실을 구해서 장무환 씨와 가족들만 시간을 보낼 수 있었지. 그제야 마음이 놓였는지 장무환 씨가 지난 45년간 자신이 북한에서 어떻게 지냈는지 긴 이야기를 시작했어. 한국전쟁 때 끌려간 적군의 포로를 북한은 어떻게 대우했을까?

혹시 북한에서 제일 거칠고 무시무시한 곳으로 묘사되는 대명사가 어디인지 알아? '오지 중의 오지'라는 별명이 붙은 악명의 그곳, 바로 함경북도 아오지 탄광이야. 한겨울이면 영하 30도 이하로 온도가 내려가고 바람이 너무 거세어서 소들도 강가에서 풀을 뜯기를 거부한다는 척박한 땅이지. 그리고 그곳에 악명 높기로 유명한 탄광들이 있어.

국군 포로들은 대부분 최북단 지역에 있는 탄광 지역으로 보내졌어. 장무환 씨는 심지어 아오지보다 더 위쪽에 있는 함경북도 온성군으로 보내졌어. 남한에서 가장 먼 데다 국경이 공산주의 국가인 중국, 소련과 맞닿아 있어 탈출은 꿈도 못 꿔. 갱도가 붕괴하거나 가스가 폭발하는 사고가 발생해도 북한군들은 구해주지 않았대. 그들은 일개 포로일 뿐이니까….

그 고된 노동을 하면서도 처음 몇 년간은 잘 씻지도 못하고 옷 한 벌로 사계절을 버텨야 했고 식사도 강냉이죽이나 소금만 푼 국에 좁쌀밥을 말아주는 정도였어. 어떤 곳에서는 한 끼에 옥수수 한 통을 주고는 여럿이 나눠 먹으라 하기도 했대. 결국 옥수수 13알로 한 끼 배를 채운 포로들도 있었어. 인간 이하의 취급을 받으며 매일 중노동에 시달렸던 국군 포로들 머릿속엔 한 가지 생각뿐이었대. '우리 조국이 나를 구하러 오겠지?' 그런데 말이야. 북한에 끌려가서 1년 쯤 지났을 때 동료 광부에게 아주 충격적인 말을 듣게 돼.

동무는 남조선 포로라면서 왜 아직 여기 있소? 북조선이랑 남조선이 이미 포로 교환을 다 마치지 않았습니까?

청천벽력 같은 소식이었어. 포로 교환이 이미 끝났다는 거야.

1954년도에 알았던가…. 그때 들리더란 말이야. 판문점에서 포로 교환하는데 인민군대 갔던 사람들이 제대해서 와서 우리한테 그 말을 하더란 말이야. 포로 교환하는데 국방부 사람들이 판문점 넘어서 어떻다 그랬다고. 이야… 그런 일이… 포로 교환하긴 했구나, 참 그래도…. 포로 교환하는데 딱 기다렸단 말이야. 포로 교환은 끝났다고 하는데….

-장무환 씨

휴전 후 1년이 지난 1954년 9월, 남북한은 서로 억류 중이던 포로를 판문점에서 맞교환했어. 우리가 북으로 돌려보낸 북한 인민군 숫자는 7만 6,000명이었는데 남한으로 돌아온 우리 국군 숫자는 얼마였는지 알아? 9분의 1, 10분의 1 수준인 8,300여 명이었어. 장무환 씨 같은 수많은 국군 병사들을 오지 탄광에 가둬놓고 북한은 대외적으로는 이렇게 발표했어.

인간의 존엄과 삶이 실질적으로 담보되고 있는 공화국에는 도대체 '탈북'이니 '억류'니 하는 인권문제라는 것이 생길 수도 없고 있어본 적도 없다. 남조선에서 더는 살래야 살 수 없어 참다운 인생이 꽃피는 존엄 높은 공화국의 품으로 의거

《로동신문》 기사를 통해 국군 포로의 존재를 부정한 북한.

한 사람들뿐이다. 남조선으로 되돌아가겠다고 하는 사람은
단 한 명도 없다.

-《로동신문》 1999년 4월 2일 자

　　우리 정부가 수많은 국군 포로를 돌려보내달라고 수차례 요구
했지만 북한은 지금까지도 이 입장을 고수하고 있어. 혹시 남은 포
로가 있다 하더라도, 그들은 북한이 좋아서 스스로 그곳 국민으로
살기로 결정했다고 우겨댔지. 금성지구전투 당시 탱크 안에서 세 손
가락을 잃었던 이선우 씨 역시 실은 당시 북으로 끌려간 국군 포로
였어. 장무환 씨, 이선우 씨처럼 북한에 강제로 남게 된 우리 국군
포로의 숫자가 어느 정도나 될 것 같아? 북한이 감추고 있어서 아

주 정확한 건 알 수 없는데 깜짝 놀랄 만한 규모야. 무려 3만 명에서 6만 명으로 추정돼!* 20대의 병사들은 평생을 탄광 막장의 광부로 살다 70대 노인이 되어버렸지. 한국전쟁으로 수많은 비극들이 생겼지만 그중에서도 국군 포로들의 이야기는 거의 알려지지 않았어.

정말 내가 지금 생각하면 내가 그런 용광로에서 어떻게 살았는가…. 항상 대한민국이, 우리 조국이 있다는 걸 그걸 항상 머리에 대고 부모 형제를 만나겠다고 그런 결심을 가지고 생활을 하면서, 내 조국 대한민국 품에 꼭 안겨서 내 살겠다는 그런 결심을 가지고 생활하면서….

-김성태 씨(1950년 납북, 2001년 탈북)

아무 때고 데리고 가고 국가적으로 하겠지, 이것만 기다리다 보니까 세월 다 보냈단 말이야. 그래서 안 오니까 목숨을 걸고라도 탈북하는 수밖에 없단 말이야. 그렇게 된 거야, 그렇게…. 2000년 때 김대중 대통령이 평양을 방문한다고 해서

---

* 이는 현재 학계에서 추정하고 있는 잔존 국군 포로의 숫자이며, 1953년 UN군 사령부에서 추정한 국군 포로 및 실종자의 숫자는 8만 2,318명이다. 1997년에 대한민국 국방부에서 발표한 미송환 포로의 숫자는 4만 1,000여 명이다.

> 포로들은 경사 났어요, 완전히. 김대중 대통령 오니까 이번
> 에 평양에서 회의하니까 좋은 소식 있겠지, 이렇게··· 그런데
> 국군 포로에 대한 거 언급도 없어요. 말 한마디 없어요.
>
> -이선우 씨(1953년 납북, 2006년 탈북)

국가는 나를 잊었나

그렇게 강제로 북한 주민이 되어 45년을 살았던 장무환 씨는 살날이 얼마 남지 않았다는 생각에 마지막 결심을 했던 거야. 죽더라도 고향땅에 돌아가겠다고 말이지. 기차 안에서 밤새 이런 이야기를 나눈 부부는 창가에서 서로의 손을 잡고 이렇게 말했어.

우리 앞으로 10년이라도 잘 살아봅시다.
10년이 아니라 단 하루를 살더라도 재미있게 삽시다.

다행히 일행은 목적지였던 국제 여객선이 오가는 항구도시에 무사히 도착했지만 여기서 일단 이별을 해야 했어. 정부가 도와주기로 한 것도 아니고 관광객들이 타는 일반 여객선을 타야 하는데 여

권도 없이 무작정 배를 탈 수는 없잖아. 탈북자 신분인 장무환 씨를 우선 은신처에 숨겨두고 가족들이 한국에 가서 여권 발급을 다시 시도해보기로 한 거지. 그런데 가족들이 떠나기 전 장무환 씨 표정이 왠지 어두운 거야. 만나자마자 이별이라 그랬던 걸까? 이상한 느낌을 받은 아들 영욱 씨가 슬쩍 아버지에게 가서 물어봤지. 장무환 씨는 오래 고민을 한 후 난데없는 폭탄 선언을 했어.

실은 말이야… 내 거짓말을 했어… 북한에 네 동생들이 있어. 내 친자식이야.

재혼은 했지만 자식을 낳지 않았다고 했던 말은 순남 씨에게 미안해서 한 거짓말이었던 거야. 실은 북에서 결혼을 해서 다섯 명의 자녀를 낳고 출가까지 시켜 손주도 본 상태였어. 북한은 전쟁이 끝난 후 포로들이 북한 체제에 빨리 순응하고 정착하게 하려고 강제로 결혼을 시켰거든. 남한 처자식 생각도 간절했지만 거부하면 무슨 일을 당할지 알 수 없었고 또 한편 많이 외롭기도 하셨어. 그나마 가족들이 있어서 북한에서의 시간을 버틸 수도 있었겠지. 45년간 자신만 바라보고 살았다는 아내 앞에서 차마 사실을 말할 용기가 안났던 거야. 영욱 씨도 당황스러웠지만 나중에 어머니께 잘 말씀드리기로 하고 일단은 아버지를 무사히 한국으로 데려가자는 생각뿐이었어.

그런데 한국으로 먼저 돌아온 가족들은 너무나도 난감해졌어. 비록 주중한국대사관에서는 거절당했지만 한국에서 도와줄 만한 곳이 있지 않을까 싶어서 두 곳을 찾아갔어. 탈북자 문제를 담당하는 통일부와 군인들을 관리하는 국방부! 그런데 가족들은 여기서 또 한 번 눈물을 쏟아야 했어.

> 국방부 사람들이 그런 얘기를, "아버지 모시고 못 옵니다" 하더라니까. 불법이니까 또 안 된다 하더라고. 법이, 북한 주민을 데리고 오면 안 된다는 거지. 법이 그러니까. 모든 법이 안 정해져 있으니까 **국군 포로인데?** 국군 포로도 법이 없었잖아, 그때는.
>
> -장영욱 씨(장무환 씨 아들)

> 통일부에서 (중국) 가라 소리 못 했어. 가면 안 된다고 했어. 나를 보고 절대 가면 안 되니까. 왜 가면 안 되느냐, 한국 사람 북한 사람 어떻게 만나냐 이거지. 그러면 내가 저기 통일부 가가지고 떠들고 싸운 게 그거지. 군대 갈 때는 너희가 데

리고 간 거 아이가. 나라를 지키라꼬 데리고 갈 때는 정부에
서 데리고 갔는데 죽었다는 사람이, 45년 동안 죽었다고 하
는 사람이 살아서 중국에 왔는데 그것도 안 데려다주면 정
부가 하는 일이 뭐냐.

-장영웅 씨(장무환 씨 조카)

통일부, 국방부에 수십 번씩 문의하고 문턱이 닳게 찾아갔는데
도 아무도 도와준다는 곳이 없는 거야. 장무환 씨가 국군 포로라 해
도 지금은 북한 주민이기 때문에 정부가 개입하면 남북관계에 큰
문제가 발생할 수 있다는 거야. 가족들과 장무환 씨에게 엄청난 절
망감을 안겨준 답이었어. 그런데 며칠 후 조카 장영웅 씨에게 의문
의 전화 한 통이 걸려 와!

장무환 씨 조카분이시죠? 제가 누군지는 아실 것 없고요. 내일
정오 N호텔 로비로 나오세요.

자기 신분은 밝히지도 않은 채 무조건 약속장소에서 만나자는
거야. 뭔가 미심쩍었지만 지푸라기라도 잡아야 했던 가족들은 다음
날 약속 장소로 나갔지. 호텔 로비에 서 있는데 저만치에서 검은 양

복을 입은 한 남자가 다가왔어. 예약해둔 방으로 따라오라고 하더니 그곳에서 조카 영웅 씨에게 노란색 봉투를 하나 내밀었대. 봉투 안에 뭐가 들어 있었을 것 같아? 맞아, 바로 장무환 씨의 여권! 한국에서는 법적으로 사망한 장무환 씨의 여권을 어떻게 만들어 왔을까? 혹시 가짜 여권 브로커? 그건 아니야. 그 사람의 신분을 공식적으로 밝힐 수는 없는데, 그냥 첩보영화에서 보던 일이 벌어졌어.

아무튼 우여곡절 끝에 장무환 씨의 여권을 구할 수 있었고 조카 영웅 씨가 삼촌을 데리고 입국하는 임무를 맡았어. 이제 한국으로 가는 여객선에 승선만 하면 되는 거야. 일단 한국에 입국하면 탈북자라 하더라도 우리 정부가 그를 받아줄 수 있기 때문에 마지막 관문은 중국의 출국심사대를 통과하는 일이었어. 두 사람은 엄청 긴장한 상태로 출국심사대로 향했지.

그런데 집으로 가는 길은 그야말로 멀고도 험난했어. 출입국관리소 직원이 장무환 씨를 갑자기 막아섰거든. 장무환 씨가 갖고 있던 여권이 대한민국 여권이었는데, 그가 중국에 언제 입국했다는 입국 기록이 없었던 거야. 당연하지. 탈북한 사람이니까…. 여권을 제공해준 귀인도 거기까지는 생각을 못 했던 걸까…. 출입국 관리소 직원은 입국 도장이 없는 장무환 씨를 순순히 보내줄 수 없다며 고집을 피웠어.

내 앞에까지 중국 사람들 다 갔어. 삼촌하고 나하고 딱 걸렸어. 이제 중국 도장을 안 찍으니까 나갈 수가 없는 거야. 이건 왜 안 찍혔냐고. "야, 너 한국 와봤냐? 한국 오면 도장 찍어 내주면 누가 확인하냐, 도장 찍은 거 주면 주머니 넣어가지고 나가면 되지." 우리 삼촌은 말 못 한다 했거든. "일주일 동안 침 맞고 가는 중이야. 남한 사람 여기 놔두든지 데리고 갈 거면 도장 찍어주든지." 그러니까 얘가 마지못해 도장 찍는 거야. 도장만 찍으면 들고 나가면 되니까. 이야…, 그 문턱 하나 넘는 게 참 힘들데, 힘들어.

- 장영웅 씨(장무환 씨 조카)

고지가 코앞인데 여기서 물러설 수가 없었던 조카 영웅 씨가 승부수를 던져. 일명 '배 째라' 작전! 자신들은 관광객으로 입국했을 뿐 만약 도장 없이 입국을 시킨 거라면 중국 측의 실수라고 우기기 시작한 거지. 조카가 너무 강하게 나오니까 중국 직원도 슬슬 자신이 없어졌나 봐. 게다가 승선을 기다리던 승객들이 여기저기서 배 시간 놓친다고 아우성을 피우자 어쩔 수 없이 장무환 씨의 출국을 허가했어.

그렇게 마지막 관문을 통과한 장무환 씨는 무사히 한국행 배

면역식을 맞은 장무환 씨의 모습.
SBS〈꼬리에 꼬리를 무는 그날 이야기〉자료 화면.

에 오를 수 있었어. 드디어 내 조국 대한민국으로 향하는 길, 집으로 돌아갈 시간. 고향을 떠나 한국전쟁에 참전한 지는 45년 만이었고 두만강을 건너 북한을 탈출한 지는 50일이 되는 날이었어. 장무환 씨는 1998년 9월 30일, 대한민국 인천에 도착했어.

인천항에 내린 장무환 씨는 휘황찬란한 불빛과 건물들을 보며 입을 다물지 못했대. '내 조국이 이렇게나 발전을 했구나' 하고 자랑스러워서…. 그리고 정보기관과 정부의 공식적인 조사와 확인 작업을 통해 신분을 확인받고 전사자로 처리되었던 병적 기록도 수정되었어. 일흔두 살의 나이에 돌아온 장무환 씨의 첫 번째 공식 일정은 가족들과의 상봉이 아닌 바로 면역식이었어. 보통 군복무를 마치면 전역한다고 하잖아? 면역은 정해진 기간보다 오래 근무한 경우 이후의 병역을 모두 면제해준다는 뜻으로 면역이라고 해. 국군 포로로 끌려가 무려 45년을 억류되어 있다 탈출했으니 병역의 의무는 이미 할 만큼 한 것이지.

여전히 남은 그리움

면역식 이후 드디어 꿈에 그리던 고향으로 돌아온 장무환 씨를 아흔이 넘은 형님들과 가족들, 동네 주민들이 모두 나와 환영의 기쁨을 나눴어. 꿈인지 생시인지 믿기지 않는 순간이었어. 그런데 장무환 씨에게는 아직 풀지 못한 숙제가 하나 남아 있잖아? 바로 아내에게 했던 거짓말! 북한의 처자식 문제 말이야. 장무환 씨 부자는 차일피일 시간을 미루다가 장무환 씨의 탈북 과정을 그린 〈그것이 알고 싶다〉가 방영된 이후에야 사실을 고백하게 되었대. 큰 충격을 받았던 박순남 씨는 그 후 엄청나게 바가지를 긁으셨어. TV에 북한 뉴스 나오는 날이면 그날은 부부싸움 하는 날이었다나…. 그런데 박순남 씨의 속마음이 단순한 질투심은 아니었어. 남편 없이, 아버지 없이 사는 게 어떤 슬픔인지 누구보다 잘 아는 분이잖아. 북한에 또 가족들을 남기고 떠났다면 남편 마음이 얼마나 아플지, 또 북

생전의 장무환 씨와 그 아내 박순남 씨의 모습.

한에 남겨진 가족들은 얼마나 힘들지 걱정하셨던 거야. 일생에 두 번이나 강제로 이산가족이 되어야 했던 남편이 애처로워 남은 인생은 잘 지내보리라 생각하셨어.

10년이라도 함께 살다 떠나면 좋겠다고 했던 아내 순남 씨의 바람은 다행히 이루어졌어. 헤어진 기간에 비하면 짧은 시간이었지만 13년 정도를 함께 지내실 수 있었거든. 2012년 아내 순남 씨가 먼저 세상을 떠나셨고 장무환 씨도 그 무렵 건강이 악화되어 병원에 입원하시게 되었는데 아들 영욱씨를 만나면 자꾸만 이상한 말을 하셨어.

국군 포로 장무환 구출 작전

아버지가 돌아가실 무렵 밤에는 밤새도록 어디 가려고 막
난리 치더라 이거지. 아버지한테 "어젯밤에 어디 갔다 왔어
요?' 하니까 뭐 '북한에도 갔다 오고 고향에도 갔다 오고 했
다' 하더라. '북한에 가갖고 엄마 만나고 왔어요?" 하니까 만
나보고 왔다 하더라고.

-장영욱 씨(장무환 씨 아들)

북한에 있는 동안 내내 영욱 씨와 순남 씨를 그리며 살았는데
막상 고향에 돌아온 후에는 또다시 북쪽 가족들이 그리웠던 거야.
평생을 이산가족으로 살아야만 했던 장무환 씨는 그 그리움을 가
슴에 안은 채 2015년 9월 19일 고향에서 눈을 감으셨어. 국립묘지
에 묻힐 수도 있었지만 집안 선산에 가족들 곁에 묻히는 걸 택하셨
대. 오래 헤어져 있었던 가족이니까 죽어서라도 함께하고 싶었던 거
지. 장무환 씨의 묘비에는 남한 가족들 이름 옆에 북한에 있는 가족
들의 이름도 나란히 새겨져 있어. 언젠가 북한에 있는 장무환 씨의
자녀들, 영욱 씨의 동생들이 울진에 있는 아버지의 산소를 찾아와
절을 올릴 수 있는 날이 올까?

장무환 씨는 한국전쟁에서 끌려간 수만 명의 국군 포로 중 세
번째로 한국으로 귀환한 병사였어. 1호는 1994년 조창호 씨, 2호는

390

꼬리에 꼬리를 무는 그날 이야기 2

1997년 양순용 씨였고, 1998년 장무환 씨가 3호였지. 그리고 장무환 씨 이후로 또 다른 국군 포로들이 한국으로 귀환해서, 지금까지 돌아온 국군 포로의 숫자는 81명이야. 그런데 그들 모두 탈출 당시 70대 이상의 고령이었고 하나같이 국가의 도움 없이 자력으로 탈출한 거였어. 그때나 지금이나 북한은 국군 포로는 1명도 없다는 입장을 고수하고 있고, 우리 정부 역시 공식적으로 그들을 데려오지는 못하고 있어. 많은 수의 국군 포로 어르신들이 이미 세상을 뜨셨는지 2010년 이후로는 귀환 소식조차 끊겨버렸대. 아직 그곳에 생존해 있는 국군 포로들이 있을까? 평생을 조국이 자신을 데리러 오리라, 자신들을 기억해주리라 생각했을 그분들에 대해서 우리는 너무 많은 걸 모르는 채 살아왔던 건 아닐까?

국군 포로 장무환 구출 작전

방송 후, 일명 '대사관녀'에게 수많은 질타가 쏟아졌다.

어떻게 국군 포로를 저렇게 대할 수 있느냐!
찾아내서 벌을 줘야 한다!

나도 그 통화를 들을 때마다 분노가 치밀어 올랐다. 하지만 편집하는 과정에서 수십 번 그 육성을 듣다 보니 갑자기 이런 생각이 들었다.

나는 그와 얼마나 다른가?

'아, 전쟁 나면 학교 안 가도 될 텐데…' 장난으로나마 이런 생각을 했던 어릴 적 내 모습이 떠올랐다. 전쟁이란 단어가 가진 무게를 모르기에 했던 생각이다. '국군 포로'라는 단어는 일평생 입 밖에 꺼내본 적이 없다. 한국전쟁은 나와는 아무 상관 없는, 그야말로 흘러간 옛이야기였다.
방송을 준비하면서 그 무게가 상상도 못 할 만큼 무겁게 느껴졌다. 전쟁에 참가한 병사…. 누구는 죽거나 다치고, 누구는 포로로 잡혀가고, 그중 누군가는 우여곡절 끝에 조국에 돌아왔지만 영영 돌아오지 못한 분들이 태반이다. 그들 한 분 한 분이 모두 '장무환'이었다. 그리고 우리는 수천, 수만의 '장무환'이 지켜낸 이 나라에서 '장무환'을 잊고 살고 있다.

그분들의 이야기를 직접 들어보고 싶었다. 돌아온 국군 포로 이선우 님, 김성태 님은 거동이 불편한데도 직접 찾아오셨다. 자신들의 이야기를 많은 사람들에게 들려달라고 하셨다. 가장 놀랐던 건 70년이 지난 지금도 전투에 참가한 날짜, 군번, 중대장, 대대장 이름까지 모두 또렷하게 기억하고 계신다는 사실이었다. 포로로 북한에 억류되어 있는 동안 하루에도 수십 번씩 되뇌셨다고 한다. 잊지 않기 위해서! 내가 대한민국 국군이었다는 걸 증명하는 유일한 방법이라고 생각하셨다고 한다. 숙연해졌다. 그리고 감사했다.

내가 만약 장무환이었다면….

한동안 이 질문이 내 머릿속에서 떠나지 않을 것 같다.

죽지 않는 남자

조희팔 의료기 역렌탈
사기 사건

POLICE LINE - 수사

확실히 믿으려면 먼저 의심해야 한다.

-스타비슬라브 레친스키

언'젠가'는 무너진다!

'젠가'라는 게임 알지? 직육면체 모양의 나무 블록을 쌓아놓고 시작해서, 하나씩 빼내면서 계속 위로 쌓는 게임 말이야. 이 젠가^{jenga}라는 말이 바로 스와힐리어로 '쌓아 올리다'라는 뜻이래. 그런데 이 '쌓아 올리는' 게임의 끝에는 결코 피할 수 없는 숙명적인 아이러니가 기다리고 있어. 바로, 아래 블록을 빼서 위에 쌓다 보면 더미는 계속 높아지지만 무한정 높아질 수는 없고, 결국 더미가 무너져야만 게임이 끝나게 된다는 거야. '쌓아 올리는' 게임이면서도 필연적으로 언'젠가'는 무너질 수밖에 없다는 거지! 오늘 할 이야기는 바로 이것과 관련되어 있어.

조희팔 의료기 역렌탈 사기 사건

위험한 제안, 아슬아슬한 공조

'그날'의 이야기는 한 통의 전화에서 시작돼. 2008년 10월 25일, 충남 태안에서 양식업을 하는 박 씨에게 한 통의 전화가 걸려와. 발신인은 평소 알고 지내던 장 씨였어. 급히 할 얘기가 있다면서 박 씨를 불러낸 거야. 그날 밤 장 씨가 승합차를 타고 나타났어. 그런데 뭔가 이상해. 차 안에 5명의 건장한 사내들이 타고 있는데 딱 봐도 조폭 같아 보여. 장 씨만 차에서 혼자 내리더니 다급한 목소리로 말했어.

꼭 살려야 할 사람이 하나 있다. 제발 도와다오.

'왕 회장'이라는 사업가가 4억을 부도내고 쫓기고 있는데 중국 밀항하는 걸 도와달라는 거야. 당연히 밀항은 불법이잖아. 게다가 바다 한가운데에선 무슨 일이 생길지 몰라. 악천후를 만나면 파도가 사람 키보다도 훨씬 높이 몰아치기도 하고 최악의 경우엔 해코지를 당할 수도 있어. 그야말로 목숨을 걸어야 되는 일이야. 박 씨는 못 하겠다고 거절했대. 그런데도 막무가내야. 박 씨가 거절하자 장 씨가 달콤한 제안을 건넸어. 왕 회장을 일단 공해로 데려다주기만

하면 기름값은 물론이고, 선장에게 '한 장', 박 씨에게 '두 장'을 주겠다는 거야. 두 장이 얼마일까? 2,000만 원! 불법이고 위험한 일이지만, 일이 잘 풀리기만 하면 하룻밤 만에 2,000만 원을 버는 거야. 그 말을 들은 박 씨는 고민에 빠졌어.

만약 10억 원을 준다면 범죄를 저지르고 1년간 감옥에 들어가도 괜찮은가?

몇 년 전에 한 시민단체에서 청소년들을 대상으로 이런 질문을 던지고 설문조사를 한 적이 있다는데, 혹시 알아? 보통 사람들은 살면서 10억 원이라는 돈을 가지기 쉽지 않고, 가지고 있더라도 한 번에 현금으로 보는 일은 거의 없을 거야. 10억 원이 눈앞에 있다면 어떤 느낌일까, 상상이 잘 안 가지 않아? 비타민 음료 상자에 5만 원권 지폐를 가득 담으면 8,000만 원 정도가 들어간대. 영화에 많이 나오는 007가방에는 약 2억 5,000만 원이 들어가고, 꾹꾹 눌러 담으면 3억 원까지도 들어간다는 거야. 그러면 10억 원이면 어떨까? 20kg짜리 사과 상자에 꾹꾹 눌러 담아야 된대. 그러면 무게만 해도 22kg이야. 어때, 상상만 해도 엄청나지? 그러면 이 돈과 1년간의 교도소 생활을 바꿀 수 있을까?

방금 말한 설문조사는 2019년에 청소년의 윤리의식을 알아보기 위한 조사였어. 결과는 어땠을까? '할 수 있다'라고 답한 고등학생이 57%가 넘었대. 설문에 참여한 고등학생의 반 이상이 10억을 주면 징역 1년도 감수하겠다고 답한 거야. 또한 중학생은 42%, 초등학생은 23%가 10억 원을 준다면 1년간 교도소 생활을 할 수 있다고 답했대. 2013년에 비슷한 조사를 했을 때는 고등학생의 답변이 44% 정도였다는데, 시간이 가고 머리가 커질수록 돈의 유혹을 뿌리치기 힘들어지는 세태가 참 씁쓸하지.

그러면 박 씨는 이 달콤한 제안을 받아들였을까? 일단 생각해보겠다고 하고 헤어졌대. 그런데 며칠 후 장 씨에게서 다시 전화가 왔어. 다짜고짜 통장에 착수금을 넣었으니까, 서둘러 준비하라는 거야. 아무리 봐도 너무 서두르는 것 같고, 뭔가 꺼림칙하지 않아? 느낌이 안 좋았던 박 씨는 몰래 태안 해양경찰서에 신고했어. 이 신고는 바로 서장에게까지 보고가 올라갔고, 감찰계장이 사건을 맡게돼. 자기 아는 사람도 끼어 있으니까 제보자 신원이 드러나지 않게끔 해달라고 신신당부를 하고 걱정하지 말라는 확답을 받은 후에야 안심하고 밀항 제보 신고서를 쓰는데, 갑자기 밀항을 의뢰한 장 씨 패거리가 나누던 얘기가 생각나.

얼핏 들어보니 마약 이야기를 하는 것 같았어요.

사실 장 씨는 마약 관련 혐의로 처벌받은 전과가 있었거든. 어쩌면 이번에도 밀항을 하는 척하면서 중국인들과 마약을 거래할 생각일 수도 있잖아. 점점 더 위험한 낌새가 풍기지? 박 씨는 제보만 하고 빠지고 싶었지만, 해경이 신변의 안전을 보장하겠다며 협조를 요청했어. 그렇게 박 씨와 해경의 공조가 시작된 거야.

세 번의 밀항

해경은 밀항 장소를 안면도 마검포항으로 정해줬어. 항구로 들어가는 길이 외길이라 검거 작전을 펼치기에 좋았거든. 해경이 중국배와 공해상에서 접선할 지점도 좌표로 찍어줬어. 박 씨는 자기 대신 배를 운항할 선장을 섭외했어. 선장은 만약의 사태를 대비해서배에 붕대를 둘둘 감았대. 혹시 칼부림이라도 일어날까 봐 대비한거야. 해경이 신변안전을 보장한다고 해도 아무도 없는 공해상에서는 무슨 일이 일어날지 모르는 거니까.

11월 11일 새벽 밀항 당일. 박 씨가 왕 회장 일행을 차에 태우고 마검포항으로 들어섰어. 어둠이 짙게 깔린 항구에는 불 꺼진 차들만 여기저기 주차돼 있었어. 차 안에는 해경 수사관들이 숨을 죽인 채 이들을 지켜보고 있었지. 그때 박 씨가 몰고 온 차에서 50대로 보이는 남자가 내려. 불안한 듯 주위를 둘러보는 이 남자가 바로 왕 회장이야. 등산복 차림에 모자를 푹 눌러쓰고는 손에는 작은 손가방을 꽉 움켜쥐고 있었어. 뒤따라 보디가드들이 따라 내려. 그리고 여자 1명도…. 이 사람은 왕 회장의 내연녀야. 왕 회장은 보디가드들과 함께 박 씨의 2.5t 레저용 보트, 동진호에 올랐어. 박 씨는 왕 회장이 탄 배가 어두운 바닷속으로 사라지는 걸 보고는 집에 왔대. 멀리 공해상에서 중국 배와 접선할 때 해경이 체포할 거라고 생각했지.

그런데 일은 예상대로 흘러가지 않았어. 아침 무렵 선장한테서 전화가 와서는, 약속된 좌표 지점으로 이동했는데 밀항선이 안 왔다는 거야. 해경에게 이 상황을 보고했더니 다음번 밀항 시도 때 검거하겠다며 일단 돌려보내래. 이렇게 첫 번째 밀항 시도는 실패로 돌아갔어. 두 번째 밀항을 시도할 땐 선주 박 씨도 배에 같이 탔어. 하지만 이번에도 뜻대로 안 됐어. 악천후를 만난 거야. 높은 파도 때문에 장비도 고장 났어. 이러다가는 다 죽겠다 싶어서 포기하고 돌아왔대.

꼬리에 꼬리를 무는 그날 이야기 2

마지막 기회입니다. 이번에는 반드시 성공해야 돼요.

세 번째 밀항 시도는 12월 9일로 정해졌어. 그런데 좀 이상해. 왕 회장이 낮 1시에 출발하자는 거야. 그동안 자정이 넘어서 몰래 출항했는데 이번에는 환한 대낮에 밀항을 하자고 하는 거야. 더 이상한 건 왕 회장의 태도였어. 처음 만났을 때만 해도 주위를 살피며 불안해했거든? 그런데 이번에는 달랐어. 항구 여기저기서 낚시를 즐기는 사람들이 있는데도 아주 여유만만해. 그런데 사실 이들은 낚시꾼이 아니었어. 해경이 낚시꾼으로 위장해서 지켜보고 있었던 거야. 해경이 지켜보는 가운데 박 씨는 왕 회장과 함께 배에 올랐어.

항구를 떠난 지 얼마 안 됐을 때 왕 회장이 박 씨한테 갑자기 공해상에서 가장 가까운 섬이 어딘지 물었어. 마침 서해의 독도라고 불리는 '격렬비열도'라고 하는 섬들이 있었거든. 그 대답을 들은 왕 회장은 무인도에 배를 대달라고 요구했어. 무인도라니, 왜 무인도지? 설마 자기한테 해코지를 하려는 건가? 불안한 마음을 억누른 채 시키는 대로 했어. 섬에 배를 대고 난 후 왕 회장과 보디가드들이 다들 일어나더니 낚싯대를 꺼내 들어. 배에서 내리더니 바다낚

---

* 충청남도 태안군의 열도. 태안에서 약 55km 떨어져 있으며, 대한민국의 영해 범위를 결정하는 영해기점 23개 도서 중 하나이기도 하다.

조희팔 의료기 역렌탈 사기 사건

시를 하네? 아주 여유가 넘쳐. 멀리 해경 순시선 2척이 지나가는 걸 보고는 막 손까지 흔드는 거야. 아무리 봐도 밀항을 하려는 사람 같지 않았대. 그렇게 밤이 될 때까지 바다낚시를 즐기던 왕 회장은 자정이 되자 낚싯대를 정리하면서 이렇게 말했다고 해.

이제 접선 장소로 갑시다.

사라진 왕 회장의 정체

한국 영해를 벗어나 공해상으로 접어든 동진호는 아침 해가 뜰 무렵, 약속된 좌표 위치에 도착했어. 주위를 둘러보니까 멀리 어선 한 척이 보여. 중국 배로 보이는 30t급 철선이야. 동진호를 보더니 손짓을 하더래. 밀항선이었던 거야. 박 씨는 그쪽으로 배를 몰면서 은밀히 주위를 살폈어. 그런데 얼마 전까지 보이던 해경 순시선이 안 보였대. 이제 곧 현장을 검거해야 할 해경이 보이질 않았던 거야. 박 씨는 초조해하면서 중국 밀항선 옆에 배를 갖다 댔어. 일단 배를 고정시켜야 되잖아. 밧줄을 던져줬는데 안 받아. 다시 휙 던져주면서 박 씨한테 배를 잡고 있으래. 박 씨는 잔뜩 긴장했어. 망망

대해 한복판에서 정체 모를 중국 배와 딱 붙어 있는데 해경이 나타나질 않아. 그때 중국 밀항선 위에 서 있던 젊은 남자가 왕 회장을 보더니 '삼촌!' 하고 반겼어. 왕 회장은 먼저 손가방을 배에 던지고는 혼자 중국 배에 올라탔대. 그러고는 그 남자랑 부둥켜안고서 감격스러워했다고 해. 검거하려면 지금이 마지막 기회야! 그런데 그때 누군가 박 씨의 배를 발로 탁 밀어버렸어. 마약 거래? 아니었어. 진짜로 밀항이었던 거야. 손가방 하나만 들고 밀항선에 옮겨 탄 왕 회장은 유유히 서쪽으로 사라졌어. 마지막 순간까지 해경은 나타나지 않았어.

박 씨는 밤이 돼서야 마검포항으로 돌아왔어. 항구에서 기다리고 있던 장 씨와 내연녀, 왕 회장을 배웅하고 돌아온 보디가드들이 차를 타고 항구를 빠져나가는 순간, 번쩍! 서치라이트가 대낮처럼 환하게 켜졌어. 그제야 해경이 검거에 나선 거야. 그러고는 동진호에 오르더니 막 마약을 찾아. 나올 턱이 없지. 대신 다른 걸 발견했어. 왕 회장이 두고 간 여권이야. 여권을 펼쳐본 해경의 얼굴은 새파랗게 질렸어. 여권에는 왕 회장의 얼굴 사진, 그리고 본명이 나와 있었어. 조희팔! 중국으로 밀항한 왕 회장의 정체는 바로 조희팔이었던 거야.

조희팔이 누구냐고? 당시 전국에 지명수배 되었던 거물 사기범

사상 최대의 사기범 조희팔.

이야. 피해자 수는 무려 3만 명에서 5만 명, 그러니까 대한민국 국민 1,000명 중에서 1명이 당했다는 계산이지. 피해금액의 총액은 무려 4조 원이야. 그야말로 대한민국 건국 이래 최대의 사기 사건이었지!

4조 원의 사나이

4조 원의 사나이, 희대의 사기범 조희팔. 그의 이름 뜻풀이를 해보면 즐거울 희^喜, 여덟 팔^八. '즐거울 팔자'라는 뜻이야. 그렇지만 이름과 달리 가난한 어린 시절을 보낸 조희팔은 어느 날 운명적인 만남을 갖게 돼. 형의 소개로 다단계를 처음 접하게 된 거야. 혹시 SMK라고 들어봤어? '숭민코리아'의 약자인데 다른 별명으로 더 유명해. 바로 '다단계 사관학교'!

때는 1997년, IMF가 터졌을 때야. 직장을 잃은 실업자들, 취업할 곳을 찾지 못한 대학생들을 상대로 기승을 부렸던 다단계 회사의 원조가 SMK야. 세상을 뒤흔든 다단계 사기범 중 대다수를 배출한 곳이기도 해. 총 피해액 2조 원으로 대한민국에서 두 번째로 큰 규모였던 피라미드 사기사건의 주범, JU그룹 주수도 회장도 바로 SMK 출신이야. 그럼 가장 큰 사기범은 누구겠어? 물어 뭐 해, 4조 원의 사나이 조희팔이지. 대한민국에서 손꼽히는 거물 사기범들이 나란히 SMK 출신이었단 거야.

SMK에 들어오면서 다단계를 배운 조희팔은 2004년 BMC라는 회사를 차리고 본격적인 다단계 사기를 시작해. BMC는 Big Mountain Company의 약자야. 큰 산과 같은 회사를 만들겠다는 포부를 담았지. 그런데 그가 만들고 싶다는 큰 산은 바로 자신을 정점으로 하는 불법 피라미드였어. 조희팔은 초등학교밖에 나오지 않았지만 그는 적재적소에 필요한 인물을 쓰는 용인술의 대가였다고 해. 조희팔이 건국 최대규모 사기를 일으킬 수 있었던 데에는 2명의 역할이 절대적이었어.

첫 번째 인물은 조희팔의 자금을 관리하는 금고지기 강태용이야. 지방 명문 국립대를 졸업한 그는 뛰어난 언변과 학연을 이용해서 로비스트의 역할까지 했어. 그는 평소에도 검경에 인맥이 많다고 자랑했다고 해. 아무튼 그는 조희팔의 오른팔로 다단계 조직의 실질적인 2인자였어.

두 번째 인물은 바로 강태용의 처남이자 조직의 브레인, 배상혁이야. 조희팔은 최첨단 전산 관리 시스템을 다단계 사기에 동원했는데, 이 시스템을 설계하고 관리한 것이 바로 배상혁이야. 경찰의 수사망을 피해 천문학적인 돈의 흐름을 설계한 설계자였어. 『삼국지』에서 유비, 관우, 장비가 도원결의를 하고 천하를 도모한 것처럼 조희팔, 강태용, 배상혁이 만나면서 전대미문의 다단계 사기가 시작된 거야. 세 사람은 2004년부터 대구를 중심으로 투자자를 모으기 시작해. 배상혁이 전산실장을 맡으면서 모든 시스템을 설계했어.

440만 원을 투자하면 581만 원을 드립니다.

안마기, 찜질기 같은 의료기기를 구입하면 그걸 회사가 알아서 설치·관리해주고 그 수익금을 돌려준다는 거야. 일명 '의료기기 역

실제로 피해자들의 계좌에 지급된 임대수익금의 내역.
SBS 〈꼬리에 꼬리를 무는 그날 이야기〉 자료 화면.

렌탈 사업'이야. 의료기기 1대 값이 440만 원인데 이 금액을 투자하면 매일 약 3만 5,000원씩을 통장에 입금해준대. 8개월만 있으면 원금을 제외하고도 141만 원의 수익을 올리게 된다는 계산이잖아. 당시 은행 이자가 연이율 4% 정도였거든. 그런데 이건 연이율로 치면 48%야. 이런 엄청난 고수익을 보장한다니 의심스럽잖아. 사람들이 정말 이런 허무맹랑한 조건을 믿고 돈을 투자했을까?

이게 뭐게? 이걸 보면 생각이 달라질 수도 있어. 바로 그때 당시 배당금이 입금됐던 실제 통장이야. 그것도 제1금융권. 공휴일하고 주말 빼고 은행이 문을 여는 날이면 어김없이 입금됐대. 시간도 정확해. 매일 아침 8시 반이 되면 입금이 되는 거야. 이런 식으로 무려 4년간 배당금을 지급한 거야. 처음엔 의심을 가졌던 사람들도 점차

조희팔 의료기 역렌탈 사기 사건

신뢰하게 됐지. 왜, 그런 말이 있잖아. "의심은 해소시켜주면 확신이
된다!"

게다가 많은 투자금을 유치하는 사람에게는 직급을 부여하고
추가로 수당도 줬어. 바로 다단계 방식을 가미한 거야. 투자금을 늘
리고 주변 사람들을 많이 모으면 노후 연금 받듯이 매달 추가 수당
까지 받을 수 있다고 유혹했어. 이를 믿을 수 있는 재테크 수단이라
고 생각한 투자자들은 가족, 친척, 친구 등 가까운 사람들에게 투자
를 권유하기 시작해.

투자금이 쌓이기 시작하자 조희팔은 자신감이 생겼어. 2006년
부터 경인, 부산, 서산 등 전국적으로 규모를 확대해. 투자자도 기
하급수적으로 늘면서 투자금도 눈덩이처럼 불어났어. 경인 지역 1
개 센터에서 하루에 거둬들인 투자금이 최대 50억 원에 이를 정도
였대. 초등학교만 나온 가난한 시골 아이가 몇 조 원의 돈을 굴리는
회장님이 된 거야.

이만큼 큰돈이 움직이면 시선이 집중될 수밖에 없잖아. 조희팔
은 경찰의 수사를 피하기 위해 여러 개의 법인을 만들었어. 각 지역
마다 법인 이름은 물론 대표나 간부도 다 달랐어. 심지어 유령 법인
회사까지 만들면서 투자금을 다 분산시켰대. 매출 규모를 작게 보이
려고 그런 거야. 얼마나 치밀했냐면 6개월에서 1년 정도 지났다 싶

으면 법인을 폐지하고 다른 이름으로 바꿨다고 해. 그렇게 총 20여 개 법인, 50여 개 센터를 만들었지만 실은 하나의 다단계 회사였던 거지.

파멸의 젠가

하지만 투자자가 늘어나니까 문제가 생기기 시작했어. 매일 투자자에게 지급해야 할 배당금도 어마어마하게 늘어난 거야. 그 배당금, 정말로 의료기기를 임대해주고 거기서 나오는 수익금에서 주는 걸까? 아니, 의료기기 임대수익은 아주 미미했어. 실제로 임대한 의료기기는 900여 대밖에 안 됐고, 그마저 수익이 발생하지도 않았어. 그럼 투자자들에게 지급된 배당금은 어디서 나온 걸까? 바로 새로운 투자자들이 맡긴 돈으로 지급하고 있었던 거야. 아래쪽 블록을 빼서 위쪽에 쌓는 젠가처럼 말이지. 처음에 얘기했지? 무한정 높이 올라갈 것 같지만 언'젠가' 무너진다! 조희팔 역시 이 사실을 알고 있었어.

조희팔은 전산 시뮬레이션을 통해 투자자들에게 더 이상 배당금 지급을 못 하게 되는 시점, 즉 '디데이'를 계산했어. 투자자들이

기하급수적으로 늘어나면서 서서히 끝이 다가오고 있었거든. 그 전에 최대한 돈을 끌어모으기 위해 기상천외한 방법을 동원해. 바로 'CH마케팅 기법'이야. 매일 투자자들에게 입금해주던 배당금이 통장 대신 별도의 가상계좌에 입금되고 그 내역을 문자로 보내준다는 거야. '오늘 배당금이 얼마 입금됐고 계좌 잔액은 총 얼마입니다' 이런 식으로 말야. 만약 출금하고 싶은 사람은 따로 신청서를 써내면 지급해준대.

왜 이렇게 바꾼 걸까? 매일 투자자들에게 지급해야 할 돈을 최대한 줄이려는 거야. '잔액이 얼마다'라고 문자를 받았지만 사실은 내 계좌로 들어온 게 아니거든. CH마케팅이라는 이름으로 마치 대단한 마케팅 기법인 양 내세우면서 가상계좌를 다단계 사기에 동원한 거지. 지금 들어서는 '그런 데 속는단 말이야?' 싶을 수도 있겠지만, 당시에는 아주 지능적인 첨단 사기 수법이었어. 그뿐만 아니야. 조희팔은 2008년 7월, 투자금을 모으기 위한 프로모션을 시작해. 이른바 '몰빵 투자'를 유도한 거야!

＊　가상계좌를 이용하여 실제 돈을 입금하지 않고 지출을 줄이는 사기 방식. 조희팔 일당은 이를 법인세를 피하기 위해 도입하는 마케팅 기법으로 포장하여 홍보했으며, CH는 'cash'를 의미한다.

이제 10월부터는 수익률이 낮아집니다. 기회는 앞으로 3개월뿐입니다. 그동안 목돈 마련하신 분들, 이번이 마지막 기회니까 많이들 배당받아 가세요.

이 말을 들은 투자자들이 어떻게 했을 것 같아? 이번이 마지막 기회라는 말에 그동안 받은 배당금까지 다 투자했어. 게다가 조희팔이 적극적으로 신용대출 받는 곳까지 연결시켜줬대. 투자자들은 신용대출에, 집과 논밭까지 담보로 대출을 받아서 전부 투자했어. 평생 일한 대가로 받은 퇴직금, 노후를 위해 모아둔 자금, 귀한 자식의 결혼자금까지…. 그 결과, 어떻게 됐을까?

프로모션을 시작한 지 3개월이 지난 2008년 10월 31일. 대구에 있는 조희팔의 다단계 본사 앞에 경찰차들이 멈춰 섰어. 대규모 다단계 사기 정황을 파악하고 경찰이 급습한 거야. 현장의 지시에 따라 압수수색이 시작됐어. 그런데 이상해. 고위 간부들의 모습이 하나도 안 보여. 그리고 자금의 흐름이 담긴 전산 자료는 모두 파기된 후였어. 경찰이 들이닥칠 것을 미리 알아챈 조희팔과 핵심간부들은 이미 투자금을 빼돌리고 종적을 감춰버렸지. 마지막 프로모션은 화려하게 터지고 사라지는 불꽃놀이였어. 그리고 한 달 후, 조희팔은 태안 해경을 따돌리고 중국으로 사라진 거야.

조희팔 의료기 역렌탈 사기 사건

밀항하던 순간까지 조희팔이 움켜쥐고 있던 손가방 안에는 뭐가 들어 있었을까? 언론에서는 그 손가방 안에 5,000억 원이 들어 있다고 일제히 보도했어. 하지만 그건 사실이 아닌 것으로 밝혀져. 그 손가방 안에 있던 것은 수첩이었다고 해.

수첩 이외에는 가져간 거 없습니다. 이만한 크기인데 조그마한 수첩이에요. 그 가방 있잖아요? 우리 손지갑 같은 거. 그거 한 개 가져간 게 다입니다. CD니 현찰이니 억수로 가져갔다는데 중국 선원들이 가만히 있겠습니까? 그런 거 많이 가져가면 위험한 것을 조희팔도 뻔히 아는데 그 위험한 짓을 하겠어요?

- 장 씨(조희팔 밀항 방조자)

조희팔은 그 수첩을 항상 몸에 지니고 다녔다고 해. 그 안에는 정관계 로비 리스트와 거액의 은닉자금에 관한 내용이 적혀 있을 것으로 추정돼. 조희팔의 생명줄이자 세상에 엄청난 충격을 안겨줄 판도라의 상자인 거지. 하지만 그 수첩도 조희팔과 함께 사라지고 말았어.

그 후 대한민국은 발칵 뒤집혔어. 피해 규모조차 가늠이 안 돼.

그야말로 전대미문의 엄청난 사기 사건이 터진 거야. 세 번이나 밀항을 시도하는 걸 지켜보면서도 조희팔을 놓친 해경은 밀항을 제보한 선주 박 씨에게 잘못을 돌렸어. 제보자가 마약 거래라고 하는 바람에 증거물을 바다에 버릴까 봐 일부러 해상에서 검거를 하지 않았다는 거야. 아무튼 그렇게 조희팔은 중국으로 사라졌고 그의 오른팔인 금고지기 강태용 역시 한 달 전 비행기를 타고 중국으로 넘어갔다는 게 확인됐어. 경찰은 즉시 인터폴 적색수배를 내렸지만 조희팔의 행방은 묘연한 가운데 시간은 흘러갔어.

잡히지 않는 꼬리

조희팔이 밀항한 지 반년이 지난 2009년 5월. 대구 경찰청 소속 정 경사가 중국 옌타이로 향했어. 조희팔 수사팀원이었던 그가 휴가를 내고 홀로 중국에 온 거야. 혹시 개인적으로 조희팔을 쫓고 있는 걸까? 조희팔은 세 가지를 좋아한다고 알려져 있어. 도박, 여자, 골프. 정 경사가 향한 곳은 옌타이의 한 골프장이었어. 누군가를 찾는 듯 주위를 두리번거리던 그의 시선이 멈춘 곳, 거기에는 바로 조희팔이 있었어. 대한민국 검경이 눈에 불을 켜고 쫓고 있는 조희팔을 드디어 찾은 거야. 조희팔을 향해 다가간 정 경사는 이렇게 외쳤어!

회장님!

그러더니 '그간 무고하셨습니까?' 하면서 반갑게 인사를 나누는 거야. 이게 대체 무슨 일이래. 이렇게 끝이 아니야. 그러고는 같이 골프를 쳤대. 저녁이면 비싼 술집에 가서 같이 술도 마시고. 휴가 기간 동안 매일 그렇게 접대를 받았다고 해. 조희팔을 잡아야 할 경찰이 조희팔과 신나게 놀아난 거야. 이런 말도 안 되는 일을 가능하게 한 건 뭘까? 맞아. 돈이야.

금고지기 강태용 기억해? 조희팔의 자금을 관리하며 로비스트 역할을 했던 강태용이 1억 원을 주고 포섭했던 거야. 세상은 조희팔의 돈을 받고 그의 도주를 도운 자를 가리켜 '조희팔 장학생'이라고 불렀어. 정 경사는 조희팔 수사팀에 들어가서 수사 정보를 미리 건네주며 돈값을 했어. 게다가 조희팔을 위해 대여금고도 만들어주고 범죄수익금도 대신 관리해줬대. 심지어 다단계 회사 간부들이 수감된 교도소에 뇌물을 전달하는 심부름까지! 그런데 말이야, 과연 조희팔 장학생은 정 경사뿐이었을까?

이로부터 반년 전 대구경찰청 수사관들이 조희팔의 다단계 본사를 압수수색했다고 했잖아. 바로 전날! 대구경찰청 강력계장 권모 씨는 호텔 커피숍에서 조희팔을 직접 만나고 있었다고 해. 그에게서 9억 원을 받은 대가로 수사 정보를 알려주고 수사를 무마해준거야. 경찰 내부의 조력자들 덕분에 조희팔은 미리 전산 자료를 파기하고 몸을 피할 수 있었지. 조희팔을 잡아야 할 경찰들이 조희팔 장학생이었으니 수사가 될 턱이 있겠어? 실제로 대구경찰청은 금융위원회로부터 조희팔의 범죄행위에 대한 첩보를 두 번이나 받고도 수사를 하지 않은 것으로 드러났어.

그럼 조희팔은 중국에서 어떻게 지내고 있었을까? 밀항 때 조희팔을 마중하러 와서 '삼촌!' 하고 반겼다던 인물 기억나지? 그가 바로 조희팔의 외조카 유 씨야. 그에겐 또 다른 별명이 있지. 바로 조희팔의 집사. 유 씨는 혼자 중국으로 건너가 밀항선을 구입해서 조희팔을 마중 나왔던 거야. 훗날 그를 통해서 조희팔의 중국 생활에 대한 이야기를 들을 수 있었어.

큰 불편은 없었습니다. 생활은 거기 있던 돈을 이제 현지 송금으로 해준 거지. 송금으로 산 거지. 돈다발 들고 가지 않았어요. 돈다발 들고 갈 필요가 있습니까? **호화생활했다고 이**

조희팔 의료기 역렌탈 사기 사건

야기들을 하던데⋯ 호화생활⋯, 골프 치는 게 호화생활이라
고 하면 호화생활이라고 해야 될지, 뭐⋯. 초창기 한 달 정도
는 피해 다니고, 큰 위험은 없었습니다. 중국 현지에 다니는
동안에 내가 삼촌을 모시고 다니는 동안에도 검문 한 번 안
당했습니다. 검문당할 이유가 없잖아요, 한국 사람인데. 아
무도 못 알아보던데요?

- 유 씨(조희팔의 집사)

예상외지? 경찰 수사를 피해 숨어 지냈을 줄 알았는데 맘 편히
골프장을 다니며 도피 생활을 즐겼다고 해. 다시 조희팔의 소식이
전해진 것은 4년째 되던 2012년 5월이야. 그런데 전혀 뜻밖의 소식
이었어.

희대의 사기범 사망!

바로 6개월 전 중국에서 조희팔이 갑작스러운 심장질환으로 사
망했다고 경찰이 공식 발표한 거야. 그 증거로 중국에서 발행한 사
망증명서, 화장증, 조희팔의 장례식이 촬영된 영상을 공개됐어. 그

한국에 전해진 조희팔의 사망 소식.
SBS 〈꼬리에 꼬리를 무는 그날 이야기〉 자료 화면.

러나 이 증거는 예상치 못한 반응을 불러일으키게 돼. 증거가 조작
됐다는 의혹이 제기된 거야. 그 주장을 뒷받침했던 것이 바로 화장
증이야.

확인 결과 정식으로 발행된 것은 맞다고 해. 그런데 이상한 점
이 발견됐어. 사망 일자는 2011년 12월 19일. 화장 일자는 이틀 후
인 2011년 12월 21일로 적혀 있어. 문제가 된 건 발행일이야. 화장증
의 발행일은 12월 11일이었어. 사망하기 8일이나 전에 발행된 거야.

그리고 조희팔의 죽음에 대한 결정적 증거로 공개된 51초 분량
의 장례식 동영상도 의혹을 부추겼어. 일단 장례식을 촬영한다는 자
체가 일반적이지 않잖아. 시신의 얼굴을 클로즈업해서 촬영을 해. 마

치 보여주려고 하는 것처럼. 그리고 누군가 촬영을 연출하는 느낌도 들어. 모자 쓴 남자가 카메라를 보며 그만 찍으라고 손짓을 하는 장면이 보여. 그는 바로 조희팔의 집사, 유 씨였어. 그는 삼촌의 죽음을 아무도 믿어주지 않을 것 같아서 동영상을 촬영했다고 말했어.

그리고 중국 현지에 가서 조사한 결과 장례식 동영상이 충분히 연출 가능하다는 것을 밝혀냈어. 각종 증명서는 돈만 주면 만들 수 있었고 중요한 증거인 유골은 이미 화장을 해버려서 유전자 감식을 할 수 없는 상태였어. 그럼에도 불구하고 경찰은 조희팔이 사망했다고 발표해버린 거야. 이상한 건 그것뿐만이 아냐. 조희팔이 사망했다는 날 이후에도 그를 봤다는 목격담이 이어진 거야.

경찰은 조희팔이 죽었다고 하고, 조희팔을 봤다는 제보는 이어지는 이상한 상황. 그런데 그거 알아? 경찰은 조희팔 사망 발표 후 몇 년 동안 수배자 명단에서 빼지 않았어. 죽은 사람을 수배하고 있는 말도 안 되는 일이 벌어지고 있는 거야. 조희팔의 유족들도 사망 신고를 하지 않았어. 그렇게 의혹만 쌓여가던 중 결정적인 내용이 공개됐어. 조희팔의 집사, 유 씨와 그 측근의 통화 내용이야. 통화가 이뤄진 시점은 2012년 2월, 경찰이 발표한 조희팔 사망 이후의 일이야. 그런데 조희팔이 사망한 걸 직접 봤다고 얘기한 외조카 유 씨가 마치 삼촌이 살아 있는 것처럼 얘기하는 거야.

그때는 ○ 변호사가 저기에서 만났을 때에는 일을 본다고 그래서 삼촌이 돈을 좀 보내줬는가 보데예.

아, 그래?

요번에 가니까 삼촌이 그러시더라고. 그런 식으로 그러시면서 '○○ 지금까지 일 본다고 하는 거 전부 다 거짓말 아니가. 어? 전부 다 XX 거 일 본다고 하고 나한테 전부 다 돈 뜯어 간 거밖에 더 되나?', 그렇게 이야기하시더라고예.

내용으로 봐서는 그렇지. 걔 입장에서는….

삼촌이 지금 노발대발인 거라예. '그러면 ○○놈들 지금 일한다고 했던 것들이 전부 다 벌써부터 내 잡을라고, ○○○들 내 죽일라고 다 작당했는 거 아이가'. 지금 삼촌은 그래 생각할 수밖에 없지. 하여튼 빨리 좀 해달라고 삼촌이 신신당부하시던데예.

이 녹취가 공개되면서 조희팔 생존설에 더 힘이 실리게 돼. 과연 조희팔은 죽은 걸까? 아니면 죽음을 가장한 채 어딘가에 숨어 있는 걸까?

조희팔 스캔들

조희팔 사건으로 대구 경찰은 씻어내기 힘든 오명을 쓰게 됐어. 정 경사가 중국에 가서 조희팔을 만나 접대를 받고 들어오다가 세관에 걸린 거야. 정 경사의 트렁크에는 조희팔에게 선물 받은 명품이 가득했대. 조희팔로부터 9억 원을 받은 강력계장 권 모 씨뿐 아니라 다른 비위 사실까지 속속 드러났어. 수사계에 근무하는 임 경장은 6억 원, 지능팀에 근무하는 안 경사는 5,000만 원이 넘는 돈을 받았어. 이게 전부 누구 작품이었겠어? 맞아. 금고지기 강태용이 로비한 거지. 정작 조희팔은 죽었는지 살았는지도 모르는데 뇌물 받은 경찰들만 우수수 쏟아지는 거야. 그런데 여기서 또 한 번의 반전이 일어나. 금고지기로부터 돈을 받은 것은 경찰뿐만이 아니었어. 경찰 수사 결과, 현직 부장검사가 수억 원의 뇌물을 받은 사실이 드러난 거야. 이때부터 검찰과 경찰의 자존심을 건 승부가 시작돼.

경찰이 현직 검사의 비위를 정식 수사한다는 건 사상초유의 일이거든. 검찰도 가만있지 않았어. 경찰이 신청한 압수수색 영장을 기각해버리고 숨겨둔 카드를 꺼내 들어. 바로 특임검사!

특임검사를 임명해서 검찰 내부 일은 검찰이 조사하겠다고 나선 거야. 겉으로 내세운 취지야 당연히 좋은 뜻이었어. '제 식구 감싸기'라는 말에서 벗어나려는 검찰의 의지로 봐달라. 검찰의 강력한 자정 의지로 이해해달라. 속뜻은 사실 뻔했지. 경찰이 현직 검사를 수사하는 전례를 만들 수 없다! 암튼 특임검사팀에는 무려 13명의 검사가 투입돼. 우리가 이만큼 신경 써서 처리할 테니 경찰은 빠지라는 액션이지. 단일 사건에 이만큼 검사들을 투입하는 건 이례적인 일이었거든. 경찰은 손을 뗐을까? 아니. 자존심이 상했어. 즉시 반발하면서 초강수를 던졌지.

왜 경찰이 수사 중인 사건을 검찰이 가로채려고 하는가? 경찰은 검찰 지휘 여부에 상관없이 독자적으로 수사를 계속하겠다!

검찰이 수사권을 가져간다고 해도 경찰은 계속 검사 비리를 수사하겠다는 거야. 결국 한 사건을 놓고 검경이 이중으로 수사를 벌이는, 전례 없는 상황이 펼쳐진 거지. 조희팔 사건을 수사해야 할 검찰과 경찰이 서로 자존심을 내세우면서 싸우게 된 거야.

---

*   검찰총장은 검사의 범죄 혐의에 대해 국민적 의혹이 제기되거나 사회적 이목이 집중되는 등 필요하다고 판단되면 특임검사를 지명할 수 있다. 특임검사 제도는 '스폰서 검사' 추문이 불거진 직후인 2010년 6월 신설됐으며 같은 해 8월 대검찰청 훈령 제158호 '특임검사 운영에 관한 지침'에 근거해 도입됐다.

그 후로도 검경을 가리지 않고 조희팔 장학생들이 속속 밝혀져. 심지어 대구지검 특수부 서기관은 금고지기한테서 무려 15억 8,000만 원의 뇌물을 받았어. 조희팔이 검찰과 경찰에 뿌린 돈이, 밝혀진 것만 해도 35억 원이 넘는 거야. 이 일로 검경의 신뢰도는 바닥으로 곤두박질치고 말았지. 조희팔 사건은 단순한 사기 사건이 아닌, 대한민국의 부정과 부패가 집약된 엄청난 스캔들이 된 거야.

그러나 피해자들은 이것이 전부라고 생각하지 않았어. 조희팔의 여유로운 밀항 과정, 그 후의 지지부진한 수사, 성급한 사망 발표 등 납득하기 힘든 일들이 너무 많아. 과연 이런 일들이 일개 부장검사, 일개 총경의 힘만으로 가능하겠냐는 거야. 아직 밝혀지지 않은 윗선이 존재한다고 그들은 굳게 믿고 있어. 모든 비밀은 조희팔이 들고 사라진 가방 속에 있을 거라고 말야.

눈물 어린 돈

검찰과 경찰이 서로 트집 잡는 데 몰두하는 동안 피해자들의 고통은 커져만 갔어. 2008년 6월 친구의 권유로 투자를 시작했다가 몇 개월 만에 전 재산을 잃게 된 이 씨. 이 씨가 사기당한 돈에는 특별한 의미가 담겨 있었어. 그건 사기 사건이 터지기 5년 전 일이었어. 경찰행정학과를 졸업한 이 씨의 맏딸은 경찰이 되기 위해 신체검사를 받으려고 집을 나섰다고 해. 몇 시간 후, 갑작스러운 사고 소식이 속보로 전해지기 시작했어. 지하철에서 큰 화재가 났다는 거야. 그때 딸의 친구한테서 전화가 걸려 왔어. 통화를 마친 남편이 이 씨에게 이렇게 말했대.

우리 애하고 만나기로 약속을 했는데 연락이 안 된다고 하네. 지금 우리 애가 저 지하철을 탔지 싶은데….

무슨 사건인지 짐작이 가? 2003년 2월 18일 대구 지하철 화재 참사. 192명의 귀한 목숨을 한순간에 앗아 간 악몽 같은 사건이었어. 그런데 그 지하철에 이 씨의 맏딸도 타고 있었던 거야. 이 씨의 딸은 끝내 돌아오지 못했대. 이 씨가 사기로 잃게 된 2억 4,000만 원은 맏딸의 사망 보상금이었어. 남편과의 노후를 위해, 자식들한테 손 벌리기 싫어서 투자했던 전 재산은 고스란히 사라졌고 통장에 남은 돈은 8,000원뿐이었대. 며칠간 식음을 전폐하고 누워 있던 이 씨에게 남편은 이렇게 말했다고 해.

조희팔 의료기 역렌탈 사기 사건

사람 일이 그럴 수도 있지. 내가 복권 사서 당첨되도록 해줄 테니까 걱정 말고 어서 밥부터 먹어요.

이 씨에게 원망의 말 한마디 하지 않았던 남편은 그 후 시름시름 앓다가 4년 뒤 세상을 떠났대. 돈이 없어서 아픈 남편을 병원에 제대로 데려가지 못한 것이 이 씨에게는 또 다른 한으로 남았어. 이 씨뿐만이 아냐. 한 해 농사지은 돈을 다 날린 사람, 노후자금을 통째로 잃게 된 사람, 집과 땅을 담보로 대출받은 사람들은 순식간에 빚더미에 올랐어. 다단계 사기가 무서운 게 뭔지 알아? 바로 피해자가 또 다른 가해자가 된다는 거야. 가족에게, 친척들에게, 친한 친구들에게 투자를 권유했던 사람들은 씻을 수 없는 죄책감까지 짊어져야 했어. 서로를 원망하다가 가정이 파탄 나고 관계가 단절되는 일은 셀 수도 없었어.

그 무게를 견디지 못하고 스스로 생을 포기한 사람들도 늘어갔어. 피해자들이 무엇보다 견디기 힘들었던 건 주위의 시선이었다고 해. '왜 바보같이 그런 데 속아 넘어가?', '괜히 욕심 부리다가 돈 다 날린 거네'. 오히려 피해자들이 고개를 들지 못하는 상황이 된 거야. 다단계 사기는 단순한 재산상 피해를 넘어서 사회적 살인이나 마찬가지인 거야.

유령을 쫓는 사람들

검찰과 경찰이 조희팔 수사권을 놓고 다투는 동안 피해자들은 직접 조희팔을 찾아 나섰어. 제보가 들어오면 사비를 들여 비행기를 타고 흔적을 찾아다녔대. 직접 수배 전단도 만들었어.

"결정적 제보를 주신 분께는 피해자들이 힘을 모아 보답하겠습니다." 현상금도 피해자들이 모아서 주겠다고 한 거야. 피해자들이 직접 나서서 중국 인터넷 방송을 통해 조희팔을 찾아달라고 호소했어. 경찰, 검찰이 해야 할 일을 피해자들이 하고 있었던 거야. 그 후 수많은 제보들이 들어왔지만 건질 만한 제보는 거의 없었어. 그런데 그중에서 유독 같은 지역을 가리키는 제보들이 눈에 띄었어. 조희팔이 중국 칭다오에 나타났다는 제보들이 잇달아 들어오는 거야. 그리고 얼마 후 좀 더 신빙성 있는 제보를 받았어. 바로, 중국 칭다오시에서 조희팔로 보이는 인물을 직접 만났다는 거야!

얼마 후 한 기자가 중국으로 가는 비행기에 몸을 실었어. 오래 전부터 조희팔 사건을 집중 취재해온 탐사보도 전문기자 정희상 씨였어. 정 기자는 제보받은 내용을 직접 확인하기 위해 중국 칭다오시로 향했어. 그동안 여러 제보를 검토했지만 확인이 안 되는 경우가 대부분이었다는데 이번에는 뭔가 달랐대.

조희팔 의료기 역렌탈 사기 사건

피해자들이 직접 만들어 뿌린 조희팔 수배 전단.

계속해서 조희팔 사건의 진상 규명을 촉구하는 피해자들의 시위 현장.

정 기자는 수소문 끝에 조희팔을 만났다는 중국인 여성 2명을 만나 이야기를 들어봤어. 칭다오 외곽에서 농장을 경영하고 있는 조 사장이라는 한국인이 있는데, 시중을 들어줄 여성을 구한다고 해서 면접을 봤다는 거야. 중국으로 도망 온 불법 체류자 같았고 조선족 건달들의 보호를 받고 있었대. 아무래도 정황상 맞는 거 같아. 그래서 조 사장이라는 사람의 인상착의와 특징에 대한 이야기를 듣고는 한국에 있는 피해자 단체에 연락해서 조희팔이 맞는지 대조해봤어. 168cm 전후의 키, 상체를 좌우로 흔드는 습관, 일방적으로 장황하게 자기 얘기를 늘어놓는 버릇…, 조희팔과 일치했어. 정 기자는 조희팔의 사진을 받아서 중국인 여성들에게 보여줬어.

네, 틀림없어요. 이 남자예요!

사진을 보여주면서 '이 남자가 맞느냐' 묻자, 두 여성은 거의 동시에 외쳤어. 정 기자는 그들이 농장주를 만났다는 카페도 찾아갔어. 카페 직원은 얼마 전 그곳에서 이뤄진 면접을 기억하고 있었대. 정 기자는 카페 직원에게 조희팔의 사진을 보여줬어. 카페 직원도 바로 그 남자라며 고개를 끄덕였어.

그 순간 정 기자는 '이건 진짜다!' 하는 생각이 들었대. 제3자의

조희팔 의료기 역렌탈 사기 사건

증언까지 듣게 되니 더 믿음이 가는 거야. 정 기자는 이 소식을 칭다오 총영사관에 알렸어. 영사관에서도 매우 신빙성이 높다고 판단하고 한국에 긴급 전문을 타전했대. 이제 조 사장이라는 사람을 체포해서 그가 조희팔로 밝혀지면 끝나는 거야. 대검 국제협력단에서는 중국 공안에 조희팔로 추정되는 인물을 체포해줄 것을 정식으로 요청했어. 그렇게 한국 검찰과 중국 공안의 공조 수사가 시작된 지 40여 일이 지난 어느 날, 중국 공안으로부터 조 사장이라는 사람을 체포해서 조사 중이라는 연락이 왔어.

과연 그는 조희팔이 맞을까? 초조하게 결과만 기다렸지. 그런데 체포 소식이 들려온 후 10일이 지나도 중국 공안에서는 아무런 말이 없어. 신원을 확인해달라고 재차 요청했지만 묵묵부답이야. 답변이 온 것은 며칠이 더 지나서였대.

체포된 인물은 조희팔이 아니고 다른 사람입니다. 외모가 비슷해서 제보자들이 착각한 것 같습니다.

그저 조희팔과 닮은 사람으로 불법 체류 중인 한국인 사업가라는 거야. 제보자인 중국 여성들은 직접 만나서 확인해보겠다며 면회를 신청했지만 중국 공안은 거부했대. 여기서 포기할 수는 없잖

아. 검찰에서는 조희팔의 지문정보를 중국 공안에 건네줬대. 만약 성형수술을 통해 얼굴을 바꿨다고 해도 지문 검사는 피할 수 없으니까. 조희팔의 실체를 확인할 수 있는 마지막 기회였어.

하루, 이틀, 기대와 불안 속에서 시간은 지나가고 마침내 답변이 왔어. 하지만 그 답은 기대와는 달랐어. '지문 불일치!' 결국 용의자는 체포 후 2개월 만에 풀려났다고 해. 거의 손에 잡힐 듯했던 조희팔의 꼬리가 다시 사라지고 만 거야.

급물살을 타는 수사

조희팔의 행방을 쫓던 피해자들은 점점 지쳐갔어. 죽었는지 살았는지 모르는 조희팔은 제쳐두고라도 금고지기와 브레인 역시 행방을 알 수 없었거든. 그런데 어느 날! 중요한 정보를 입수하게 돼. 7년간 조희팔의 뒤를 쫓던 한 피해자가 금고지기 강태용의 행방을 찾아낸 거야. 그는 중국 장쑤성의 고급 아파트에서 은신하고 있었어. 2015년 10월 10일. 아파트 밖에서 잠복 중이던 공안들 앞에 마침내 금고지기가 모습을 드러냈어. 공안들은 주위를 둘러싼 채 서서히 다가가다가 동시에 달려들었고 금고지기를 검거하는 데 성공해.

조희팔 의료기 역렌탈 사기 사건

이제 금고지기는 중국 공안의 조사를 받은 다음 한국으로 송환될 거야. 그는 조희팔의 정관계 로비는 물론 자금 관리까지 담당했던 인물이야. 베일에 가려진 정관계 비호 세력은 물론 조희팔의 은닉 자금의 행방도 알고 있을 게 분명했어. 이제 곧 감춰진 진실이 밝혀질 거라고 모두 기대했지. 그런데 그때 갑작스러운 사망 소식이 전해졌어. 누구냐고? 금고지기가 검거된 지 열흘 후 조희팔의 집사, 유 씨가 대구의 한 사무실에서 사망한 채 발견된 거야. 유 씨의 옆에는 수면제와 우울증 치료제가 함께 발견됐어. 직접 쓴 유서는 발견되지 않았어. 대신 휴대전화에는 지인에게 보낸 문자 기록이 남아 있었대.

조용히 가고 싶지만 딸이 눈에 밟힌다.

당시 유 씨는 생후 100일도 되지 않은 딸이 있었다고 해. 그런 딸을 두고 극단적인 선택을 했다는 것이 좀 의아했어. 누구는 입막음을 위해서 조희팔이 킬러를 보내 제거한 게 아니냐, 조희팔로부터 보복을 당한 거라는 등 말들이 많았어. 사건을 수사한 경찰은 유 씨가 경제적인 고민 때문에 스스로 목숨을 끊었다고 결론을 내렸어. 그런데 이게 끝이 아니었어. 유씨가 사망한 지 이틀 후, 대구경찰청에 한 통의 전화가 걸려 와. 전화를 걸어 온 남자는 이렇게 말했어.

저… 배상혁입니다. 자수하고 싶습니다. 오후에 찾아가겠습니다.

7년간 경찰이 행적조차 찾아내지 못했던 브레인 배상혁이었어. 그는 조희팔의 다단계 사기를 설계한 핵심 중의 핵심이야. 2008년 경찰의 압수수색 직전, 전산 자료를 파기하고 잠적한 뒤 처음으로 모습을 드러낸 거였어. 경찰은 그가 출두하기를 기다렸어. 그런데 오후에 자수하러 온다더니, 기다려도 나타나지 않았어.

다시 행적을 쫓기 시작한 경찰은 구미의 어느 아파트에서 배상혁을 검거했어. 자수하겠다는 전화를 건 공중전화에서 멀지도 않은 곳이었어. 그는 왜 자수하겠다고 전화를 한 걸까? 그리고 왜 아파트에 숨어 있었을까? 혹시 집사의 죽음 이후 배상혁 역시 누군가로부터 위협을 느낀 것은 아닐까?

그런데 있잖아, 경찰이 7년간 행적조차 찾지 못했던 그가 그동안 어디 있었는지 알아? 그냥 국내에 있었대. 고급 세단에 캠핑용품을 싣고 전국을 활보했다고 해. 이 정도면 못 찾은 게 아니라 안 찾았다고 해도 할 말이 없을 정도야.

자, 뭔가 이상하지 않아? 조희팔의 최측근으로 꼽히는 세 사람이야. 7년간 소재조차 파악하지 못했던 금고지기가 검거되고(2015. 10. 11) 집사는 의문스러운 죽음을 맞이해(2015. 10. 21). 게다가 그

현장 감식을 위해서 유 씨의 자살 현장으로 들어가는 경찰 과학수사대 현장감식반.

법원으로 들어가는 조희팔 사기 사건의 방조범, 전직 경찰 임 모 씨.

동안 잘 숨어 있던 브레인이 갑자기 자수를 하겠다고 연락을 했어 (2015. 10. 23). 이 세 가지 사건이 불과 2주도 안 되는 기간에 일어난 거야.

이게 단순한 우연일까? 아니면 누군가의 의도에 의해 벌어진 일일까? 암튼 주요 용의자들이 검거되면서 7년간 지지부진하던 조희팔 사건 수사는 급물살을 타기 시작했어. 재수사에 들어가면서 대구지검장은 이렇게 밝혔어.

조희팔이 살아 있는 것으로 보고 수사를 하고 있다.

3년 전 경찰이 발표한 조희팔 사망설을 뒤집고 '위장사망'의 가능성을 열어둔 거야. 비밀을 쥐고 있는 핵심 인물 2명의 검거로 조희팔이 남긴 판도라의 상자가 열릴 것으로 기대됐지. 과연 그 상자 안에는 무엇이 들어 있을까? 실체를 확인할 수 없었던 정관계 비호 세력의 존재가 비로소 밝혀질까? 조희팔이 숨긴 거액의 은닉자금이 드러날 것인가? 그리고 과연 조희팔은 살아 있는 걸까? 추악한 진실을 담고 있는 상자의 밑바닥에서 피해자들을 위로해줄 희망을 발견할 수 있을까? 수만 명의 피해자들은 물론 많은 사람들이 재수사 결과가 발표되기만을 기다렸어.

허망한 수사 종결

2016년 6월 28일, 드디어 검찰의 재수사 결과가 발표됐어. 조희팔을 둘러싼 수많은 의혹들을 풀 수 있을지 피해자들은 검찰의 발표에 귀를 기울였지. 그런데 결과는 예상 밖이었어.

검찰은 조희팔이 사망한 것으로 최종판단하고 공소권 없음 처분을 내렸습니다.

검찰은 조희팔의 죽음을 공식적으로 발표했어. 그의 생존을 뒷받침하는 증거가 없다는 거야. 그렇게 판도라의 상자는 굳게 봉인되고 말았어. 피해자들은 검찰의 재수사 결과를 받아들였을까? 아니. 오히려 분개했어. 검찰이 조희팔의 사망을 인정하는 것은 면죄부를 준거나 다름없다고 생각한 거야.

조희팔의 생존을 뒷받침하는 증거가 없다고 했지만 그의 죽음을 뒷받침하는 과학적인 증거 역시 없는 건 마찬가지란 말이야. 시신은 이미 화장됐고 유골의 유전자는 감식 불가야. 유가족이 보관하고 있던 모발은 조희팔의 것으로 확인됐지만 직접적인 사망의 증거라고는 할 순 없었어. 그들은 여전히 조희팔이 살아 있다고 굳게 믿고 있어. 그리고 정관계 윗선에 조희팔을 비호하는 인물들이 여전히 존재한다고 말야. 검찰이나 경찰은 국가를 대신하는 기관이잖아. 그들의 말을 믿지 못하고 감춰진 진실이 있을 거라고 생각하는 이유는 조희팔 수사 과정에서 드러난 실망스러운 모습들 때문이겠지. 검경은 조희팔이 죽었다고 발표했지만 피해자들에게 이 사건은 여전히 끝나지 않는 거야.

피해자들에게는 아직 길고 지난한 과정이 남아 있어. 검찰 재수사 결과 총 피해자 수는 7만 명, 총 피해액은 5조 원이 넘는 것으로 드러났어. 기존에 발표했던 것보다도 피해 규모가 엄청나게 늘어난 거야. 그러나 5조 원이 넘는 피해액 중에서 조희팔 일당이 벌어들인 범죄수익금은 고작 2,900억 원뿐이래. 나머지 돈은 전부 피해자들에게 배당금으로 지급됐다는 거야. 검경이 피해자 회복을 위해 찾아낸 돈은 공탁금과 추징금을 합한 952억 원이 전부였어. 7만 명의 피해자들에게 똑같이 나눠준다면 한 사람당 136만 원씩밖에 안 돌아간대. 수조 원의 돈은 과연 어디로 사라진 걸까? 금고지기와 브레인마저 입을 굳게 다문 지금, 그 비밀을 알고 있는 것은 조희팔뿐이겠지?

조희팔 사건이 터지고 그가 도주한 게 2008년이니까, 시쳇말로 벌써 강산이 변하고도 남을 시간이 지났어. 그런데 피해자들의 아

조희팔 의료기 역렌탈 사기 사건

픔은 과연 아물었을까?

"14년이 지나도 잊히진 않죠. 잊으려고 노력할 뿐이고 이 일은 계속해서 결과가 나올 때까지 우리 피해자들은 잊을 게 아니고 기억을 하되 우선 살아야 되니까 숨기고 있을 뿐이에요."

"마무리될 때까지 버틸 거예요. 지금 세월이 14년 흘렀는지 몰랐어요. 세월이 저한텐 흐르지가 않았어요. 그리고 머릿속에서 지워지지도 않았어요. 우리는 그냥 포기를 한 게 아니고 지켜보는 거예요. 국가에서도 어떻게 할 건지 지켜보고 있을 거고… 우리가 잊지 않으면 누군가는 알아주지 않을까?"

-조희팔 사기 사건 피해자들

왜 저런 것에 속지? 욕심부리다 당한 거 아니야?

사기 사건을 접하면 흔히 드는 생각이다. 나도 마찬가지였다. 돈에 대한 욕심, 한탕을 노리다 당한 게 아닐까. 하지만 피해자들을 직접 뵙고 이야기를 듣고 나니 그런 생각을 했다는 것이 죄스러워졌다.

한평생 논밭을 일군 농부, 퇴직금으로 노후 준비하던 은퇴자 부부⋯. 대다수 피해자는 우리와 다를 바 없는 서민이었다. 가족의 미래를, 부부의 노후를 걱정했던 우리의 부모들이었다. 응당 가해자를 향해야 할 비난이 피해자에게 돌아오는 일만은 멈춰야 하지 않을까?

지금도 하루에 몇 건씩 사기 피해 제보가 들어온다고 한다. 사기꾼의 이름과 사기 치는 방식이 바뀔 뿐, 제2의 조희팔, 제3의 조희팔이 오늘도 활개를 친다. 수법은 '그날'보다 더 교묘해지고 피해 규모는 더욱더 커지고 있다. 그래서 조희팔의 '그날'은 우리의 '오늘'에도 여전히 유효하다.

단군 이래 최대의 사기 사건이라 불리며 한때 세상을 떠들썩하게 했던 조희팔 사건. 우리는 잊었지만 피해자들에게는 여전히 현재 진행형인 이 사건이 명명백백히 밝혀져 그들의 고통이 조금이라도 덜어지기를 바란다.

꼬리에 꼬리를 무는 그날 이야기 2
ⓒSBS 〈꼬리에 꼬리를 무는 그날 이야기〉 제작팀, 2022. Printed in Seoul, Korea

초판 1쇄 펴낸날 2022년 3월 30일
초판 8쇄 펴낸날 2024년 10월 21일

지은이	SBS 〈꼬리에 꼬리를 무는 그날 이야기〉 제작팀
펴낸이	한성봉
편집	최창문·이종석·오시경·권지연·이동현·김선형
콘텐츠제작	안상준
디자인	최세정
마케팅	박신용·오주형·박민지·이예지
경영지원	국지연·송인경
펴낸곳	도서출판 동아시아
등록	1998년 3월 5일 제1998-000243호
주소	서울시 중구 필동로8길 73 [예장동 1-42] 동아시아빌딩
페이스북	www.facebook.com/dongasiabooks
전자우편	dongasiabook@naver.com
블로그	blog.naver.com/dongasiabook
인스타그램	www.instargram.com/dongasiabook
전화	02) 757-9724, 5
팩스	02) 757-9726
ISBN	978-89-6262-421-2 03300

※ 잘못된 책은 구입하신 서점에서 바꿔드립니다.

만든 사람들

편집	최창문
기획	강은혜
크로스교열	안상준
표지디자인	정명희
본문디자인	안성진